TRENNUNG UND SCHEIDUNG

Ihre Rechte und finanziellen Ansprüche

Zerbricht eine Ehe oder eingetragene Lebenspartnerschaft, gibt es neben
persönlichen Konflikten häufig auch noch Streit um das Sorge- und Umgangsrecht, um Wohnung und Hausrat, Unterhalt, Vermögen und Versorgungsrech-
te. Umso besser ist es, wenn Sie Ihre Rechte kennen und einen Überblick über
die rechtlichen Regeln haben, die der Gesetzgeber für die Trennungszeit und
die Zeit nach der Scheidung vorgesehen hat. Dabei hilft Ihnen dieser Ratgeber, der auf alle rechtlichen und finanziellen Folgen der Scheidung eingeht.

Die Themen werden in der Reihenfolge angesprochen, in der sie für Paare
in Trennung üblicherweise interessant sind. Ist die Entscheidung, sich zu
trennen, gefallen, wollen die meisten zunächst wissen, wer nun aus der
ehelichen Wohnung ausziehen muss und wer welche Hausratsgegenstände
behalten darf. Es folgen zwei Kapitel zum Thema Kinder: Nachdem einige
Fragen zur Abstammung geklärt wurden, erfahren Sie, wie der Gesetzgeber
das Sorge- und Umgangsrecht geregelt hat und wie der Kindesunterhalt
berechnet wird. Anschließend widmet sich ein Kapitel dem Ehegattenunterhalt, für den in der Trennungszeit noch andere Regeln gelten als nach
der Scheidung. Ausführlich erörtert werden darüber hinaus die Regeln der
Vermögensauseinandersetzung und des Versorgungsausgleichs. Schließlich erfahren Sie, wie das Scheidungsverfahren abläuft, welche Folgen die
Scheidung für das Erbrecht des Ehegatten hat und was in steuerrechtlicher
Hinsicht zu beachten ist.

Martin Wahlers ist Rechtsanwalt, Mediator und Fachanwalt für Familien-
recht, Erbrecht und Versicherungsrecht.

Martin Wahlers

TRENNUNG UND SCHEIDUNG

Ihre Rechte und finanziellen Ansprüche

Rechtslage

 Rechtsprechung, Urteil

 Beispiel

 Vorsicht, Risiko!

 Tipp, Ratschlag

Bibliografische Information der Deutschen Bibliothek
Die Deutsche Bibliothek verzeichnet diese Publikation in der
Deutschen Nationalbibliografie; detaillierte bibliografische Daten sind
im Internet über http://dnb.ddb.de abrufbar.

1. Auflage 2017

© Verbraucherzentrale NRW, Düsseldorf, www.verbraucherzentrale.nrw
Printed in Germany.
ISBN 978-3-86336-634-6

VORWORT

Zerbricht eine Ehe oder eingetragene Lebenspartnerschaft, ist das für beide Partner nicht nur emotional belastend, sondern kann auch schwerwiegende rechtliche und finanzielle Folgen haben.

Gerade in langjährigen Beziehungen wird in der Regel „aus einem Topf" gewirtschaftet. Das Gesamteinkommen bestimmt über die alltäglichen Ausgaben, die ehelichen Lebensverhältnisse und den Umfang der privaten Altersvorsorge. Zugleich kommt es bei der Vorsorge häufig zu einem Ungleichgewicht, wenn ein Partner deutlich mehr verdient als der andere. Auch Erbschaften sowie Zuwendungen der Ehegatten oder Lebenspartner untereinander oder vonseiten der Eltern und Schwiegereltern führen zuweilen zu ganz erheblichen Vermögensverschiebungen, die im Falle der Trennung und Scheidung eine Rolle spielen können.

Während die Beziehung noch besteht, machen sich viele Menschen über die Konsequenzen ihres Wirtschaftens kaum Gedanken, konsultieren selten einen Rechtsanwalt, hören lieber auf Ratschläge aus dem Freundeskreis und recherchieren punktuell im Internet. Umso schwieriger ist es, beide Partner gerecht am gemeinsam erwirtschafteten Einkommen und Vermögen zu beteiligen, wenn die Beziehung zerbricht.

Das Gesetz sieht für den Fall der Trennung und Scheidung ein ganzes System von Rechtsfolgen vor. Trotzdem gibt es viele Problemfälle, über die Gerichte im Einzelfall entscheiden müssen, weil der Gesetzgeber sie nicht geregelt hat. Dann ist wichtig, wie die Partner ihre Lebens- und Rechtsgemeinschaft konkret organisiert haben. Was Gerichte und Gesetzgeber als gerechte Lösung für den Unterhalt und den Ausgleich von Altersvorsorge und Vermögen ansehen, stimmt allerdings beileibe nicht immer mit den Vorstellungen der ehemaligen Partner und der Ausgestaltung ihrer Lebensgemeinschaft überein.

In diesem Buch will ich Ihnen einen Überblick über die rechtlichen Fragen geben, auf die Ehe- und Lebenspartner im Falle ihrer Trennung und Scheidung eine Antwort suchen. Dabei orientiert sich die Darstellung an der zeitlichen Reihenfolge, in der die Fragen für die Betroffenen üblicherweise von Interesse sind. Dies erklärt, warum die Aufteilung des Vermögens und der Versorgungsausgleich erst in den letzten Kapiteln thematisiert werden. Drängender ist für die meisten Paare die Frage, wer in der ehelichen Wohnung bleibt, wie der Umgang mit den Kindern geregelt wird und wer von wem wie viel Unterhalt beanspruchen kann. Die Ausführungen lassen sich nicht ohne Weiteres auf unverheiratete Partner übertragen.

Falls Sie selbst (noch) nicht von einer Trennung oder Scheidung betroffen sind, hilft Ihnen der Ratgeber, Ihre persönlichen und rechtlichen Risiken in der Beziehung zu erkennen. So haben Sie die Chance, sich fachkundig beraten zu lassen, bevor es am Ende zu spät ist.

Das Recht der eingetragenen Lebenspartnerschaft gleichgeschlechtlicher Partner oder Partnerinnen ist dem der Ehe weitgehend gleichgestellt. Im Interesse der besseren Lesbarkeit des Textes habe ich daher darauf verzichtet, in jedem einzelnen Fall zusätzlich zur Ehe noch die eingetragene Lebenspartnerschaft zu erwähnen. Aus demselben Grund verwende ich nachfolgend nur die männliche Bezeichnung, wenn sowohl Männer also auch Frauen gemeint sind.

Darmstadt, im Januar 2017
Martin Wahlers

INHALT

10 ERBRECHTLICHE FRAGEN

11 STEUERLICHE FRAGEN

01

EINFÜHRUNG

Trennen sich Eheleute oder eingetragene Lebenspartner, endet ihre gemeinsame Lebensführung. Die Verantwortung für die gemeinsamen Kinder bleibt hingegen bestehen. Was geregelt werden muss und ob es Einkommen, Vermögen oder Vermögenserträge zu verteilen gibt, unterscheidet sich von Fall zu Fall. Einige in der Praxis relevante Konstellationen stelle ich Ihnen in diesem Buch anhand von zwei Beispielfamilien vor, die Sie in diesem Kapitel kennenlernen. Das Kapitel informiert Sie zudem über wichtige Grundsätze zur Ehe und eingetragenen Lebenspartnerschaft.

KURZ & BÜNDIG

- **Trennung von nichtehelichen Lebensgefährten:** Leben zwei Partner unverheiratet zusammen, können sie sich jederzeit ohne größere familienrechtliche Folgen wieder trennen.

- **Trennung von Ehegatten:** Trennen sich Ehegatten, ist die Ehe noch nicht endgültig beendet. Nur ein Familiengericht kann die Verbindung wieder lösen. Eine schnelle Scheidung, etwa beim Notar oder Standesamt, gibt es nicht.

- **Nachwirkungen der ehelichen Lebengemeinschaft:** Die Verantwortung der Ehegatten füreinander erlischt nicht mit der Trennung und häufig noch nicht einmal mit der Scheidung. Wie die Eheleute während der Ehe gewirtschaftet haben, kann sich noch Jahre und Jahrzehnte nach dem Ende der Ehe darauf auswirken, ob ein Partner vom anderen Unterhalt bekommt.

- **Gleichstellung von gleichgeschlechtlichen Lebenspartnern:** Verpartnerte Schwulen und Lesben haben mittlerweile in fast allen Belangen die gleichen Rechte und Pflichten wie Ehepaare.

BEISPIELFAMILIEN

Zwei Beispielfamilien mit Kindern werden Ihnen im Verlauf des Buchs immer wieder begegnen: die Ehepartner Alexander und Helena mit ihren Kindern Nina und David und die eingetragenen Lebenspartnerinnen Anna und Irini mit ihren Töchtern Simone und Jana.

Alexander und Helena

Alexander und Helena haben 2002 geheiratet. Aus ihrer Ehe sind die Kinder Nina (9) und David (6) hervorgegangen. Alexander arbeitet in Vollzeit als Ingenieur bei einer Straßenbaufirma. Helena hatte sich zunächst um die Kinder gekümmert und ist vor zwei Jahren wieder in ihren Beruf zurückgekehrt: Sie arbeitet in Teilzeit als Apothekenhelferin.

Anna und Irini

Anna und Irini sind seit acht Jahren verpartnert. Beide haben Kinder aus einer früheren Beziehung: Anna hat ihre Tochter Simone (14) mit in die Partnerschaft gebracht und Irini ihre Adoptivtochter Jana (10). Anna hat früher als Ärztin gearbeitet und sich nach langem Hadern mit ihrem Beruf nun ihren Traum von einer eigenen Konditorei verwirklicht. Irini ist Erzieherin. Nebenbei unterstützt sie Anna in der Konditorei.

Beide Grundkonstellationen werde ich in den folgenden Kapiteln immer wieder ergänzen und abwandeln, um Ihnen die rechtlichen Regelungen näherzubringen, die für den Unterhalt bei Trennung und Scheidung, den Umgang mit den Kindern, das Sorgerecht und das Güterrecht gelten.

TRENNUNG UND SCHEIDUNG: DAS ENDE DER EHELICHEN LEBENSGEMEINSCHAFT

Lebensgemeinschaften mit und ohne Trauschein

Von einer Lebensgemeinschaft spricht man dann, wenn sich zwei Menschen dazu entschließen, ihren Lebensweg künftig und auf unbestimmte Zeit gemeinsam zu gehen. Viele Paare leben zumindest eine gewisse Zeit unverheiratet zusammen, bevor sie heiraten, manche heiraten nie. Wer mit seinem Partner auf Dauer zusammenbleiben möchte, ist heute so gut wie keinem gesellschaftlichen Druck mehr ausgesetzt, irgendwann auch zu heiraten. Das Zusammenleben ohne Trauschein ist heute weitgehend gesellschaftlich akzeptiert und viele Paare entscheiden sich für dieses Modell.

Ob Paare mit oder ohne Trauschein zusammenleben, kann sich teils erheblich unterschiedlich auswirken,

- wenn es darum geht, wie während der Partnerschaft erwirtschaftetes Vermögen behandelt wird,
- wenn Kinder in die Partnerschaft hineingeboren werden oder ein Partner ein Kind mitbringt,
- wenn ein Partner während der Lebensgemeinschaft und nach deren Beendigung auf finanzielle Unterstützung angewiesen ist, um seinen Lebensbedarf zu decken, oder
- wenn die Lebensgemeinschaft durch den Tod eines Partners beendet wird.

Gesetz und Rechtsprechung gehen davon aus, dass sich Paare, die sich gegen die Eheschließung oder Verpartnerung entscheiden, jederzeit ohne größere rechtliche Folgen wieder trennen können wollen. Es gibt daher nur sehr wenige familienrechtliche Vorschriften, die auch für nichteheliche Lebensgemeinschaften gelten.

Gesetzlich geregelt sind zwei Arten von Partnerschaften:

- die Ehe, die dauerhafte Verbindung zwischen einem Mann und einer Frau, und
- die eingetragene Lebenspartnerschaft nach dem Lebenspartnerschaftsgesetz (LPartG), die dauerhafte Verbindung zwischen Personen desselben Geschlechts.

Beide Partnerschaften gehen Sie beim zuständigen Standesamt ein. Nur ein Familiengericht kann sie wieder lösen, eine schnelle

01

Tipp
Über die rechtlichen Unterschiede zwischen den einzelnen Lebensgemeinschaften informiert der Ratgeber „Mit oder ohne Trauschein?". Mehr dazu auf www.vz-ratgeber.de.

Gesetzlich geregelte Partnerschaften

Scheidung oder Entpartnerung, etwa beim Notar oder Standesamt, gibt es nicht.

Für Ehen und eingetragene Lebenspartnerschaften gelten weitgehend dieselben rechtlichen Regeln. Wenn ich nicht ausdrücklich auf Unterschiede hinweise, können Sie deshalb davon ausgehen, dass alles, was ich in rechtlicher Hinsicht zu Alexander und Helena ausführe, genauso auch für Anna und Irini gilt und umgekehrt.

Ausgestaltung der Ehe und die Folgen

Unabhängig von der Form der Lebensgemeinschaft müssen sich die Partner immer darüber einig werden, wie sie miteinander leben wollen. Das Besondere an der Ehe ist, dass der Gesetzgeber für sie besondere Regeln entwickelt hat. Das Grundgesetz stellt die Ehe in Art. 6 Abs. 1 unter besonderen staatlichen Schutz. Sie soll eine Lebensgemeinschaft gleichberechtigter Partner sein, in der diese ihre Lebensführung in gemeinsamer Verantwortung und mit Rücksicht auf den anderen bestimmen und gemeinsam entscheiden, wer von ihnen welche persönlichen und wirtschaftlichen Leistungen erbringen muss, um die gemeinsam gesteckten Ziele zu erreichen. Die Ehegatten müssen also z. B. Antworten auf folgende Fragen finden: Wer führt den Haushalt? Wer kümmert sich um die Kinder? Möchten wir unter einem Dach miteinander leben oder nicht? Wie gestalten wir als Paar unsere Freizeit, unser Geschlechtsleben, unsere Finanzen und Fragen der ehelichen Treue?

Das ist bei der Ehe deshalb erwähnenswert, weil die alten Regeln, nach denen der Mann die Entscheidungshoheit hatte und seinen Willen einseitig gegenüber seiner Frau durchsetzen konnte, erst nach und nach aus dem Eherecht verschwunden sind. Die Gleichberechtigung der Eheleute wurde erst 1977 Gesetz, manche Ausläufer der alten Rechtslage wurden sogar erst in den 1990er Jahren entfernt.

Diese Entscheidungsfreiheiten müssen die Partner nutzen. Wer sich über Jahre hinweg von seinem Partner diktieren lässt, wie das gemeinsame Leben auszusehen hat und hiergegen nicht aufbegehrt, darf sich hinterher auch nicht beschweren, dass er in der ehelichen Arbeitsteilung über Jahre hinweg zu kurz gekommen ist. Wer z. B. während der Ehe Alleinverdiener war und Ehepartner und Kinder mit seinem Einkommen allein versorgt und das Familieneinkommen auf diese Art und Weise allein finanziert hat, wird bei Beendigung der Ehe auch keinen Ausgleich dafür erhalten, dass diese Aufgabenteilung zum einen stattgefunden hat und zum anderen über den güterrechtlichen Ausgleich und das Unterhaltsrecht bis zu einem gewissen Grad auch nach Beendigung der ehelichen Lebensgemeinschaft weiter aufrechterhalten wird. Ich stelle dies so plakativ und ausführlich dar, weil sehr viele Auseinandersetzungen zwischen Ehegatten nach dem Scheitern der Ehe sich um eben solche Punkte drehen.

01

Die Verantwortung der Ehegatten füreinander erlischt nicht mit der Trennung und häufig noch nicht einmal mit der Scheidung. Ehegatten und Lebenspartner dürfen sich aber nicht der Illusion hingeben, dass das Gesetz sie am Ende ihrer Lebensgemeinschaft oder gar danach noch vor ungerechten Entwicklungen schützt. Dem können und sollten Sie vorbeugen, indem Sie mit Ihrem Partner oder Ihrer Partnerin offen diskutieren und gegebenenfalls noch in „guten Tagen" eine vertragliche Absicherung verlangen. Das muss nicht immer ein Ehevertrag oder Lebenspartnerschaftsvertrag sein, manche Probleme lassen sich ganz einfach durch zivilrechtliche Verträge lösen oder dadurch, dass man sein Vermögen mit Blick auf etwaige katastrophale Entwicklungen von vornherein gerecht aufteilt.

Vorsorge für den Trennungs- und Scheidungsfall

EXKURS: DIE EINGETRAGENE LEBENSPARTNERSCHAFT

In vielen Staaten hat sich mittlerweile die Erkenntnis durchgesetzt, dass nicht nur die dauerhafte Verbindung zwischen einem Mann und einer Frau staatlich schützenswert ist, sondern auch die dauerhafte Verbindung zwischen Personen desselben Geschlechts.

Eine Ehe im Rechtssinne dürfen homosexuelle Partner in den meisten Staaten nicht schließen. Häufiger haben sich die Gesetzgeber für andere Modelle rechtlich legitimierter dauerhafter Verbindungen entschieden, die der Ehe nachgebildet werden, aber den Partnern nicht alle Rechte von Eheleuten bieten.

Deutschland führte am 16. Februar 2001 mit dem „Gesetz zur Beendigung der Diskriminierung gleichgeschlechtlicher Gemeinschaften: Lebenspartnerschaften" (LPartG) die eingetragene Lebenspartnerschaft ein. Rein zahlenmäßig ist ihre Bedeutung nicht sehr groß. Laut Statistischem Bundesamt lebten im Jahr 2015 knapp über 43.000 Paare als eingetragene Lebenspartner zusammen. Etwa 1.100 dieser Partnerschaften wurden 2015 wieder aufgelöst. Dem stehen ca. 18 Millionen Ehepaare und rund 170.000 Scheidungen gegenüber. In politischer Hinsicht ist die Bedeutung der eingetragenen Lebenspartnerschaft aber enorm, weil sie für unsere Gesellschaft immer wieder sehr wichtige Fragen aufwirft, die von Politikern und in der Bevölkerung immer noch teils sehr emotional diskutiert werden: Empfinden wir als Gesellschaft die Beziehung zwischen zwei gleichgeschlechtlichen Partnern oder Partnerinnen als genauso wertvoll wie die Beziehung zwischen einem Mann und einer Frau?

Die Frage wurde vom Gesetzgeber zunächst bedauerlicherweise verneint. So war zwischen Lebenspartnern zunächst kein Versorgungsausgleich vorgesehen. Rentenanwartschaften wurden bei Auflösung der Partnerschaft also nicht ausgeglichen. Lebenspartner hatten überdies kein Adoptionsrecht, genossen im Steuerrecht nicht dieselben Privilegien wie Eheleute, es gab keine gleichwertige Hinterbliebenenvorsorge, das Unterhaltsrecht war anders gestaltet als bei Eheleuten und es wurde für Lebenspartner ein besonderer Güterstand eingeführt: die Ausgleichsgemeinschaft.

Mittlerweile hat sich die Rechtslage stark gewandelt. Das eheliche Güterrecht gilt nun ebenso für Lebenspartner wie die Regelungen zur gesetzlichen Altersvorsorge inklusive des Versorgungsausgleichs. Zum Steuerrecht hat das Bundesverfassungsgericht 2013 entschieden, dass auch eingetragenen Lebenspartnern das Ehegattensplitting zugutekommen soll. Zudem ist es ihnen möglich, Kinder zu adoptieren. Allerdings gibt es im Adoptionsrecht noch einen letzten bedeutsamen Unterschied zum Recht der Ehegatten. Dazu mehr im übernächsten Kapitel.

01

Aktuelle Rechtslage

02

WOHNUNGSZUWEISUNG UND HAUSRAT

Ehegatten beenden ihre Lebensgemeinschaft in der Regel dadurch, dass einer von ihnen die gemeinsame Wohnung verlässt. Kann sich das Paar nicht darüber einigen, wer auszieht, muss das Gericht einem von beiden in einem besonderen Verfahren die Wohnung zuweisen. Auch der Hausrat muss aufgeteilt werden, damit jeder Ehegatte mit möglichst wenigen Neuanschaffungen seinen eigenen Hausstand führen kann. Gibt es über die Verteilung Streit, sieht das Gesetz auch hierfür ein spezielles Verfahren vor. Die Regelungen sind auf die Zeit der Trennung beschränkt. Eine endgültige Lösung kann erst für die Zeit nach Rechtskraft der Scheidung verlangt werden.

KURZ & BÜNDIG

- **Trennung:** Mit der Trennung endet die eheliche Lebensgemeinschaft und es werden zwei neue Lebensbereiche geschaffen.

- **Wohnung:** Es muss geklärt werden, wer weiterhin in der ehelichen Wohnung wohnen darf und wer ausziehen muss.

- **Hausrat:** Der Hausrat ist so aufzuteilen, dass möglichst beide Partner einen eigenen Haushalt führen können. Hausrat sind die Gegenstände, welche die Ehegatten für die gemeinsame Lebensführung verwendet haben. Persönliche Gegenstände, Kleidung und auch Mittel, die der Berufsausübung dienen, gehören nicht dazu.

- **Gerichtsverfahren:** Können sich die Ehegatten nicht einigen, weist das Gericht auf Antrag einem von beiden die Wohnung zu und/oder entscheidet über die Aufteilung des Hausrats. Dabei kann es auch Ausgleichszahlungen an den anderen Ehegatten vorsehen. Während der Trennung trifft das Gericht aber nur eine vorläufige Regelung. Die endgültige Aufteilung findet erst nach der Scheidung statt.

TRENNUNG

Getrenntleben

Ehegatten leben getrennt, wenn zwischen ihnen keine häusliche Gemeinschaft mehr besteht und ein Ehegatte sie erkennbar nicht herstellen will, weil er die eheliche Lebensgemeinschaft ablehnt. Die Trennung muss nicht zwingend dadurch vollzogen werden, dass ein Ehegatte endgültig aus der ehelichen Wohnung auszieht. Es genügt auch, wenn beide zunächst innerhalb der ehelichen Wohnung bleiben, aber keinen gemeinsamen Haushalt mehr führen und keine wesentlichen persönlichen Beziehungen mehr bestehen („Trennung von Tisch und Bett").

Mit dem Ende der ehelichen Lebensgemeinschaft sind die Ehegatten nicht mehr verpflichtet, für Verbindlichkeiten einzustehen, die der andere Ehegatte zur Deckung von Geschäften des allgemeinen Lebensbedarfs geschlossen hat (§ 1357 BGB). Teilen die Ehegatten im Zuge der Trennung ihre persönlichen Gegenstände und den Hausrat auf, dürfen Gläubiger des anderen Ehegatten außerdem nicht mehr in die persönlichen Gegenstände des anderen Ehegatten vollstrecken (§ 1362 Abs. 2 BGB, § 739 ZPO).

ZUWEISUNG DER EHEWOHNUNG

Alexander und Helena streiten in letzter Zeit ständig. Als es wieder einmal zwischen ihnen kracht, beschließen sie, sich zu trennen. Alexander verlangt von Helena, dass sie auszieht, denn das Haus gehöre schließlich ihm. Helena findet, Alexander solle doch selbst ausziehen.

Wer die Ehewohnung vorläufig nutzen kann, entscheidet sich oft schon nach der Art und Weise, wie die Trennung vollzogen wurde. Zieht ein Ehegatte aus der Ehewohnung aus, stellt er damit in aller Regel zugleich klar, dass er während der Trennungszeit nicht mehr in die Wohnung zurückkehren möchte, jedenfalls wenn er keine Rückkehrabsicht bekundet, vgl. § 1361 b Abs. 4 BGB.

Haben die Ehegatten in der Wohnung zur Miete gewohnt, werden die Rechte und Pflichten aus dem Mietvertrag durch die Nutzungsregelung nicht berührt. Der Vermieter kann sich hinsichtlich seiner Mietforderung daher nach wie vor in voller Höhe an beide Ehegatten wenden. Im Innenverhältnis muss allerdings der Ehepartner, der in der Wohnung verbleibt, die Miete fortan allein zahlen.

Wenn die Partner sich nicht darüber einigen können, wer auszieht, so wie Alexander und Helena, steht ihnen ein besonderes Gerichtsverfahren zur Verfügung: das Ehewohnungszuweisungsverfahren (§ 1361 b BGB). Danach kann ein Ehegatte im Trennungsfall verlangen, dass ihm der andere die Ehewohnung oder einen Teil zur alleinigen Nutzung überlässt, soweit dies auch unter Berücksichtigung der Belange des anderen Ehegatten notwendig ist, um eine unbillige Härte zu vermeiden.

In unserem Beispiel würde das Gericht voraussichtlich Alexander das Haus zur Nutzung zuweisen, weil es ihm gehört und Helena keine Argumente vortragen kann, wonach ihr der Auszug unzumutbar wäre. Das Gericht darf in das Eigentum oder andere Nutzungsrechte des Inhabers nämlich nur eingreifen, wenn das zur Beendigung der Konflikte und zum Schutz vorrangiger Interessen eines Ehegatten zwingend erforderlich ist.

Eine Definition der „unbilligen Härte" findet sich im Gesetz nicht. Fest steht jedoch, dass eine umfassende Interessenabwägung erforderlich ist und ein Eingriff des anderen Ehegatten vorausgesetzt wird, der die üblichen emotionalen Belastungen und Unannehmlichkeiten der Trennungszeit deutlich übersteigt. Zwei Tatbestände sind dabei besonders praxisrelevant: die Beeinträchtigung des Kindeswohls (§ 1361 b Abs. 1 Satz 2 BGB) und angedrohte oder ausgeübte Gewalt (§ 1361 b Abs. 2 BGB):

Kinder leiden häufig noch mehr unter der Trennung ihrer Eltern als diese selbst. Die Eheleute wissen zumindest, warum es zur Trennung gekommen ist. Kinder verstehen dies dagegen häufig

Nutzungsregelung und Mietvertrag

02

Gerichtliche Zuweisung der Wohnung

Wohnungszuweisung und Kindeswohl

nicht oder suchen gar den Grund bei sich selbst. Umso wichtiger ist es, dass sie weiterhin in ihrem vertrauten Umfeld leben können, zu dem insbesondere ihre Freunde und ihre Schule gehören. Bei ihnen bleiben soll nach Möglichkeit der Elternteil, der besser für sie sorgen kann.

Wohnungszuweisung bei gewalttätigen Übergriffen

Wenn es zu gewalttätigen Übergriffen des einen Partners gegenüber dem anderen kommt, verleihen § 1361 b Abs. 2 BGB und § 2 GewSchG (Gewaltschutzgesetz) dem Opfer der Gewalttat ein Alleinentscheidungsrecht. Es kann also verlangen, dass der übergriffige Partner die Wohnung verlässt und auch nicht wieder zurückkehren darf. Während sich nichteheliche Lebensgefährten, denen Gewalt angetan wird, nur auf das Gewaltschutzgesetz stützen können, haben Ehepartner die Wahl, ob sie einen Anspruch auf Wohnungsüberlassung nach § 1361 b BGB oder nach § 2 GewSchG geltend machen. Beide Ansprüche schließen sich nicht aus, sondern bestehen nebeneinander und haben eine unterschiedliche Schutzrichtung. Das Gewaltschutzgesetz zielt darauf ab, weitere Beeinträchtigungen kurzfristig zu verhindern, die Gewaltspirale zu unterbrechen und dem Gewaltopfer eine Atempause zu verschaffen. § 1361 b BGB schützt dagegen den Besitz im Zeitraum von der Trennung bis zur Scheidung. Mit § 2 GewSchG kann „kurzer Prozess" gemacht werden, während das Gericht bei § 1361 b BGB gehalten ist, mündlich zu verhandeln und auf eine gütliche Einigung hinzuwirken. Das kann die weitere Auseinandersetzung der Ehepartner versachlichen.

VERTEILUNG DER HAUSRATS-GEGENSTÄNDE

Bei einer Trennung kann jeder Ehegatte die ihm allein gehörenden Haushaltsgegenstände vom anderen Ehegatten herausverlangen. Benötigt dieser sie allerdings zur Führung eines eigenen Haushalts, ist der Eigentümer der Haushaltsgegenstände verpflichtet, sie dem Ehepartner zum Gebrauch zu überlassen.

Gleiches gilt für Sachen, die beiden gemeinsam gehören. Einzige Voraussetzung ist in beiden Fällen, dass die Überlassung nach den jeweiligen Umständen der Billigkeit entspricht, also gerecht ist (§ 1361 a BGB).

Mit Hausrats- oder Haushaltsgegenständen sind die Sachen ge- **Hausrat** meint, die der gemeinsamen Lebensführung innerhalb der Wohnung dienen. Eine eindeutige Aufzählung enthält das Gesetz nicht. Das liegt auch daran, dass in jeder Ehe andere Dinge zum Hausrat gehören können. Entscheidend sind insofern die Einkommens-, Vermögens- und Lebensverhältnisse der Ehegatten und ihrer Kinder. In aller Regel gehört zum Hausrat Folgendes: die Wohnungseinrichtung, Geschirr, Wäsche, Fernseher und Stereoanlage, Kommunikationsmedien, Bücher, Sport- und Hobbygeräte, Nahrungsmittel- und Energievorräte (z. B. Kohle/Öl) sowie gegebenenfalls auch Kunstgegenstände und Antiquitäten. Voraussetzung ist, dass die aufgezählten Gegenstände von beiden Partner für den gemeinsamen Haushalt genutzt werden.

02

Gegenstände, die ausschließlich dem persönlichen Gebrauch ei- **Kein Hausrat** nes Ehegatten oder der Kinder dienen oder zur Berufsausübung benötigt werden, gehören nicht zum Hausrat. Das können beispielsweise Kleidungsstücke sein, Schmuck, ein Pkw, persönliche Papiere, Versicherungsunterlagen, Urkunden, Familienandenken oder Gegenstände, die ein Ehegatte für sein Hobby benötigt. Der Berufsausübung dienen z. B. Berufskleidung, Fachbücher, Handwerkszeug, allein beruflich genutztes Mobiliar, Computer und Zubehör.

Alexander spielt gern mit seinen alten Spielkonsolen, während Helena keines der Spiele ihres Lieblingsfußballvereins verpasst und sich ein Zimmer mit Devotionalien „ihrer" Mannschaft eingerichtet hat.

Alexanders Spielkonsolen und Helenas Fan-Sammlung gehören in diesem Fall nicht zum Hausrat. Helena könnte also nicht im

Zuge der Trennung verlangen, dass Alexander ihr ein paar Geräte überlässt, damit sie selbst mit dem Spielen beginnen kann.

Gegenstände zur Kapitalanlage

Anna und Irini haben sich auf einer Auktion für kleines Geld ein modernes Bild gekauft, weil es hieß, der Künstler sei stark im Kommen und der Wert des Bildes werde sich garantiert nach dessen Tod vervielfachen. Beide finden das Bild entsetzlich und hatten es daher bislang im Keller zwischengelagert. Grund, es hervorzuholen, gab es bislang nicht, da der Künstler bis heute einen beachtlichen, aber renditeschädlichen Lebenswillen an den Tag legt.

Das Bild gehört nicht zu den Gegenständen, die für das Familienleben genutzt wurden. Es diente vielmehr als Kapitalanlage. Auch Gegenstände, die ausschließlich wirtschaftlichen Zwecken dienen, gehören nicht zum Hausrat. Anders wäre es gewesen, wenn Anna und Irini das Bild genutzt hätten, um ihre Wohnung zu schmücken.

Tiere

Anna und Irini haben zwei Hunde, mit denen sie häufig gemeinsam spazieren gegangen sind. Hinten im Garten hielten sie sich ferner zwei Milchziegen.

Tiere sind zwar begrifflich keine Hausratsgegenstände, die Hausratsvorschriften sind aber auf sie entsprechend anzuwenden. Die beiden Hunde gehören ebenso zum Haushalt wie die beiden Ziegen. Die Hunde werden für die Freizeitgestaltung genutzt, die Ziegen sind sozusagen „lebender Vorrat" und dienen wahlweise als Milch- oder Fleischlieferanten.

Kraftfahrzeuge

Alexander und Helena haben zwei Pkw. Den größeren nutzt Alexander für die Fahrt zur Arbeit und als „Familienkutsche". Den kleineren nutzen beide für private Besorgungen und um die gemeinsamen Kinder in den Kindergarten zu bringen. Helena fährt mit dem Fahrrad zur Arbeit.

Auch Pkw und andere Kraftfahrzeuge gehören schon rein sprachlich nicht zu den Haushaltsgegenständen. Ausnahmsweise kann dies anders sein, wenn der Pkw täglich für den Bedarf der Familie zur Verfügung stand. Hiervon wird man in der Praxis nur dann ausgehen können, wenn die Ehepartner zwei Pkw haben, einer der Ehepartner nicht berufstätig war und der fragliche Pkw ausschließlich für die Belange der Familie genutzt wurde. Besitzen beide Ehegatten einen Pkw und sind beide berufstätig, spricht dies gegen eine Zuordnung des Pkw zum Hausrat. In unserem Beispiel zählt der kleinere Pkw zum Hausrat, während der größere vor allem Alexander zur Verfügung steht und damit zu dessen persönlichen Gegenständen gehört. Helena profitiert allenfalls über den Zugewinnausgleich von dessen Wert.

02

Jeder Ehegatte soll nach der räumlichen Trennung mit den vorhandenen Hausratsgegenständen einen Haushalt führen können.

Sollten sich die Ehegatten über die Hausratsverteilung nicht einig werden, ist auch hier gegebenenfalls eine gerichtliche Entscheidung einzuholen.

Gerichtliche Hausratsverteilung

> Im Hausratsverfahren soll ausdrücklich nicht geklärt werden, wem bestimmte Gegenstände gehören, es kommt vielmehr darauf an, dass man die begehrten Gegenstände nutzen möchte.

Herausverlangen können die Ehegatten aus der Masse der vorhandenen Haushaltsgegenstände lediglich das, was sie dringender benötigen als der andere Partner. Zieht beispielsweise ein Ehepartner zu seinen Eltern und verfügen diese über eine Waschmaschine, kann der in der Ehewohnung verbliebene Ehegatte durchaus verlangen, dass der andere ihm die Waschmaschine belässt. Klassischerweise kann ein Ehegatte die Waschmaschine auch dann beanspruchen, wenn minderjährige Kinder in seinem Haushalt leben, denn bei ihm wird sicherlich mehr

Wäsche anfallen als beim ausziehenden Ehepartner. Von diesem kann man in diesem Fall verlangen, dass er sich anders behilft, z. B. im Waschsalon wäscht oder sich eine Maschine kauft.

NUTZUNGSENTSCHÄDIGUNG UND AUSGLEICHSZAHLUNG

Kann der Eigentümer eines Hausratsgegenstands diesen nicht mehr nutzen oder muss er dulden, dass seine Immobilie nach der Trennung oder Scheidung vom anderen Ehegatten gegen seinen Willen weiter genutzt wird, kann das Gericht eine angemessene Vergütung für die Benutzung der Haushaltsgegenstände oder der Wohnung festsetzen. In Abhängigkeit von den Einkommens- und Vermögensverhältnissen beider Ehegatten kann es außerdem eine Entschädigung vorsehen. Deren Höhe ist nach dem Verkehrswert des überlassenen oder verlorenen Gegenstandes zu bemessen. Sie darf aber auch hiervon abweichen. In der Praxis orientieren sich die Gerichte meist an einem niedrigeren Wert.

ENDGÜLTIGE REGELUNG NACH DER SCHEIDUNG

Wer welchen Gegenstand endgültig bekommt, ist im Zuge des Scheidungsverfahrens für die Zeit nach Rechtskraft der Scheidung zu klären, notfalls wiederum durch ein gerichtliches Zuweisungsverfahren. In der Regel sind Hausrat und Wohnung mit der Auflösung der Ehe dem Ehegatten zuzusprechen, dem die Wohnung oder der jeweilige Haushaltsgegenstand gehört. Allerdings können sie anlässlich der Scheidung auch dem anderen Ehegatten dauerhaft überlassen und im Fall von Haushaltsgegenständen sogar übereignet werden. Dafür muss nach § 1568 a und § 1568 b BGB eine der folgenden Voraussetzungen vorliegen:

- Der andere Ehegatte ist in stärkerem Maßen auf die Wohnung oder den Haushaltsgegenstand angewiesen. Berücksichtigt werden dabei das Wohl der im Haushalt lebenden Kinder und die Lebensverhältnisse der Ehegatten.
- Die dauerhafte Überlassung der Wohnung oder die Übereignung von Haushaltsgegenständen ist aus anderen Gründen gerecht.

02

Hatten die Partner oder der weichende Partner die eheliche Wohnung gemietet, setzt der Ehegatte, dem die Wohnung überlassen wird, das Mietverhältnis allein fort. Es genügt eine gemeinsame Erklärung der Mieter über die Überlassung an einen von ihnen. Musste die Überlassung gerichtlich geklärt werden, ändert sich das Mietverhältnis mit Rechtskraft der gerichtlichen Entscheidung. Der Vermieter kann sich hiergegen nicht wehren. Er kann lediglich binnen einem Monat kündigen, wenn in der Person des Eingetretenen ein wichtiger Grund vorliegt. Das ist beispielsweise dann der Fall, wenn der verbliebene Ehegatte die Miete nicht allein aufbringen kann oder konkret damit zu rechnen ist, dass er den Hausfrieden stören oder die Mietsache beschädigen wird.

Änderung des Mietvertrages

Die Kriterien für die Zuteilung von Wohnung und Hausrat entsprechen denen bei Trennung. Die Hürde für den Ehegatten, der die eheliche Wohnung oder die Hausratsgegenstände auch nach der Scheidung weiter nutzen will, ist aber deutlich höher, weil er eine dauerhafte Regelung verlangt und nicht lediglich eine für den Zeitraum von der Trennung bis zur Rechtskraft der Ehescheidung.

Vorsicht

Die Änderung des Mietvertrages durch eine gemeinsame Erklärung gegenüber dem Vermieter ist nicht möglich, wenn Ihr Ehegatte und Sie nach der Trennung gemeinsam eine Wohnung angemietet haben, z. B. im Zuge einer Unterhaltsregelung. Hier müssen Sie gemeinsam kündigen.

03

WENN DIE PARTNER KINDER HABEN

Eltern eines Kindes sind die Personen, von denen das Kind abstammt oder die es adoptiert haben. Während die Mutter immer feststeht, muss der rechtliche Vater zuweilen erst noch ermittelt werden. Zudem ist der biologische Vater nicht zwingend der Mann, der nach dem Gesetz als Vater des Kindes gilt. Das Kapitel beginnt deshalb mit Ausführungen zur Abstammung. Im Anschluss geht es dann um das Sorge- und Umgangsrecht bei Trennung und Scheidung: Auch wenn die Eltern sich als Paar auseinandergelebt haben, müssen sie weiterhin für ihre Kinder da sein, sie betreuen und erziehen, ihre Finanzen verwalten und sicherstellen, dass sie regelmäßigen und ungestörten Umgang mit ihren engen Bezugspersonen haben. Auf der anderen Seite haben die Eltern aber auch ein Recht auf Umgang mit ihren Kindern.

KURZ & BÜNDIG

- **Abstammung:** In der Regel sind die biologischen Eltern auch die rechtlichen Eltern des Kindes. Sollte es nicht so sein, sind nur die rechtlichen Eltern für das Kind verantwortlich.

- **Adoption:** Elternschaft kann auch durch die Annahme eines Kindes begründet werden. Ein adoptiertes minderjähriges Kind hat dieselbe Stellung, die es als leibliches Kind hätte.

- **Elterliche Sorge:** Die rechtlichen Eltern sind für die persönlichen und finanziellen Angelegenheiten des Kindes verantwortlich. Nach einer Trennung kann es hierüber zum Konflikt kommen, und nicht selten muss gerichtlich geklärt werden, wer künftig welche Teile der elterlichen Sorge innehat.

- **Umgang:** Die Eltern sind zum Umgang mit ihren Kindern berechtigt und verpflichtet. Das Kind wiederum hat das Recht, regelmäßig Kontakt zu seinen Eltern und anderen engen Bezugspersonen zu haben. Sind die Eltern zerstritten, streiten sie sich gar über das Sorgerecht, kann es zu Konflikten über den Umgangsturnus oder über den Umgang insgesamt kommen.

ABSTAMMUNG

MUTTERSCHAFT UND VATERSCHAFT

Kurz nach der Verlobung stellt Helena fest, dass sie von Alexander schwanger ist. Beide überlegen, ob es nicht sinnvoll wäre, die standesamtliche Hochzeit vorzuziehen, um sicherzugehen, dass Alexander gleich als Vater des Kindes registriert wird und auch die elterliche Sorge innehat.

Mutterschaft

Das Bürgerliche Gesetzbuch definiert in den §§ 1591 und 1592 BGB, wer Mutter und wer Vater eines Kindes ist. Mutter eines Kindes ist danach – wenig überraschend – die Frau, die es geboren hat.

In manchen Ländern, beispielsweise Staaten der USA, ist es erlaubt, dass eine Frau ein Kind austrägt und zur Welt bringt, das genetisch gesehen das Kind einer anderen Mutter ist. Dort würden die genetische Mutter und der genetische Vater als Eltern registriert. Hierzulande ist eine solche Leihmutterschaft verboten und hat strafrechtliche Konsequenzen. Dennoch erkennt die Bundesrepublik Deutschland eine gerichtliche Feststellung der Elternschaft in den USA an, damit das Kind nicht in den USA andere Eltern hat als in Deutschland: Der Schutz des Kindes wiegt schwerer als der Verstoß gegen zentrale Wertungen des deutschen Abstammungsrechts.

Vaterschaft

Rechtlicher Vater eines Kindes ist der Mann,

- der zum Zeitpunkt der Geburt mit der Mutter des Kindes verheiratet ist,
- der die Vaterschaft anerkannt hat oder
- dessen Vaterschaft gerichtlich festgestellt ist.

Die Vermutung, dass der Ehemann zugleich der Kindesvater ist, entfällt, wenn das Kind nach Erhebung des Scheidungsantrags in eine Ehe hineingeboren wird und der biologische Vater binnen einem Jahr nach Rechtskraft des Scheidungsbeschlusses seine

Vaterschaft anerkennt (§ 1599 Abs. 2 BGB). Der rechtliche Vater und die Kindesmutter müssen der Erklärung zustimmen. Dazu müssen sie beim Jugendamt oder einem Notar vorsprechen. Alternativ kann die Zustimmungserklärung bei dem Gericht abgegeben werden, das mit der Scheidungssache befasst ist.

03

Alexander und Helena wissen beide, dass Alexander der Vater des Kindes ist. Damit ist Alexanders Vaterschaft aber noch nicht im Rechtssinne festgestellt. Die Heirat vor Geburt des Kindes könnte das Problem lösen, brächte aber den Zeitplan der beiden durcheinander. Wollen sie am Hochzeitstermin festhalten, kann Alexander die Vaterschaft anerkennen. Dies ist auch schon vor der Geburt des Kindes möglich. Die Erklärung muss öffentlich beurkundet werden und ist nur wirksam, wenn die Kindesmutter zustimmt. Die Vaterschaft wird in den Geburtseintrag des Kindes aufgenommen.

DIE GERICHTLICHE KLÄRUNG DER VATERSCHAFT

Wenn die Mutter sich weigert, der Vaterschaftsanerkennung zuzustimmen oder der Vater seine Vaterschaft nicht anerkennt, muss die Vaterschaft vom Familiengericht geklärt werden, wenn ein Elternteil das beantragt.

Klärung der Abstammung

Sind die möglichen Eltern sich nicht sicher, wer Vater des Kindes ist, können sie ein privates Abstammungsgutachten einholen. Hierzu ist es aber erforderlich, dass alle Kandidaten, denen eine Probe entnommen werden soll, zustimmen. Gutachten gegen den Willen des anderen oder gar heimliche Vaterschaftsgutachten sind vom Gesetzgeber nicht erwünscht und haben vor Gericht keine Beweiswirkung. Um den Elternteilen die Klärung der Abstammung auch gegen den Willen des anderen zu ermöglichen, hat der Gesetzgeber ein besonderes Verfahren vorgesehen (§ 1598 a BGB). Danach haben folgende Personen Anspruch auf Einwilligung in eine genetische Untersuchung, wenn das zur Klärung der leiblichen Abstammung erforderlich ist:

- der Vater gegenüber Mutter und Kind,
- die Mutter gegenüber Vater und Kind und
- das Kind gegenüber beiden Elternteilen.

Die jeweiligen Anspruchsgegner müssen die Entnahme einer für die Untersuchung geeigneten genetischen Probe nach den anerkannten Grundsätzen der Wissenschaft dulden. Weigert sich beispielsweise die Kindesmutter, mit dem Kind zum Arzt zu gehen, um die Probe entnehmen zu lassen, kann das Familiengericht auf Antrag des Vaters die Duldung der Probenentnahme anordnen. Nur in extremen Ausnahmefällen kann es sein, dass die Klärung der leiblichen Abstammung eine erhebliche Beeinträchtigung des Kindeswohls begründet. Dann wird die Probenentnahme zeitweise ausgesetzt.

Die Klärung der Abstammung hat noch keine rechtlichen Folgen. Sie soll den interessierten Parteien lediglich ermöglichen, die Wahrheit über die Abstammung des Kindes herauszufinden. Der rechtliche Vater verliert also nicht automatisch seine Vaterschaft, wenn das Gutachten ergibt, dass er in Wirklichkeit gar nicht der biologische Vater ist. Umgekehrt erlangt der Mann, der das Kind gezeugt hat, nicht von allein die Stellung des rechtlichen Vaters. Dies ist Gegenstand weiterer gerichtlicher Verfahren.

Vaterschaftsanfechtung

Anfechtungsberechtigte

Eine rechtliche Vaterschaft kann – vom Sonderfall des § 1599 Abs. 2 BGB einmal abgesehen (siehe oben) – nur durch ein gerichtliches Anfechtungsverfahren beseitigt werden. Einen Antrag zur Anfechtung der Vaterschaft können stellen:

- der rechtliche Vater,
- ein Mann, der an Eides statt versichert, der Mutter des Kindes während der Empfängniszeit beigewohnt zu haben,
- die Mutter des Kindes und
- das Kind selbst.

Nach dem Gesetz ist auch eine Vaterschaftsanfechtung durch staatliche Behörden denkbar, wenn der Verdacht besteht, dass durch ein Vaterschaftsanerkenntnis nur eine Staatsbürgerschaft, das Aufenthaltsrecht oder Sozialleistungen erschlichen werden sollten. Diese Regelung ist aber verfassungsrechtlich umstritten.

03

Wer die Anfechtung der Vaterschaft beantragt, muss einen begründeten Anfangsverdacht haben, dass der rechtliche Vater nicht der wahre Vater des Kindes ist. Gestützt werden kann der Verdacht z. B. auf

Anfechtungsgründe

- das Ergebnis eines Abstammungsverfahrens nach § 1598 a BGB,
- die Zeugungsunfähigkeit des rechtlichen Vaters oder
- eine Aussage der Mutter, aus der sich ergibt, dass sie während der Empfängniszeit einen oder mehrere andere Geschlechtspartner gehabt hat.

Der Vortrag, das Kind weise keine äußerlichen Ähnlichkeiten mit dem rechtlichen Vater auf, reicht dagegen nicht aus, um die Vaterschaft anzufechten. Gleiches gilt für Gerüchte über wechselnde Geschlechtspartner der Mutter während der Empfängniszeit. Schon gar nicht genügt es, ein heimlich eingeholtes privates Vaterschaftsgutachten vorzulegen. Ein von den vermeintlichen Eltern einvernehmlich eingeholtes Privatgutachten kann aber verwertet werden.

Tipp
Als Empfängniszeit gilt die Zeit vom 300. bis zum 181. Tag vor der Geburt des Kindes.

Man kann die Vaterschaft nur binnen zwei Jahren anfechten. Die Frist beginnt in dem Moment, in dem der Berechtigte von den Umständen erfährt, die gegen die bestehende Vaterschaft sprechen. Hat man einen begründeten Anfangsverdacht, darf man also nicht zu lange warten. Laufen die zwei Jahre ab, bleibt die Vaterschaft bestehen, auch wenn keine Verwandtschaft besteht. Lediglich das Kind kann die Vaterschaft dann noch anfechten, und zwar binnen zwei Jahren nach Eintritt der Volljährigkeit.

Anfechtungsfrist

Die Einleitung eines Verfahrens zur Klärung der Abstammung nach § 1598 a BGB hemmt den Lauf der Verjährungsfrist. Hat man also Anhaltspunkte dafür, nicht der Vater eines Kindes zu sein, sollte man zunächst ein solches Verfahren einleiten. Die Verjährungsfrist beginnt dann erst sechs Monate nach rechtskräftiger Klärung der Abstammung wieder zu laufen. Selbst wenn man also mit der Einleitung dieses Verfahrens sehr knapp dran sein sollte, gewinnt man für die Entscheidung, ob man wirklich ein Anfechtungsverfahren anstoßen möchte, jedenfalls sechs Monate Zeit. Gerade dem rechtlichen Vater kann das wertvolle Bedenkzeit verschaffen, ob er weiterhin für das Kind, das er bisher für sein eigen Fleisch und Blut gehalten hat, Verantwortung übernehmen will.

Ausschluss der Vaterschaftsanfechtung

In bestimmten Fällen ist eine Anfechtung der rechtlichen Vaterschaft grundsätzlich ausgeschlossen:

Ist das Kind im beiderseitigen Einvernehmen der Mutter und des rechtlichen Vaters durch künstliche Befruchtung mittels Samenspende eines Dritten gezeugt worden, würde ein Gutachten zwangsläufig ergeben, dass der rechtliche Vater nicht der biologische Vater des Kindes ist. Es wäre völlig absurd, wenn er sich einseitig durch Anfechtung aus seiner mitübernommenen Verantwortung verabschieden könnte.

Eine Anfechtung ist auch ausgeschlossen, wenn zwischen dem Kind und dem Anerkennenden keine sozial-familiäre Beziehung besteht, zwischen dem rechtlichen Vater und dem Kind aber sehr wohl. Je länger das Kind auf der Welt ist und je länger der aktuelle Lebensgefährte oder Ehemann der Mutter für das Kind gesorgt und mit ihm eine Familie gebildet hat, desto schwerer hat es der „nur" biologische Vater, auch der rechtliche Vater des Kindes zu werden.

Gerichtliche Feststellung der Vaterschaft

War die Mutter bei der Geburt des Kindes nicht verheiratet, heiratet sie später auch nicht und äußert sie sich außerdem nicht dazu, wer der Vater des Kindes ist, fehlt es zunächst an einem rechtlichen Vater. Denkbar ist auch, dass eine einmal bestehende rechtliche Vaterschaft durch ein Vaterschaftsanfechtungsverfahren beseitigt wurde, ohne dass dort geklärt worden wäre, wer der rechtliche Vater ist.

In Unterhalts-, Sorgerechts- und Erbschaftsangelegenheiten kann ein Gericht aber mitunter nur dann eine sachgerechte Entscheidung treffen, wenn bekannt ist, wer die rechtlichen Eltern des Kindes sind. Das Gericht kann dann im Zuge des Verfahrens von Amts wegen die Vaterschaft gerichtlich feststellen. Es muss dazu ermitteln, wer mit der Mutter während der Empfängniszeit Geschlechtsverkehr hatte. Für die Feststellung der Vaterschaft gibt es keine Höchstfristen. Sie kann daher durchaus auch noch Jahre nach einer erfolgreichen Vaterschaftsanfechtung erfolgen. Das hat gerade in Erbsachen eine hohe Relevanz, wenn etwa der potenzielle Erbe eines Vermögens erst nach Jahrzehnten erfährt, dass der Erblasser sein leiblicher Vater sein könnte.

ANNAHME ALS KIND
VORAUSSETZUNGEN

Anna, Irini und ihre Töchter Simone (14) und Jana (10) leben schon einige Jahre als Familie zusammen. Zu den Mädchen haben beide Frauen eine enge Beziehung. Anna möchte deshalb Irinis Adoptivtochter Jana als Tochter annehmen und Irini Annas Tochter Simone. Zudem überlegen sie, noch ein weiteres Kind gemeinsam zu adoptieren.

Ein Eltern-Kind-Verhältnis kann nicht nur durch Abstammung begründet werden, sondern auch durch Annahme als Kind (umgangssprachlich: Adoption). Durch die Adoption erhält das Kind die Stellung eines gemeinschaftlichen Kindes der Annehmenden.

Man kann sowohl Minderjährige als auch Volljährige als Kind annehmen.

Die Annahme eines minderjährigen Kindes ist nur zulässig, wenn sie dem Wohl des Kindes dient und zwischen dem Annehmenden und dem Kind entweder schon ein Eltern-Kind-Verhältnis besteht oder zu erwarten ist, dass sich ein solches Verhältnis entwickelt. Bei Volljährigen muss die Annahme sittlich gerechtfertigt sein, insbesondere muss schon vor der Adoption ein Eltern-Kind-Verhältnis bestanden haben. Kinder, die ein Ehegatte aus einer anderen Beziehung hat oder die er vor der Eheschließung bereits adoptiert hatte, kann der andere Ehegatte annehmen. Dann werden beide Ehegatten gemeinschaftliche Eltern des Kindes. Diesen Vorgang nennt man bei leiblichen Kindern Stiefkindadoption, im Fall einer früheren Annahme als Kind spricht man von einer Sukzessivadoption.

Die Annahme als Kind dient dem Kindeswohl, wenn sie zu einer nachhaltigen Verbesserung der persönlichen Verhältnisse oder der Rechtsstellung des Kindes führt. Im Vergleich zu seinen gegenwärtigen Lebensbedingungen muss eine merklich bessere Entwicklung seiner Persönlichkeit zu erwarten sein. Da das Kind ein stabiles familiäres Umfeld erhalten soll, sind unter anderem wesentlich: das Alter, die körperliche Leistungsfähigkeit, der Charakter und die Wohn- und Vermögensverhältnisse der Bewerber, ihre berufliche und gesellschaftliche Stellung sowie ihre Erziehungsfähigkeit und -willigkeit.

Nicht nur Ehepaare können Kinder adoptieren, sondern auch eingetragene Lebenspartner und Einzelpersonen. Können Anna und Irini also gemeinsame Eltern von Simone und Jana werden? Und wie sieht es mit der gemeinsamen Adoption eines weiteren Kindes aus?

Da Ehe und eingetragene Lebenspartnerschaft heute weitgehend gleichgestellt sind, sollte man annehmen, dass das auch hinsichtlich der Regeln zur Annahme eines Kindes gilt. Und tatsächlich: Anna und Irini können unproblematisch gemeinschaftliche Eltern von Simone werden. § 9 Abs. 7 LPartG erlaubt eingetragenen Lebenspartnern die Stiefkindadoption ebenso wie Ehepartnern. Irini kann danach Simone als Tochter annehmen, vorausgesetzt die Rechte des Kindesvaters stehen dem nicht entgegen.

Und was ist mit Jana, Irinis Adoptivtochter? Kann Anna sie adoptieren? Auch eine Sukzessivadoption war eingetragenen Lebenspartnern lange verwehrt, weil mit ihr § 9 Abs. 6 LPartG umgangen werden konnte, der nur die Einzeladoption eines Kindes entweder durch den einen oder den anderen Partner erlaubt. Das war natürlich eine kuriose Gesetzeslage. Das Bundesverfassungsgericht hat das Verbot der Sukzessivadoption folgerichtig als verfassungswidrig verworfen. Es konnte nach Auffassung des Gerichts nicht sein, dass die Sukzessivadoption von Ehegatten möglich sein soll, die von Lebenspartnern aber nicht. Eine verbindliche Partnerschaft wie die eingetragene Lebenspartnerschaft führe zu einer dauerhaften rechtlichen Bindung und böte damit ausreichend behütete Verhältnisse, die das Aufwachsen von Kindern ebenso fördern könnten wie eine Ehe. Der Gesetzgeber hat das Gesetz infolge der Entscheidung bereits geändert. Anna kann Jana also adoptieren.

Da § 9 Abs. 6 LPartG nur die Adoption durch einen einzelnen Lebenspartner erlaubt, können Anna und Irini hingegen kein fremdes Kind gemeinschaftlich adoptieren. Daran ändert auch die erwähnte Entscheidung des Bundesverfassungsgerichts nichts. Die Argumentation des Gerichts in der Frage der Sukzessivadoption spricht aber dafür, dass diese Ungleichbehandlung von Lebenspartnern gegenüber Eheleuten ebenfalls verfassungswidrig ist.

Stiefkindadoption durch Lebenspartner

03

Sukzessivadoption durch Lebenspartner

WIRKUNGEN DER MINDERJÄHRIGENADOPTION

Die Folge der Minderjährigenadoption ist, dass das Kind seine bisherigen Eltern und Verwandten verliert und in einen neuen Familienverband eingefügt wird. Simone und Jana würden also nicht nur ein Verwandtschaftsverhältnis zu den Annehmenden selbst erhalten, sondern auch zu deren Verwandten, das heißt zu deren Eltern, leiblichen und Adoptivkindern. Sie hätten in der neuen Familie Anspruch auf Unterhalt und wären ihrerseits zu Unterhaltsleistungen verpflichtet. Das adoptierte Kind beerbt auch seine neuen Eltern und deren Verwandten und wird von diesen beerbt, verliert aber seine Erbenstellung gegenüber den bisherigen Verwandten.

VOLLJÄHRIGENADOPTION

Voraussetzungen

Die Annahme eines Volljährigen ist möglich, wenn sie sittlich gerechtfertigt ist. Zwischen dem Annehmenden und dem Kind muss bereits ein Eltern-Kind-Verhältnis entstanden sein. Damit soll verhindert werden, dass eine Volljährigenadoption nur erfolgt, um Erb- und Pflichtteilsansprüche anderer zu reduzieren oder gar auszuschließen oder um in den Genuss günstiger Steuerklassen und Freibeträge zu kommen.

Wirkungen

Eine Volljährigenadoption erfordert nicht nur einen Antrag der annehmenden Person, sondern auch des Kindes. Genehmigt das Gericht die Adoption, wird das Kind zum Kind des Annehmenden, erhält dessen Familiennamen, wird dessen Erbe, hat gegenüber diesem Unterhaltsansprüche und ist diesem auch zum Unterhalt verpflichtet. Die Wirkungen der Annahme erstrecken sich aber nicht auf die Verwandten des Annehmenden. Auch wird das volljährige Kind nicht aus seinem bisherigen Verwandtschaftsverbund herausgelöst. Er wird lediglich zusätzlich in den Stammbaum der annehmenden Person „hineingeklebt".

Nur ausnahmsweise kann eine Volljährigenadoption mit den vollen Wirkungen der Minderjährigenadoption erfolgen (§ 1772

BGB). Das ist beispielsweise denkbar, wenn ein Kind schon während der Minderjährigkeit Teil seiner jetzigen Familie war.

ELTERLICHE SORGE

BEGRIFF

03

Nach erfolgreichem Abschluss des Adoptionsverfahrens verreist Anna für einige Wochen nach Argentinien. Simone nutzt die Abwesenheit ihrer leiblichen Mutter und kommt fortan abends erst sehr spät nach Hause. Ihre Adoptivmutter Irini erteilt ihr daraufhin Internetverbot und verlangt, dass sie bis spätestens 20 Uhr zu Hause ist. Simone erwidert schnippisch, dass Irini ihr gar nichts zu sagen habe. Sie sei schließlich nicht ihre Mutter. Bewegt sich Simone juristisch auf sicherem Boden?

Wer die elterliche Sorge innehat, muss das Kind beaufsichtigen, es erziehen, es in der Ausbildungs- und Berufswahl unterstützen, kann und muss bestimmen, mit welchen Personen es Umgang haben darf, wo es wohnt etc. Er entscheidet über den Vornamen des Kindes, bestimmt seine Religionszugehörigkeit, entscheidet über ärztliche Behandlungen und Operationen, muss das Vermögen des Kindes erhalten, vermehren und zweckgebunden verwerten.

Die elterliche Sorge steht den Eltern des Kindes gemeinschaftlich zu, wenn sie miteinander verheiratet sind. Sind sie es nicht, ist die Mutter zunächst alleinige Inhaberin der elterlichen Sorge.

Nimmt ein Ehepaar gemeinsam ein Kind an oder nimmt ein Ehegatte oder eingetragener Lebenspartner ein Kind des anderen Ehegatten an, steht die elterliche Sorge beiden Partnern zu. Simone befindet sich mithin im Unrecht und sollte Irini den juristisch gebotenen Respekt entgegenbringen.

ELTERLICHE SORGE BEI TRENNUNG UND SCHEIDUNG

1. Simone gelingt es, einen Keil zwischen Anna und Irini zu treiben. Anna und Irini trennen sich. Anna verlangt von Irini, dass sie sich künftig aus Simones Erziehung heraushält und beansprucht die Alleinsorge für sich.

2. Auch Alexander und Helena trennen sich. Helena will ausziehen und Nina und David mitnehmen. Alexander ist damit nicht einverstanden.

Im ersten Beispiel verlangt Anna die elterliche Sorge für Simone „zurück". Sie will, dass Irini in Bezug auf Simone künftig nicht mehr mitentscheidet. Im zweiten Beispiel sind Alexander und Helena in einer – sehr wichtigen – Frage uneinig, nämlich über den Aufenthalt der Kinder.

In beiden Fällen kann ein Elternteil nicht ohne den anderen entscheiden. Die einmal begründete gemeinsame elterliche Sorge bleibt nämlich bestehen, auch wenn die Kindeseltern sich trennen. Der Gesetzgeber geht davon aus, dass sich die Eltern auch dann gemeinsam um ihre Kinder kümmern können, wenn ihre Paarbeziehung gescheitert ist. Der Elternteil, bei dem das Kind lebt, darf aber nach der Trennung in Angelegenheiten des täglichen Lebens allein entscheiden (§ 1687 BGB).

Beantragt ein Elternteil die Übertragung der Alleinsorge auf sich (§ 1671 BGB), ist diesem Antrag stattzugeben, wenn der andere Elternteil zustimmt. Ist das Kind schon 14 Jahre alt oder älter, muss das Gericht es anhören. Widerspricht das Kind oder stimmt der andere Elternteil der Übertragung der Sorge nicht zu, muss das Gericht entscheiden. Dem antragstellenden Partner ist das alleinige Sorgerecht dann einzuräumen, wenn zu erwarten ist, dass sowohl die Aufhebung der gemeinsamen Sorge als auch die Übertragung der Alleinsorge auf ihn dem Wohl des Kindes am besten entspricht.

Die gemeinsame Sorge ist aufzuheben, wenn sie dem Kindeswohl widerspricht. Denkbar ist dies in folgenden Fällen:

03

- Bei fehlender Erziehungseignung, z. B. bei erwiesenem Alko-
  hol- und Drogenmissbrauch oder gewalttätigen Übergriffen
  gegenüber dem Kind oder dem anderen Elternteil.
- Bei anhaltenden und unüberbrückbaren Differenzen zwischen den Eltern. Man muss befürchten, dass die Eltern es
  zukünftig nicht schaffen werden, Streitigkeiten über das Kind
  ohne die Hilfe dritter Personen (z. B. des Gerichts oder des
  Jugendamts) zu regeln. Es fehlt in diesem Fall eine solide
  Basis für die Ausübung des gemeinsamen Sorgerechts.
- Bei fehlender Kommunikation und Kooperation. Für die Ausübung der gemeinsamen elterlichen Sorge ist es erforderlich,
  dass die Eltern in der Lage sind, sich über Belange des Kindes
  einigermaßen sachlich auseinanderzusetzen und den anderen Elternteil bei Entscheidungen mit einzubeziehen.
- Bei Herabwürdigung des anderen Elternteiles. Kinder dürfen
  bei Streitigkeiten der Eltern nicht zwischen die Fronten gera-
  ten und in einen Loyalitätskonflikt gestürzt werden. Die Eltern
  müssen zumindest mit einem Mindestmaß an Respekt vom
  anderen sprechen und auf keinen Fall die Erziehungsfähigkeit
  des anderen Elternteils infrage stellen, diesen ständig be-
  schimpfen und über ihn herabsetzende Vorwürfe erheben.
- Bei Streit in Fragen von grundsätzlicher Bedeutung. Können
  die Eltern sich nicht über Grundsatzfragen einigen, z. B. die
  Frage, wo das Kind wohnt (Aufent-
  halt des Kindes), welche medizini-
  sche Behandlung es erhält und welcher Religion es angehört, kann das
  ein Indiz dafür sein, dass die Eltern
  auch in anderen Fragen nicht kon-
  sensfähig sind.

Ein Gericht muss sich immer für den
geringstmöglichen Eingriff entscheiden. Nicht immer lässt sich verhin-

Tipp

Es gibt zahlreiche kostenfreie, kompetente Bera-
tungsangebote, die Ihnen helfen können, Partner-
konflikte zu überwinden oder zumindest hinsichtlich
der Kinder zu einer sachlichen Gesprächsebene
zurückzukehren. Wenn Sie wissen wollen, bei welcher Erziehungsberatungsstelle Sie Hilfe bekommen
können, wenden Sie sich an den örtlichen Kinder-
schutzbund oder Ihr örtliches Jugendamt.

dern, dass Eltern gerade in der Trennungszeit ihre Konflikte teils sehr aggressiv austragen und das Kind darunter leidet. Trotzdem ist es nicht angezeigt, vorschnell die Übertragung der gemeinsamen elterlichen Sorge infrage zu stellen. Es ist vielmehr sinnvoll, die Eltern dazu zu bewegen, eine Erziehungsberatung aufzusuchen und ihre Konflikte auszuräumen oder zumindest mittelfristig zu einer sachlichen Auseinandersetzung zurückzukehren.

Übertragung der Alleinsorge auf einen Elternteil

Entspricht die Aufhebung der gemeinsamen Sorge dem Kindeswohl am besten, ist zu prüfen, ob das auch für die Übertragung der Alleinsorge auf den Antragsteller gilt. In unserem Beispiel wäre das der Fall, wenn Anna die Entwicklung und Erziehung des Kindes zu einer eigenverantwortlichen und gemeinschaftsfähigen Persönlichkeit besser gewährleisten könnte als Irini. Entscheidend ist, wer von beiden die besseren Betreuungs- und Erziehungsmöglichkeiten bietet oder wer am ehesten bereit und fähig ist, den Kontakt des Kindes zum anderen Elternteil zu gewährleisten. Besonders wichtig ist der sogenannte Kontinuitätsgrundsatz. Das Kind soll in möglichst stabilen Lebensverhältnissen aufwachsen. Gemeint ist damit, dass es im Trennungsfall möglichst seinen Kindergarten, seine Schule, seinen Freundeskreis, seinen Sportverein etc. behalten soll. Die Aufzählung ist bei weitem nicht abschließend. Alle für den konkreten Einzelfall relevanten Umstände sind zu bewerten. Auch darf bei der Gesamtwürdigung der Wille des Kindes nicht vergessen werden. Sobald das Kind in der Lage ist, sich zu äußern, muss das Gericht es anhören. Je älter und einsichtsfähiger es ist, umso gewichtiger ist, was seine Anhörung über die Bindung zu seinen Eltern erkennen lässt und umso eher wird das Gericht die Wünsche des Kindes in seine Entscheidung mit einfließen lassen. Im vorliegenden Fall wird sicher eine Rolle spielen, dass Simone zu Anna eine deutlich längere Beziehung hat als zu Irini. Auch wird sich Simone sicherlich nicht zu Irinis Gunsten äußern.

Es muss in der Praxis sehr viel vorgefallen sein, damit ein Familiengericht die elterliche Sorge aufhebt und einem von beiden Elternteilen allein überträgt. Die Gerichte belassen die Eltern in ihrer gemeinsamen Verantwortung, solange es für das Kind nicht zu unerträglichen Ergebnissen kommt. Ein Familiengericht würde Annas Antrag in unserem Beispiel vermutlich abweisen. Irini hat sich nichts „zuschulden" kommen lassen. Anna und Irini haben die gemeinsame Aufgabe, ihren Konflikt zu überwinden und – wenn auch nicht mehr als Partnerinnen, so doch als Eltern – gemeinsam für Jana und Simone zu sorgen.

Der Fall von Alexander und Helena liegt etwas anders. Hier geht es nicht um die grundsätzliche Erziehungseignung der Eltern, sondern darum, dass sie sich nicht einigen können, wo die Kinder leben sollen. Damit muss sich nun das Familiengericht befassen. Einigen sich Alexander und Helena auch in der Gerichtsverhandlung nicht, wird das Gericht einem von beiden das alleinige Aufenthaltsbestimmungsrecht übertragen. Die elterliche Sorge in allen übrigen Fragen bleibt davon unberührt.

UMGANGSRECHT

Irinis Tochter Jana leidet sehr unter der Trennung der beiden Frauen. Sie schüttet Anna bei einem Telefonat ihr Herz aus, was Irini mitbekommt. Irini verbietet ihr, zukünftig mit Anna oder Simone Kontakt zu haben. Anna verlangt, dass Jana sie regelmäßig besuchen kann und auch Simone fordert, dass sie Jana regelmäßig treffen darf.

Ein Kind hat Anspruch auf regelmäßigen Umgang mit seinen engsten Bezugspersonen, an allererster Stelle seinen Eltern. Es spielt dabei keine Rolle, ob die Eltern miteinander verheiratet sind oder nicht.

Die Eltern wiederum haben nicht nur das Recht, sondern auch die Pflicht zum Umgang mit ihren Kindern. Ein Alleinerziehender kann den anderen Elternteil daher gerichtlich zwingen, sein Kind zu besuchen, wenn er sieht, dass das Kind unter dem Kontaktabbruch leidet. Das kommt in der Praxis allerdings sehr selten vor.

Enge Bezugspersonen des Kindes haben ein Recht auf Umgang, sofern dieser dem Wohl des Kindes dient. Gemeint sind hier primär die Großeltern und Geschwister des Kindes, aber auch dessen „sozialer" Vater. Erforderlich ist, dass dieser für das Kind in der Vergangenheit Verantwortung getragen hat oder aktuell trägt, also z. B. vor der Trennung mit dem Kind in häuslicher Gemeinschaft gelebt hat.

„Nur" biologische Väter haben seit 2013 ein spezielles Umgangsrecht (§ 1686 a BGB). Danach können sie ihr Kind selbst dann sehen, wenn sie noch keine enge Bezugsperson für das Kind sind. Denjenigen, die ein ernstliches Interesse an ihrem Kind haben, soll so der Aufbau einer Beziehung ermöglicht werden.

Anna als Adoptivmutter und Simone als Adoptivschwester haben also ein Recht auf Umgang mit Jana.

Umgangsrecht und Unterhalt

Das Umgangsrecht ist kein Teil des Sorgerechts. Es ist auch nicht mit dem Unterhaltsrecht verknüpft. Es wäre also nicht nur unfair, sondern auch rechtlich unzulässig, wenn Helena Alexander den Umgang verweigern würde, weil er keinen oder zu wenig Unterhalt zahlt, oder Alexander den Unterhalt reduzieren würde, um seine Umgangswünsche durchzusetzen.

Irini erklärt ihrer Tochter Jana, dass es nicht gut für sie sei, Anna und Simone zu treffen. Diese gehörten nicht mehr zur Familie. Sie erläutert Jana, wie es zur Trennung gekommen ist, und weint bitterlich. Jana tröstet Irini und teilt Anna und Simone mit, dass sie sie hasse und nicht wiedersehen wolle. Als Anna Irini darauf anspricht, erklärt diese, dass sie nichts machen können. Jana wolle von sich aus einfach keinen Umgang mehr.

Vorsicht

Wer wie Irini in unserem Beispiel das Verhältnis des Kindes zum anderen Elternteil nachweislich stört, provoziert hiermit nicht nur ein gerichtliches Umgangsverfahren, sondern kann im Extremfall sogar sein Sorgerecht verlieren, weil er bewusst gegen das Kindeswohl handelt.

03

Beide Eltern haben gemäß § 1684 Abs. 2 BGB die Pflicht, alles zu unterlassen, was das Verhältnis des Kindes zum jeweils anderen Elternteil oder den anderen Bezugspersonen belasten würde. Man darf den anderen Elternteil oder andere Bezugspersonen nicht schlecht machen und muss versuchen, das Kind zum Umgang zu motivieren. Eine Verweigerungshaltung des Kindes kann vielfältige Ursachen haben. Es ist Aufgabe des betreuenden Elternteils, herauszufinden, ob das Kind womöglich nur kurzfristig keine Lust oder schlicht andere Pläne hat, ob es sich um eine Strategie des Kindes zur Bewältigung der Trennungssituation handelt, ob das Kind den Umgang aus falsch verstandener Loyalität verweigert etc.

Wenn ein Elternteil den Umgang des Kindes mit seinen Bezugspersonen wiederholt stört, kann das Familiengericht zur Durchsetzung des Umgangs eine Umgangspflegschaft anordnen. Dabei wird einer dritten Person, einem Umgangspfleger bzw. einer Umgangspflegerin, für die Dauer des Umgangs und zum Zwecke der Durchsetzung des Umgangsrechts das Aufenthaltsbestimmungsrecht übertragen. Im Idealfall handelt es sich nicht um eine Amtsperson, sondern um jemanden, der beiden Eltern nahesteht.

Umgangspflegschaft

Beantragt ein Elternteil oder eine andere Bezugsperson, dass der Umgang gerichtlich geregelt wird, muss das Gericht sehr schnell, spätestens nach einem Monat, einen Verhandlungstermin bestimmen. Das prozessuale Vorrang- und Beschleunigungsgebot soll verhindern, dass die Beteiligten bzw. ihre Anwälte den Streit in langen und eskalierenden Schriftsätzen austragen. Die Sache soll vielmehr möglichst bald mündlich erörtert und dabei im Idealfall befriedet wird. In aller Regel führt tatsächlich schon dieser erste Termin zu einer Beendigung des Verfahrens. Entweder die Eltern finden eine einvernehmliche Regelung, die das Gericht billigt, oder das Gericht entscheidet durch Beschluss. Hochstreitige Umgangsverfahren und Verfahren, in denen ein Expertengutachten eingeholt werden muss, sind zum Glück in der Praxis selten.

Hält ein Elternteil sich nicht an den Beschluss oder den gerichtlich gebilligten Vergleich, kann er mit Ordnungsgeld oder -haft hierzu gezwungen werden. Im schlimmsten Fall kann sein Verhalten sogar zum Entzug des Sorgerechts führen, wenn er durch die Missachtung des Beschlusses gegen das Wohl seines Kindes handelt.

Das Umgangsrecht kann vom Gericht auch ausgeschlossen werden. Denkbar ist das dann, wenn das Kind zum anderen Elternteil kein Vertrauen hat, diesen womöglich gar nicht kennt oder der Elternteil sexuell übergriffig oder gewalttätig werden könnte. Dies wird das Gericht aber nur in Ausnahmefällen und erst dann in Erwägung ziehen, wenn vergeblich versucht wurde, den Umgang in einem geschützten Rahmen anzubahnen.

Ein solcher begleiteter Umgang findet an einem neutralen Ort statt, z. B. in einer Erziehungsberatungsstelle. Hierbei wird der Kontakt von einer dritten Person begleitet, beispielsweise einer sozialpädagogischen Fachkraft. Die Räumlichkeiten sind mit Spiel- und Beschäftigungsmöglichkeiten ausgestattet und im Idealfall so gestaltet wie eine normale Wohnung, damit das Kind sich möglichst unbefangen bewegen kann und der Eindruck vermieden wird, unter Beobachtung zu stehen. Begleiteter Umgang ist keine Dauerlösung. Er kann nur zeitlich begrenzt angeordnet werden mit dem Ziel, in dieser Zeit herauszufinden, ob sich eine tragfähige Vertrauensbasis zwischen dem Kind und seinem anderen Elternteil entwickeln kann. Um zugleich eine Kommunikationsgrundlage für die Eltern zu schaffen, machen die Mitarbeiter der Erziehungsberatungsstelle auch diesen Gesprächsangebote.

Begleiteter Umgang

03

ABLAUF VON SORGERECHTS- UND UMGANGSVERFAHREN

Sorgerechts- und Umgangsverfahren laufen etwas anders ab als andere Gerichtsverfahren. Antragsberechtigt sind die Eltern oder gegebenenfalls Vormünder des Kindes, in Sonderfällen auch das Jugendamt. Das Gericht kann auch von Amts wegen ein Sorgerechtsverfahren einleiten, wenn ihm Tatsachen bekannt werden, die einen Sorgerechtsentzug rechtfertigen können.

Antragsberechtigte

Sorge- und Umgangsverfahren sind sogenannte Amtsermittlungsverfahren. Das bedeutet, dass das Gericht den Sachverhalt ermittelt, soweit es für die Entscheidung erforderlich ist. Anders als in anderen Verfahren ist der Tatsachenvortrag also nicht allein Sache der beteiligten Parteien. Die Eltern können das Verfahren auch nicht einseitig beenden, etwa wenn es sich nicht so entwickelt, wie sie beabsichtigt haben.

Ermittlung von Amts wegen

Ablauf und Verfahrensbeteiligte

Sorge- und Umgangsverfahren sind sehr schnelle Verfahren. Die Gerichte müssen die Parteien binnen einem Monat nach Einleitung zu einem ersten Termin zusammenbringen, damit die Verhältnisse der Kinder möglichst bald geklärt werden. Das Gericht beteiligt die Kinder und die Eltern sowie das zuständige Jugendamt am Verfahren. Ferner bestellt es den Kindern einen Verfahrensbeistand. Dieser soll den Willen der Kinder ermitteln und dafür sorgen, dass ihre Rechte im Verfahren gewahrt werden. Wichtig ist das deshalb, weil die Kindeseltern in ihrem persönlichen und juristischen Konflikt die Interessen ihrer Kinder leicht vergessen. Häufig ist der Verfahrensbeistand eine pädagogisch ausgebildete Person oder – in rechtlich komplexen Fällen – auch ein Anwalt oder eine Anwältin.

Der Verfahrensbeistand setzt sich mit den Eltern in Verbindung und spricht auch mit dem Kind, wenn es alt genug ist. Das Kind soll sich nicht im Beisein seiner Eltern äußern müssen. Anhand dieser Gespräche gibt der Beistand eine Stellungnahme ab, wie nach seiner Ansicht verfahren werden soll. Auch das Jugendamt bezieht Stellung und die Kindeseltern werden angehört. Wenn die Kinder alt genug sind, spricht das Gericht im Beisein des Verfahrensbeistandes mit ihnen und fasst sodann den anderen Beteiligten mündlich zusammen, was die Kinder geäußert haben. Wenn es zu keiner Einigung kommt, trifft das Gericht seine Entscheidung, die in der Regel ein paar Tage oder wenige Wochen später verkündet wird. In komplizierteren Fällen wird das Gericht zunächst ein Sachverständigengutachten anfertigen lassen, um herauszufinden, was dem Wohl des Kindes am ehesten entspricht. In diesem Fall wird das Verfahren nach Gutachtenerstellung in einem weiteren Termin fortgesetzt.

Umgangsbeschluss

Gegen einen Umgangsbeschluss ist die Beschwerde zum Oberlandesgericht zulässig. Wird der Beschluss rechtskräftig, kann er im Wege der Zwangsvollstreckung durchgesetzt werden. Auf Antrag eines Elternteils verhängt das Gericht ein Ordnungsgeld oder Ordnungshaft oder lässt den Umgang im Extremfall sogar durch den Gerichtsvollzieher erzwingen. Zuvor muss das Gericht die Eltern anhören und versuchen, doch noch einen konfliktfreien Umgang zu vermitteln.

Die wenigsten Umgangsverfahren enden allerdings mit einem Beschluss. Den Gerichten gelingt es in aller Regel im Laufe des Verfahrens, die Eltern zu einer einvernehmlichen Lösung zu bewegen. Einigen sie sich, und ist das Familiengericht der Auffassung, dass der Vergleich den Interessen der betroffenen Kinder dient, genehmigt es ihn. Das bedeutet, dass die Vereinbarung wie ein Gerichtsbeschluss zwangsweise durchgesetzt werden kann.

03

Nach Abschluss des Umgangsverfahrens können beide Eltern ein neues Umgangsverfahren einleiten und eine neue Umgangsregelung beantragen, „wenn dies aus triftigen, das Wohl des Kindes nachhaltig berührenden Gründen angezeigt ist". Bloße Unbequemlichkeiten infolge der alte Regelung genügen hierfür nicht. Eine Neuregelung kann z. B. verlangt werden, weil die Gründe für einen betreuten Umgang weggefallen sind, weil einem Elternteil die Durchführung des Umgangs zu den alten Zeiten unmöglich geworden ist oder weil sich die Zeitgestaltung der Kinder gegenüber der alten Regelung erheblich verändert hat.

Neues Umgangs-
verfahren

04

KINDESUNTERHALT

Eltern müssen ihre Kinder nicht nur betreuen, sondern auch ihren finanziellen Bedarf decken, bis sie mit Beendigung ihrer Berufsausbildung wirtschaftlich auf eigenen Beinen stehen können. Dieses Kapitel widmet sich der Frage, wie man das Einkommen ermittelt, aus dem der Kindesunterhalt zu zahlen ist, und wie auf dieser Grundlage mithilfe der Düsseldorfer Tabelle der Unterhaltsanspruch berechnet wird.

KURZ & BÜNDIG

- **Düsseldorfer Tabelle**: Die Höhe des Unterhalts richtet sich nach dem Einkommen des Unterhaltsverpflichteten und dem Alter der Kinder. Der Zahlbetrag ergibt sich aus der sogenannten Düsseldorfer Tabelle, die alle ein, zwei Jahre aktualisiert wird.

- **Bereinigung des Einkommens**: Bei der Unterhaltsberechnung bleiben die Teile des Einkommens außer Betracht, die dem Verpflichteten nicht für die tägliche Lebensführung zur Verfügung stehen. Dazu gehören insbesondere Steuern, Sozialabgaben, Fahrtkosten, und Altersvorsorgeaufwendungen.

- **Leistungsfähigkeit**: Dem Verpflichteten muss ein gewisser – sehr bescheidener – Mindestbetrag zum Leben verbleiben, der sogenannte Selbstbehalt. Erst wenn dieser unterschritten ist, darf der Unterhalt gekürzt werden.

- **Mindestunterhalt**: Reicht das Einkommen des Verpflichteten nicht aus, um seinen minderjährigen Kindern den Unterhalt der Einkommensstufe 1 der Düsseldorfer Tabelle zu zahlen, muss er alles Zumutbare tun, gegebenenfalls auch eine Nebentätigkeit annehmen, um diesen zahlen zu können.

GRUNDLEGENDES ZUM KINDES-UNTERHALT

WELCHE KINDER HABEN ANSPRUCH AUF UNTERHALT?

Kinder haben Anspruch auf Unterhalt, solange sie noch nicht in der Lage sind, ihren Lebensunterhalt durch eigene Arbeit zu verdienen. Kleinkinder, minderjährige Schüler und Auszubildende sind besonders unterstützungsbedürftig. Ihre Eltern, insbesondere der zahlungspflichtige Elternteil, müssen sich, falls nötig, finanziell sehr einschränken, um den Lebensbedarf der Kinder zu decken. Der Barunterhaltspflichtige muss voll erwerbstätig sein und, falls zumutbar, in engen finanziellen Verhältnissen sogar eine Nebentätigkeit aufnehmen, um den Unterhalt sicherzustellen. Solange die Kinder minderjährig sind, ist es Aufgabe des alleinerziehenden Elternteils, ihren Unterhalt in ihrem Namen, in ganz bestimmten Fällen sogar im eigenen Namen, beim anderen Elternteil einzufordern.

Auch ein volljähriges Kind, das noch zur Schule geht oder ein Studium oder eine Ausbildung absolviert, hat weiterhin Anspruch auf Unterhalt. Der alleinerziehende Elternteil ist in diesem Fall aber für das Kind juristisch nicht mehr verantwortlich, selbst wenn es nach wie vor in seinem Haushalt lebt und von ihm unterstützt wird. Streng genommen müsste das Kind seinen Unterhalt jetzt selbstständig gegenüber beiden Elternteilen geltend machen und ihnen jeweils vorrechnen, was sie zu seinem Unterhalt beizutragen haben. In der Praxis wird das jedoch regelmäßig anders gehandhabt. Der Elternteil, der bislang Verantwortung für das Kind getragen hat, kümmert sich auch weiterhin um dessen Unterhalt und unterstützt das Kind da-

Vorsicht

Haben Sie bislang den Kindesunterhalt mit anwaltlicher Hilfe durchgesetzt, wollen Sie womöglich, dass sich der Anwalt auch um den Unterhalt Ihres volljährigen Kindes kümmert. Aber Vorsicht: Standesrechtlich erlaubt ist das nur dann, wenn zwischen Ihnen und Ihrem Kind kein Streit besteht. Juristisch gesehen, sind Sie beide nämlich ab dem Moment der Volljährigkeit in Unterhaltsfragen Gegner!

bei, den Anteil des anderen Elternteils zu berechnen und geltend zu machen.

RANGFOLGE DER UNTERHALTSBERECHTIGTEN

04

Für den Fall, dass ein Unterhaltpflichtiger nicht über genügend Einkommen verfügt, um allen Berechtigten Unterhalt zu zahlen, werden diese gemäß § 1609 BGB in folgender Reihenfolge bedient:

1. die minderjährigen unverheirateten Kinder und volljährigen Schüler einer allgemeinbildenden Schule unter 21 Jahre,
2. Elternteile, die wegen der Betreuung eines Kindes unterhaltsberechtigt sind oder im Fall einer Scheidung wären, außerdem Ehegatten und geschiedene Ehegatten bei einer Ehe von langer Dauer und Ehegatten, die unter bestimmten ehebedingten Nachteilen leiden,
3. alle anderen Ehegatten und geschiedenen Ehegatten,
4. volljährige Kinder, die nicht unter Ziffer 1 fallen,
5. Enkelkinder und weitere Abkömmlinge,
6. Eltern,
7. Großeltern, Urgroßeltern etc.

WER MUSS DEN UNTERHALT ZAHLEN?

Das Familiengericht hat Helena das alleinige Aufenthaltsbestimmungsrecht zugesprochen. Sie ist daraufhin mit Nina und David zunächst zu ihren Eltern gezogen. Nun verlangt sie von Alexander Kindesunterhalt. Alexander entgegnet, dass sie ja nicht hätte ausziehen müssen. Sie verfüge doch selbst über Einkommen und könne notfalls ihre Eltern anbetteln.

In erster Linie müssen die Eltern des Kindes für den Unterhalt sorgen. Die Großeltern können erst dann herangezogen werden, wenn die Eltern nicht leistungsfähig sind. Solange das Kind noch minderjährig ist, erfüllt der alleinerziehende Elternteil seine Unterhaltspflicht in aller Regel durch Pflege und Erziehung des Kindes. Er muss also selbst kein Geld zahlen. Unterhaltspflichtig ist allein der andere Elternteil, hier also Alexander. Das wäre selbst dann so, wenn Helena gleich viel oder sogar etwas mehr verdienen würde als Alexander.

Anders sieht es dagegen aus, wenn der alleinerziehende Elternteil deutlich mehr verdient als der andere Elternteil und/oder dessen Einkommens- und Vermögensverhältnisse sehr überschaubar sind. Dann muss auch der alleinerziehende Elternteil als „anderer unterhaltspflichtiger Verwandter" des Kindes im Sinne des § 1603 Abs. 2 Satz 2 BGB Unterhalt zahlen.

Das OLG Schleswig bejaht eine Mithaftung des betreuenden Elternteils, wenn dieser mindestens 500 Euro besser dasteht als der Zahlungspflichtige. Siehe Beschluss vom 23. Dezember 2013 – Az. 15 UF 100/13.

Der betreuende Elternteil muss sich außerdem grundsätzlich an Zusatzbedarfen wie dem Sonder- und Mehrbedarf finanziell beteiligen, wenn er leistungsfähig ist. (Siehe dazu unten S. 80 ff.)

Sonderfall Wechselmodell

Alexander und Helena teilen die Kinderbetreuung gleichmäßig unter sich auf. David und Nina wohnen abwechselnd zwei Wochen bei einem Elternteil und wechseln dann für zwei Wochen in den Haushalt des anderen. Wer muss den Unterhalt bezahlen?

Übernehmen beide Eltern die Betreuung der Kinder in annähernd gleichem Umfang, spricht man von einem Wechselmodell. Man unterscheidet zwei Formen: Beim Doppelresidenzmodell – unserem Beispiel – wohnen die Kinder abwechselnd mal beim einen, mal beim anderen Elternteil. Beim Nestmodell leben die Kinder dagegen dauerhaft in einer Wohnung und die Elternteile betreuen sie dort abwechselnd. Das Wechselmodell kann sehr gut funktionieren, wenn die Eltern konfliktfrei miteinander kommunizieren. Gegen den Willen eines Elternteils wird man das Wechselmodell in einem Sorgerechtsstreit nur in Ausnahmefällen durchsetzen können.

Beim Wechselmodell erbringen beide Eltern paritätisch den Betreuungsunterhalt, und beide Eltern sind den Kindern barunterhaltspflichtig. Alexander und Helena müssen sich also beide an den Kosten beteiligen und können diese Beteiligung auch im Namen der Kinder durchsetzen.

Der BGH hat mit Beschluss vom 11. Januar 2017, Az. XII ZB 565/15, festgestellt, dass sich der Regelbedarf der Kinder in diesem Fall nach der Düsseldorfer Tabelle richtet und aus dem zusammengerechneten Einkommen berechnet wird. Die Eltern müssen sich diesen Betrag nach ihren jeweiligen Einkommens- und Vermögensverhältnissen teilen, außerdem die Mehrkosten, die durch das Wechselmodell verursacht werden (z. B. erhöhter Wohnbedarf, höhere Fahrtkosten oder Mehrkosten, weil persönliche Gegenstände doppelt angeschafft werden müssen). Der Elternteil, der das Kindergeld bezieht, muss ein Viertel des Kindergeldes an den anderen auszuzahlen.

Ein Sonderproblem entsteht, wenn einer der Partner nicht leistungsfähig ist, weil er unverschuldet ein Einkommen unterhalb des angemessenen Selbstbehalts erzielt.

WIE KANN MAN SICHERSTELLEN, DASS DER UNTERHALT PÜNKTLICH GEZAHLT WIRD?

Wer auf Unterhalt angewiesen ist, muss sich darauf verlassen können, dass dieser Monat für Monat pünktlich zum Monatsersten auf dem Konto ist. Ist darauf kein Verlass, hilft gegebenenfalls ein Unterhaltstitel weiter.

Tipp

Praktizieren Sie das Wechselmodell und verfügt nur ein Elternteil über eigenes Einkommen, sollten Sie bei der Berechnung des Unterhalts die Hilfe eines Anwalts oder einer Anwältin in Anspruch nehmen, wenn keine einvernehmliche Lösung möglich ist.

Tipp

Sind Sie nicht sicher, ob der andere Elternteil verlässlich und pünktlich zahlt, sollten Sie einen Unterhaltstitel von ihm einfordern. Dann können Sie einen Gerichtsvollzieher damit beauftragen, den Unterhalt einzutreiben sowie die Konten und das Arbeitseinkommen des Verpflichteten zu pfänden.

Unterhaltstitel sind

- Urteile,
- Beschlüsse im vereinfachten Unterhaltsfestsetzungsverfahren,
- Urkunden der Jugendämter oder auch
- notarielle oder gerichtliche Unterhaltsvereinbarungen.

Sie haben für den Unterhaltsverpflichteten vor allem eine Warnfunktion. Wer weiß, dass der Unterhaltsberechtigte einen Titel in Händen hat, wird nicht ohne Not seine Unterhaltspflichten verletzen. Das klingt nicht besonders freundlich, in der Praxis geht es aber häufig nicht ohne diesen Druck. Auch der Unterhaltsverpflichtete, der sich noch nie etwas hat „zuschulden" kommen lassen und seinen Unterhalt immer pünktlich gezahlt hat, gar mehr als gefordert, muss auf Wunsch einen Titel erstellen lassen und kann hierzu sogar gerichtlich gezwungen werden.

Unterhaltsberechtigung

Unterhaltsberechtigt ist grundsätzlich das minderjährige Kind, vertreten durch den Elternteil, bei dem es lebt. Bis zur Rechtskraft der Scheidung muss der Kindesunterhalt aber von diesem Elternteil im eigenen Namen geltend gemacht werden (gesetzliche Verfahrensstandschaft). Ein solcher Titel muss spätestens nach dem 18. Geburtstag des Kindes auf dieses umgeschrieben werden, wenn daraus vollstreckt werden soll, selbst wenn sich Mutter oder Vater noch um die Durchsetzung der Unterhaltsansprüche kümmern.

Tipp

Gibt es Streit um die Höhe des Unterhalts, können Sie Ihre Forderung beim Familiengericht geltend machen. Im Erfolgsfall erwirken Sie einen Titel in Form eines Unterhaltsbeschlusses des Familiengerichts oder eines gerichtlich geschlossenen Unterhaltsvergleichs.

Eine kostenlose Möglichkeit, an einen Unterhaltstitel zu kommen, ist die Erstellung einer sogenannten Jugendamtsurkunde. Diese kann sich der Unterhaltspflichtige kurzfristig bei allen Jugendämtern, nicht nur den örtlich zuständigen, ausstellen lassen. Man darf sich von dem einfachen Verfahren aber nicht blenden lassen: Ist die Urkunde einmal erstellt und kann der Pflichtige den in der Urkunde benannten Unterhalt nicht mehr zahlen, kann die Urkunde im Streitfall nur von einem Familiengericht nach unten korrigiert werden!

ABÄNDERUNG DES UNTERHALTS

Wenn die Kinder älter werden, das Einkommen des Unterhaltsverpflichteten steigt oder aus akzeptablen Gründen sinkt, weitere Kinder oder unterhaltsbedürftige Partner hinzukommen, eines
der Kinder ein Studium beginnt etc. hat dies möglicherweise
Auswirkungen auf die Höhe des Unterhalts oder dieser entfällt
ganz.

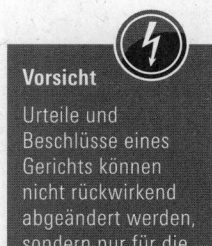

Vorsicht

Urteile und
Beschlüsse eines
Gerichts können
nicht rückwirkend
abgeändert werden,
sondern nur für die
Zukunft.

04

Derjenige, für den die Änderung der Verhältnisse günstig ist,
muss sie dem anderen anzeigen und seine Position gegebenenfalls gerichtlich durchsetzen. Schwieriger ist die Änderung des
Unterhalts, wenn bereits ein Titel in der Welt ist.

Die Änderung eines Unterhaltstitels ist möglich, wenn die folgenden Voraussetzungen beide erfüllt sind:

Änderung eines Unter-
haltstitels

- Die Umstände, die dem Titel zugrunde lagen, haben sich wesentlich geändert.
- Die Veränderung wirkt sich erheblich auf den zukünftig zu
  zahlenden Unterhalt aus. Das ist dann der Fall, wenn sich der
  Unterhalt um 10 % erhöht oder vermindert. Bei Jugendamts-
  urkunden gilt diese Grenze nicht.

Wenn sich Ehegatten in der Vergangenheit über den Unterhalt
geeinigt und dies in einer notariellen Urkunde festgeschrieben
haben, handelt es sich auch hierbei um einen Titel, mit dem gegebenenfalls die Zwangsvollstreckung betrieben werden kann.
Üblicherweise werden die Umstände (Einkommen, Zahl der Unterhaltsberechtigten etc.), welche die Beteiligten bei der Schaf-
fung des Titels zugrunde gelegt haben, in der Urkunde genannt.
Falls dies nicht der Fall war, so ergeben sich die Grundlagen aus
den Umständen der Vereinbarung. Treten nachfolgend Veränderungen in Bezug auf diese Geschäftsgrundlage ein, so muss derjenige, der von den Änderungen betroffen ist, seinen Anspruch
auf Anpassung der Vereinbarung geltend machen. Auch hier ist
eine wesentliche, bei Vertragsabschluss nicht voraussehbare
und dauerhafte Veränderung erforderlich.

Abänderung einer
notariellen Unterhalts-
vereinbarung

Tipp

Gerichtsverfahren
sind teuer und bei
vielen Unterhalts-
fragen ist nicht
mit Sicherheit
vorauszusehen, wie
ein Rechtsstreit
ausgeht. Versuchen
Sie deshalb auch
bei Vorliegen eines
Titels zunächst, sich
außergerichtlich zu
einigen.

Tipp

Weitere Infor-
mationen zu den
staatlichen Hilfen,
die Alleinerziehende
erhalten können,
bietet der Ratgeber
„Alleinerziehend".
Mehr dazu auf
www.vz-ratgeber.de.

Entbehrlich kann ein Gerichtsverfahren sein, wenn der Unterhaltsberechtigte den Titel herausgibt oder schriftlich zusichert,
aus ihm oberhalb eines bestimmten Betrages keine Zwangsvoll-
streckungsmaßnahmen mehr einzuleiten. In diesem Fall macht
er sich schadenersatzpflichtig oder verwirkt seinen Unterhalt
sogar, falls er hiergegen verstößt.

HILFE DURCH STAATLICHE LEISTUNGEN

In wirtschaftlich engen Verhältnissen muss der alleinerziehende Elternteil Unterhaltsvorschussleistungen in Anspruch nehmen, um kurzfristig zumindest einen Teil des Kindesunterhalts
sicherzustellen. Der Unterhaltsanspruch geht dann insoweit auf
die Behörde über und die Unterhaltsvorschusskasse macht anschließend ihre Auslagen beim eigentlich Verpflichteten geltend.
Das gilt auch, wenn der alleinerziehende Elternteil und die Kinder
Leistungen nach dem Sozialgesetzbuch II erhalten. Der Unter-
haltsvorschuss wird ab dem 1. Juli 2017 bis zum 18. Lebensjahr
des Kindes gezahlt.

DIE UNTERHALTSBERECHNUNG

BEDARF NACH DER LEBENSSTELLUNG DES KINDES

Der Unterhalt dient der Existenzsicherung und ermöglicht aller-
nötigste Ansparungen. Von ihm sollen die alltäglichen Kosten
des Kindes bezahlt werden: Lebensmittel, Kleidung, Schulma-
terialien, Wohnbedarf, Freizeitaktivitäten, Gesundheitsvorsorge-
und Arztkosten, Taschengeld etc. Minderjährige Kinder leiten ihren Unterhaltsbedarf von der Lebensstellung ihrer Eltern ab. Das
Kind wohlhabender Eltern kann folglich mehr Unterhalt fordern
als ein Kind, dessen Eltern nur über wenig Einkommen verfügen.
In der Praxis wird der Unterhaltsbedarf der Kinder nach der sogenannten Düsseldorfer Tabelle berechnet.

Stand: 01.01.2017

A. Kindesunterhalt

04

	Nettoeinkommen des Barunterhaltspflichtigen	Altersstufen in Jahren (§ 1612 a Abs. 1 BGB)			
		0 – 5	6 – 11	12 – 17	ab 18
	Alle Beträge in Euro				
1.	bis 1.500	342	393	460	527
2.	1.501 – 1.900	360	413	483	554
3.	1.901 – 2.300	377	433	506	580
4.	2.301 – 2.700	394	452	529	607
5.	2.701 – 3.100	411	472	552	633
6.	3.101 – 3.500	438	504	589	675
7.	3.501 – 3.900	466	535	626	717
8.	3.901 – 4.300	493	566	663	759
9.	4.301 – 4.700	520	598	700	802
10.	4.701 – 5.100	548	629	736	844
ab 5.101	nach den Umständen des Falles				

Die Tabellenwerte richten sich nach den steuerlichen Kinderfreibeträgen und werden bei Anpassung der Freibeträge und Änderung der Rechtsprechung vom Oberlandesgericht Düsseldorf und bestimmten Richtergremien an die aktuellen Verhältnisse angepasst. Rufen Sie die jeweils aktuelle Tabelle unter www.olg-duesseldorf.nrw.de/infos/Duesseldorfer_Tabelle ab.

Welche Einkommensstufe der Tabelle im konkreten Fall einschlägig ist, richtet sich nach dem bereinigten Nettoeinkommen des barunterhaltspflichtigen Elternteils. Gemeint ist damit das Einkommen, das vom Nettoeinkommen verbleibt, nachdem berufsbedingte Aufwendungen, Steuernachzahlungen, Zinslasten aus Darlehen, Krankenversicherungsbeiträge etc. abgezogen wurden. Konkrete Unterhaltssätze bestimmt die Tabelle nur für Einkommen von bis zu 5.100 Euro. Mehr Unterhalt kann nur verlangen, wer einen höheren Bedarf nachweist.

Einkommensstufen

Anzahl der Unterhalts-
berechtigen

Auch die Anzahl der Unterhaltsberechtigten kann sich auf die Einstufung auswirken. Die Düsseldorfer Tabelle ist für den Regelfall ausgelegt, dass der Pflichtige zwei Unterhaltsberechtigten Unterhalt zahlen muss. Muss er mehr Personen Unterhalt zahlen, stuft man ihn pro überzähliger Person eine Einkommensstufe niedriger ein. Muss er nur einer Person Unterhalt bezahlen, stuft man ihn eine Stufe höher ein. Entscheidend ist die Gesamtzahl der Bedürftigen, es kommt nicht darauf an, wo sich diese in der Rangliste der Unterhaltsberechtigten nach § 1609 BGB befinden (siehe oben S. 55).

Angenommen, Alexander erzielt ein bereinigtes Nettoeinkommen von 3.745 Euro und muss Nina, David und Helena Unterhalt bezahlen. Helena bekommt das Kindergeld. Wie viel Unterhalt muss Alexander für Nina (9) und David (6) bezahlen?

Alexanders Einkommen entspricht der Einkommensstufe 7 der Düsseldorfer Tabelle (136 % des Mindestunterhalts). Er ist aber drei Personen zum Unterhalt verpflichtet und damit einer Person mehr als im Regelfall der Tabelle. Der Unterhalt von Nina und David richtet sich daher nach der Einkommensstufe 6 (128 % des Mindestunterhalts). David ist 6 Jahre alt, Nina 9. Laut Tabelle muss Alexander für David und Nina jeweils 504 Euro zahlen.

Abzug des Kindergeldes

Es muss aber noch berücksichtigt werden, dass Helena das Kindergeld erhält, das Alexander zur Hälfte zusteht. Seine Hälfte wird mit dem Tabellenbetrag verrechnet.

Exkurs: Kindergeld

Beim Kindergeld handelt es sich um eine Ausgleichszahlung, die das steuerliche Existenzminimum des Kindes sicherstellen soll. Es steht beiden Eltern gemeinsam zu.

Seit dem 1. Januar 2017 gelten folgende Kindergeldsätze:

- Das Kindergeld für das erste und zweite Kind beträgt 192 Euro.
- Das Kindergeld für das dritte Kind beträgt 198 Euro.
- Das Kindergeld für jedes weitere Kind beträgt 223 Euro.

Ab dem 1. Januar 2018 wird das Kindergeld jeweils um 2 Euro erhöht.

04

Das Kindergeld wird in aller Regel an die Eltern ausgezahlt, selbst wenn das Kind bereits volljährig ist. Leben die Eltern getrennt, wird es an den Elternteil ausgezahlt, der das Kind hauptsächlich betreut. Nur wenn das Kind Vollwaise ist, es den Aufenthalt seiner Eltern nicht kennt oder der eigentlich kindergeldberechtigte Elternteil seiner gesetzlichen Unterhaltspflicht nicht nachkommt, kann das Kind Auszahlung des Kindergeldes an sich selbst verlangen. Weder der Kindergeldanspruch an sich noch die Höhe des Kindergeldes hängen vom Einkommen der Eltern oder ihrem Familienstand ab. Der Familienstand des Kindes spielt dagegen sehr wohl eine Rolle: Heiratet es oder geht es eine eingetragene Lebenspartnerschaft ein, entfällt sein Kindergeldanspruch. Das gilt allerdings dann nicht, wenn die Eltern auch weiterhin für ihr Kind aufkommen, weil das Kind mit den eigenen Einkünften und Bezügen nicht über die Runden kommt und auch das verfügbare Einkommen des Ehegatten oder Lebenspartners so gering ist, dass sein Unterhalt nicht sichergestellt ist.

Alexander muss also für Nina und David jeweils 504 Euro (Tabellenunterhalt) – 96 Euro (192 Euro Kindergeld : 2) = 408 Euro Unterhalt zahlen.

Die Düsseldorfer Tabelle soll für einheitliche Lebensverhältnisse im gesamten Bundesgebiet sorgen. Sie hat keine Gesetzeskraft, Richter können also theoretisch von ihr abweichen. In der Praxis geschieht dies aber sehr selten. Ergänzt wird die Tabelle von den sogenannten Unterhaltsleitlinien oder Unterhaltsgrundsätzen der Oberlandesgerichte im Bundesgebiet. Hierin legen die Gerichte die Berechnungsgrundsätze für den Unterhalt in ihrem Zuständigkeits-

Düsseldorfer Tabelle und Unterhaltsleitlinien

gebiet fest. Die Unterhaltsleitlinien sind bundesweit identisch aufgebaut, unterscheiden sich aber in einigen Punkten voneinander.

ERWERBSOBLIEGENHEIT UND FIKTIVES EINKOMMEN

Verlust des Arbeitsplatzes

Alexander hat seinem Chef einmal mehr erklärt, dass dieser von Tuten und Blasen keine Ahnung habe und froh sein könne, dass er, Alexander, tagtäglich seine Fehler ausbügele. Die verhaltensbedingte Kündigung lässt nicht lange auf sich warten. Alexander teilt Helena daraufhin mit, dass er leider nur noch reduzierten Unterhalt zahlen könne, bis er eine neue Arbeit habe.

Wenn der Unterhaltspflichtige erwerbstätig ist, darf er seine Stelle nicht ohne zwingenden Grund aufgeben und muss sich bei einem Arbeitsplatzverlust um eine neue Arbeitsstelle bemühen. Andernfalls wird das bisher erzielte Einkommen als fiktives Einkommen bei der Bedürftigkeit berücksichtigt. Das gilt auch dann, wenn jemand seine Arbeitsstelle verantwortungslos oder leichtfertig gefährdet hat, z. B. durch ungebührliches Verhalten, Zuspätkommen oder unerlaubte Nebentätigkeiten. Erhält man deshalb die Kündigung, wird man bei der Unterhaltsberechnung so behandelt, als würde man das bisherige Einkommen weiter erzielen. Alexander kann den Unterhalt daher nicht reduzieren.

Abfindungen dienen dazu, den Einkommensverlust auszugleichen, der durch den Verlust der Arbeitsstelle entsteht. Bei unverschuldetem Arbeitsplatzverlust muss man so lange den alten Unterhalt weiterzahlen, bis die Abfindung aufgebraucht ist.

Tipp

Wenn Sie unverschuldet eine Kündigung erhalten, sollten Sie sich mit einem Arbeitsrechtsanwalt und Familienrechtsanwalt besprechen, ob aus unterhaltsrechtlichen Erwägungen eine Kündigungsschutzklage angestrebt werden muss. Unterhaltsrechtlich haben Sie die Obliegenheit, sich nach Kräften gegen eine Kündigung zu wehren.

04

Alexander verdient 4.000 Euro netto. Sein Arbeitgeber stellt seinen Betrieb ein und zahlt Alexander eine Abfindung von 40.000 Euro netto. Alexander wird eine Sperrzeit von drei Monaten verhängt, in der er kein Arbeitslosengeld erhält. Er bewirbt sich nach Kräften und hat Erfolg. Bei seinem neuen Arbeitgeber verdient er allerdings 500 Euro netto weniger als vorher.

Alexander muss während der Zeit seiner Arbeitslosigkeit seinen bisherigen Lebensstandard halten und weiterhin den bisherigen Unterhalt zahlen. Dazu muss er 12.000 Euro seiner Abfindung verwenden. Da er bei seinem neuen Arbeitgeber 500 Euro weniger verdient, ist er verpflichtet, auch die verbleibenden 28.000 Euro einzusetzen, bevor er den Unterhalt an das neue Einkommen anpassen kann. Der Betrag reicht aus, um den alten Unterhalt noch für weitere 56 Monate zu zahlen.

Bewerbungen

Wer seinen Arbeitsplatz verloren hat, muss sich stets um einen neuen bemühen. Es ist nicht ausreichend, einfach nur Termine bei der Arbeitsagentur wahrzunehmen. Man muss vielmehr die gesamte Zeit, die für eine Erwerbstätigkeit zur Verfügung stünde, auch für die Suche nach Arbeit nutzen. Teilweise werden von den Gerichten 20 bis 30 Bewerbungen pro Monat gefordert. Das kann je nach Arbeitsmarktsituation sehr schnell realitätsfern werden.

Tipp

In einem gerichtlichen Verfahren müssen die Erwerbsbemühungen in aller Regel bewiesen werden. Sie sollten daher eine Art Bewerbungstagebuch führen. Tragen oder kleben Sie in das Bewerbungstagebuch alles ein, was im Zusammenhang mit Ihrer Suche nach Arbeit steht:

- Wann haben Sie die Kündigung erhalten?
- Was haben Sie an welchem Tag getan, um eine Bewerbung vorzubereiten? (Zeitung durchsucht, Bewerbungsfotos gemacht, Bewerbungsmappe zusammengestellt)
- Wann haben Sie welche Bewerbung telefonisch, per E-Mail oder Brief eingereicht?
- Auf welche Anzeige haben Sie sich gemeldet?
- Wann haben Sie Antwort erhalten? Von wem, per Telefon, E-Mail oder schriftlich?
- Bewahren Sie unbedingt alles an Anzeigen, Anschreiben, Bewerbungsunterlagen, Rückmeldungen in Kopie auf und notieren Sie sich Namen und Kontaktdaten Ihrer Gesprächspartner.

Bei der Suche nach Arbeit muss der Unterhaltspflichtige in jedem Fall Stellen in Betracht ziehen, die im zumutbaren Pendlerbereich liegen. Dieser wird von den Gerichten in aller Regel mit einer halben Stunde Fahrzeit (einfache Fahrt) angesetzt. Bei länger andauernder Arbeitslosigkeit oder sehr schlechter Arbeitsmarktsituation vor Ort kann auch ein Umzug zumutbar sein.

Im Bereich des Unterhaltsrechts stellen die Gerichte sehr hohe Anforderungen an die Erwerbsbemühungen. Diese gelten nicht nur für die Unterhaltspflichtigen, sondern auch für unterhaltsberechtigte Ehegatten, die Trennungsunterhalt oder Geschiedenenunterhalt beanspruchen und von denen eine Erwerbstätigkeit gefordert werden kann.

AUSKUNFTSANSPRUCH

Klassische Konfliktpunkte bei der Unterhaltsberechnung sind die Ermittlung des Einkommens und die Frage, ob der Pflichtige die Unterhaltslast überhaupt schultern kann.

Es ist Aufgabe des Unterhaltsberechtigten, das Einkommen des Verpflichteten zu ermitteln und die korrekte Unterhaltshöhe zu berechnen. Entbehrlich ist die Berechnung nur dann, wenn lediglich der Mindestunterhalt (nach Einkommensstufe 1 der Düsseldorfer Tabelle) geltend gemacht wird.

Ist der Verpflichtete der Meinung, dass er den geforderten Unterhalt nicht leisten kann, muss er darlegen und beweisen, dass sein Einkommen nicht ausreicht. Das allein reicht jedoch nicht

04

aus. Er muss den Berechtigten bzw. das Gericht außerdem davon überzeugen, dass er selbst bei entsprechenden Bemühungen nicht in der Lage wäre, genug Geld zu verdienen, um den Mindestsatz zu zahlen. Das ist in der Praxis sehr schwer. Notfalls muss man den Mindestunterhalt nämlich mittels einer zumutbaren Nebentätigkeit finanzieren.

Um den Unterhalt beziffern zu können, muss der alleinerziehende Elternteil natürlich erst einmal wissen, wie hoch das Einkommen des Unterhaltspflichtigen ist. Er kann daher verlangen, dass dieser ein übersichtliches Verzeichnis seines Einkommens und Vermögens samt Belegen vorlegt (§ 1605 BGB). Arbeitnehmer müssen ihre Einkünfte der letzten zwölf Monate vor Auskunftsaufforderung mitteilen und den letzten Einkommensteuerbescheid vorlegen, Selbstständige ihre Einkünfte für die letzten drei Kalenderjahre offenlegen.

Einkommens- und Vermögensverzeichnis

Hat der Auskunftsberechtigte Grund zu der Annahme, dass das Verzeichnis nicht mit der erforderlichen Sorgfalt erstellt wurde, kann er verlangen, dass der Auskunftspflichtige die Richtigkeit und Vollständigkeit seiner Auskünfte an Eides statt versichert. Die Zweifel des Auskunftsberechtigten müssen dem Gericht erläutert und gegebenenfalls glaubhaft gemacht werden.

Eidesstattliche Versicherung

§

Eine eidesstattliche Versicherung können Sie bei Gericht oder einem Notar abgeben. Sie dient dazu, eigene Aussagen glaubhaft zu machen. Wer eine falsche eidesstattliche Versicherung abgibt, begeht ein schweres Vergehen und wird mit Geldstrafe oder Freiheitsstrafe bis zu drei Jahren bestraft (§ 156 StGB).

Der Auskunftsanspruch kann auch gerichtlich durchgesetzt werden, wenn der Auskunftspflichtige trotz Fristsetzung die Auskunft gar nicht, nicht vollständig oder nicht formgerecht erteilt. Das richtige prozessuale Mittel hierzu ist der sogenannte Auskunfts- oder Unterhaltsstufenantrag, der beim Familiengericht eingereicht wird. Mit diesem begehrt der Antragsteller nicht nur

Auskunfts- oder Unterhaltsstufenantrag

die Erteilung der Auskunft und die Vorlage von Belegen. Er behält sich außerdem vor, die Abgabe einer eidesstattlichen Erklärung zu beantragen, in welcher der Auskunftspflichtige die Richtigkeit und Vollständigkeit seiner Angaben versichert. Schließlich kündigt er an, dass der laufende Unterhaltsanspruch und die Unterhaltsrückstände nach Erteilung der Auskunft beziffert werden. Die Stufen werden im Verfahren sodann nach und nach „abgearbeitet".

EINZUSETZENDES EINKOMMEN

Durchschnittliches Erwerbseinkommen

Zunächst wird das durchschnittliche Bruttoeinkommen des Pflichtigen ermittelt, das er in einem Zeitraum von zwölf Monaten erzielt hat. So können Schwankungen des Einkommens und einmalige Zuwendungen wie Weihnachts- und Urlaubsgeld sowie Prämien und Boni angemessen berücksichtigt werden. Einkünfte, die das reguläre Einkommen übersteigen, müssen ebenfalls voll berücksichtigt werden. Gemeint sind beispielsweise Vergütungen für Überstunden oder Einkünfte, die neben einer vollschichtigen Erwerbstätigkeit erzielt werden. Bei Selbstständigen ist das Durchschnittseinkommen der letzten drei Jahre auf Grundlage der Bilanzen bzw. Einnahmen-Überschuss-Rechnungen zu bilden. Schwankt das Einkommen sehr stark, kann auch das Einkommen aus einem längeren Zeitraum herangezogen werden.

Sonstige Einkünfte

Einkünfte aus Arbeitslosengeld, Krankengeld, Kapital, Vermietung und Verpachtung,. Gewerbe, Landwirtschaft etc. werden ebenfalls in ein monatliches Durchschnittseinkommen umgerechnet und zu den sonstigen Einkünften addiert.

BEREINIGUNG DES EINKOMMENS

Unterhaltsrelevant ist nur das Einkommen, das dem Verpflichteten tatsächlich monatlich für seinen Lebensunterhalt zur Verfügung steht. Der Teil des Einkommens, der zur Kostendeckung anderweitiger Verpflichtungen dient, wird daher vor der Unterhaltsberechnung vom Bruttoeinkommen abgezogen. Nicht abzugsfähig sind Ausgaben für die allgemeine Lebenshaltung (z. B. Miete, Nebenkosten, Lebensmittel, Hausgeld, Freizeitausgaben), denn diese Ausgaben sind bereits im sogenannten Selbstbehalt enthalten, der dem Unterhaltspflichtigen in jedem Fall verbleiben muss. Näheres dazu unten. Das Einkommen kann sich im Zuge der Einkommensbereinigung im Einzelfall auch erhöhen.

04

Für die Bereinigung des Einkommens gelten bei Angestellten und Selbstständigen dieselben Grundsätze. Selbstständige dürfen aber natürlich solche Posten nicht doppelt abziehen, die schon in ihre Jahresabschlüsse eingeflossen sind, etwa Fahrtkosten und die Anschaffung von Betriebsmitteln.

Vom durchschnittlichen Bruttoeinkommen sind zunächst die Steuern und Sozialabgaben abzuziehen. Steuererstattungen oder -nachzahlungen erhöhen oder senken das Einkommen des Pflichtigen. Sie sind in dem Kalenderjahr zu berücksichtigen, in dem sie dem Pflichtigen zugeflossen sind. Ist die Erstattung aus dem letzten Steuerjahr auf einen einmaligen Sachverhalt zurückzuführen, etwa besonders hohe Fortbildungs- oder Gesundheitskosten, können statt des Erstattungsbetrages aus diesem Steuerjahr die durchschnittlichen Erstattungen aus den Vorjahren herangezogen werden. Bei verheirateten Unterhaltspflichtigen muss mit einem Steuerprogramm oder vom Steuerberater errechnet werden, welchen Anteil der Unterhaltspflichtige an der Nachzahlung oder der Erstattung hat, die bei der gemeinsamen Veranlagung entstanden ist.

Steuern

Ferner sind die Ausgaben für die Kranken- und Pflegeversicherung, die Arbeitslosenversicherung sowie die gesetzliche Altersvorsorge abzugsfähig. Aufwendungen für eine private Pflegeversicherung und andere Vorsorgeaufwendungen, z. B. für eine Hausrats-, Unfall- oder Haftpflichtversicherung, sind dagegen aus dem Selbstbehalt zu bestreiten, können also nicht als Bereinigungsposten angesetzt werden. Kosten für eine zusätzliche Krankenversicherung sind nur abzugsfähig, wenn der Mindest-

Sozialabgaben

unterhalt nach Einkommensstufe 1 der Düsseldorfer Tabelle trotz des Abzugs noch gezahlt werden kann.

Vermögenswerte Vorteile

Vermögenswerte Vorteile sind kostenlose oder verbilligte Sachbezüge, die der Arbeitgeber einem Angestellten gewährt: freie Kost und Logis, Vergünstigungen als Arbeitsanreiz (sogenannte Incentives) oder ein Dienstwagen. Der Wert dieser Zuwendungen ist dem Einkommen hinzuzurechnen, soweit der Angestellte hierdurch eigene Aufwendungen erspart. Schenkt der Arbeitgeber etwa einem besonders engagierten Angestellten einen Karibikurlaub und verzichtet dieser darauf, aus dem eigenen Einkommen einen weiteren Urlaub zu finanzieren, ist diese Ersparnis auf das durchschnittliche Monatseinkommen umzulegen.

Spesen und Auslösen

Als Spesen oder Auslösen bezeichnet man die zusätzlichen Kosten, die einem Angestellten entstehen, weil er sich aus beruflichen Gründen außerhalb der eigenen Wohnung oder außerhalb der regelmäßigen Arbeitsstätte aufhält und sich deshalb nicht so günstig wie zu Hause verpflegen kann. Die Kosten werden Arbeitnehmern regelmäßig von ihrem Arbeitgeber erstattet. Man könnte daher annehmen, dass der Erstattungsbetrag in voller Höhe vom Einkommen abgezogen werden muss. Doch es ist etwas komplizierter.

Alexander muss mehrere Baustellen beaufsichtigen und dafür von Zeit zu Zeit auswärts übernachten. Er erhält von seinem Arbeitgeber für diese Zeit 240 Euro Spesen für Kost und Logis.

Die Oberlandesgerichte bestimmen in Ziffer 1.4 ihrer Leitlinien einhellig, dass Spesen zwar vom Einkommen abgezogen werden können, ein Drittel des Spesenbetrages als häusliche Ersparnis aber wieder dem Einkommen hinzuzurechnen ist. Der Grund: Man muss sich zwar aushäusig verpflegen, für diese Zeit aber nicht den Kühlschrank daheim füllen. Alexander muss sich in unserem kleinen Beispiel im Rahmen der Unterhaltsberechnung

daher eine häusliche Ersparnis von 80 Euro als Einkommen anrechnen lassen. 160 Euro sind reine Erstattung für Mehraufwand
und werden nicht zum Einkommen gerechnet.

Gleicht der Arbeitgeber dem Arbeitnehmer die Spesen nicht
durch pauschale Zahlung aus, sondern ersetzt er lediglich
dessen Auslagen für Geschäftsessen, Hotelübernachtungen,
Flugtickets etc. nach Vorlage entsprechender Belege, ist eine
pauschale Berechnung der häuslichen Ersparnis zwangsläufig
nicht möglich. Das bedeutet aber nicht, dass dem Unterhaltspflichtigen gar keine Ersparnis zuzurechnen wäre. Denn wer auf
Geschäftsreisen in Fünf-Sterne-Hotels übernachtet, spart trotzdem die Aufwendungen für Kost und Logis im eigenen Heim. In
diesen Fällen muss die häusliche Ersparnis geschätzt werden.
Im Übrigen bleibt es dabei, dass die Spesenerstattung zunächst
vom Einkommen abgezogen und sodann eine angemessene Ersparnis wieder hinzugerechnet wird.

Alexander erzielt ein monatliches Nettoeinkommen von
5.000 Euro. Er fährt täglich 30 km zur Arbeit und zurück.

**Berufsbedingte
Aufwendungen und
Fahrtkosten**

Einer der wichtigsten Bereinigungsposten beim Erwerbseinkommen von Angestellten und anderen abhängig Beschäftigten sind
die sogenannten berufsbedingten Aufwendungen. Die meisten
Oberlandesgerichte erkennen in Ziffer 10.2 ihrer Unterhaltsleitlinien einen pauschalen Abzug in Höhe von 5 % des Nettoein-
kommens an, sofern die berufsbedingten Aufwendungen klar
von privaten Aufwendungen abzugrenzen sind. Mit der 5 %-Pau-
schale ist ein Abzug bis maximal 150 Euro möglich. Alexander
kann also nicht 250 Euro (5 % von 5.000 Euro), sondern maximal
150 Euro abziehen, es sei denn, er kann mit Tankquittungen und
einem Fahrtenbuch nachweisen, dass die Kosten höher waren.
150 Euro sind natürlich recht wenig, wenn man, wie Alexander,
täglich viele Kilometer Arbeitsweg zurücklegen muss, denn mit

den Fahrtkosten sollen nicht nur Benzinkosten, sondern auch Reparaturen und Anschaffungskosten des Pkw abgegolten sein.

Viele Unterhaltsgrundsätze sehen eine Abrechnung von Fahrtkosten nach einer Kilometerpauschale (meist 0,30 Euro) pro Arbeitstag vor, vergleichbar der Geltendmachung von Werbungskosten im Steuerrecht. Will man diesen Abzug nutzen, muss man aber nachweisen können, dass die Fahrt zur Arbeit nicht mit öffentlichen Verkehrsmitteln möglich ist oder unzumutbar lange dauern würde.

Gelänge Alexander das, könnte er folgende Fahrtkosten von seinem Nettoeinkommen abziehen: Sein Arbeitsweg beträgt täglich 2 x 30 Kilometer = 60 Kilometer. Bei Arbeitnehmern geht man von durchschnittlich 220 Arbeitstagen pro Jahr aus. Bei 0,30 Euro pro Kilometer kommt man zu jährlichen Kosten von 3.960 Euro. Das sind pro Monat 330 Euro.

Firmenwagen

Alexander hat keinen eigenen Pkw, sondern bekommt von seinem Arbeitgeber einen Firmenwagen zur Verfügung gestellt. Der Wagen wird auf seiner Gehaltsabrechnung als vermögenswerter Vorteil berücksichtigt und 1 % des Bruttolistenpreises monatlich versteuert.

Firmenwagen werden in der Regel als Gehaltsbestandteil berücksichtigt und versteuert. Dennoch erhöht ein Firmenwagen das unterhaltsrelevante Einkommen zusätzlich, wenn man ihn auch privat nutzen kann. Wie hoch dieser Einkommensaufschlag ist, muss in jedem Einzelfall gesondert beurteilt werden. Man kann sich beispielsweise an den gängigen Nutzungsausfalltabellen der Automobilklubs orientieren. In der Praxis wird meist nicht so genau gerechnet und ein pauschaler Wert zwischen 150 und 300 Euro angenommen – je nach Güteklasse des Pkw. Hätte Alexander einen Mittelklassewagen zur Verfügung gestellt bekommen, dürfte ein Wert von ca. 200 Euro angemessen sein. Bezahlt der Arbeitgeber Versicherung, Kfz-Steuer, Kraftstoff etc. ist auch das werterhöhend zu berücksichtigen.

Wer über einen Firmenwagen verfügt, kann in der Regel keine berufsbedingten Aufwendungen mehr abziehen, weil sowohl mit der Pauschale als auch mit den 0,30 Euro pro Kilometer neben Kraftstoffkosten auch Anschaffungs- und Reparaturkosten pauschal mit abgefunden werden. Allenfalls könnte man den Kraftstoffverbrauch durch Sammeln von Tankquittungen und das Führen eines Fahrtenbuchs nachweisen und in Abzug bringen. Statthaft ist das allerdings nur dann, wenn man die Benzinkosten auch selbst trägt.

04

Es ist allgemein anerkannt, dass die gesetzliche Altersvorsorge in den meisten Fällen den gewohnten Lebensstandard im Alter nicht mehr absichert. Zusätzliche Altersvorsorge tut Not. Die Gerichte billigen dem Unterhaltspflichtigen beim Kindes- und Ehegattenunterhalt neben den Einzahlungen in die gesetzliche Rentenversicherung (19,9 %) einen Abzug von bis zu 4 % des durchschnittlichen Jahresbruttoeinkommens zu. Diese Pauschalregelung ist auf Selbstständige entsprechend anzuwenden. Auch diese dürfen insgesamt 24 % ihres Einkommens für die eigene Altersvorsorge aufwenden. Wäre der angestellte oder selbstständige Unterhaltspflichtige allerdings infolge des Abzugs zusätzlicher Altersvorsorgeaufwendungen nicht mehr in der Lage, den Mindestunterhalt nach Einkommensstufe 1 der Düsseldorfer Tabelle zu zahlen, ist ein Abzug nicht möglich.

Zusätzliche Altersvorsorge

Kredite zur Anschaffung von Luxusgütern werden bei der Einkommensermittlung nicht berücksichtigt. Hat sich der Unterhaltspflichtige hingegen aus anerkennungsfähigen Gründen verschuldet, etwa um notwendigen Hausrat zu finanzieren, eine eigene Wohnung, einen für die Fahrt zur Arbeit erforderlichen neuen Pkw oder dringend notwendige Instandsetzungsmaßnahmen, sind Zins und Tilgung vom Nettoeinkommen abzuziehen. Die Abzahlung muss im Rahmen eines vernünftigen Tilgungsplans erfolgen, der vorzulegen ist. Zudem ist nachzuweisen, dass die Tilgung auch wirklich erfolgt.

Schulden

Wichtig ist, dass der Unterhaltspflichtige seine Schulden nicht mehrfach abzieht. Die Finanzierungskosten für einen Pkw sind beispielsweise bereits in der Pauschale für berufsbedingte Aufwendungen bzw. Fahrtkosten enthalten (siehe oben) und Zins und Tilgung, die als Werbungskosten von den Einkünften aus Vermietung und Verpachtung abgezogen worden sind, dürfen nicht nochmals als „einfache" Schulden in Ansatz gebracht werden. Übersteigen die Schulden aber die Mieteinnahmen, kann der Überschuss bis zur Grenze von 4 % des Bruttojahreseinkommens natürlich noch als Bereinigungsposten berücksichtigt werden. Gegenüber volljährigen Kindern sind Tilgungsleistungen in der Regel voll abzugsfähig, gegenüber minderjährigen Kindern nur, soweit der Unterhalt nach Einkommensstufe 1 der Düsseldorfer Tabelle sichergestellt ist.

Wohnvorteil

Wer in seiner eigenen Immobilie lebt und deshalb keine Miete zahlt, muss sich die gesparte Miete sowie etwaige Zahlungen nach dem Eigenheimzulagengesetz als Einkommen anrechnen lassen. Maßstab ist beim Kindesunterhalt die ortsübliche Kaltmiete für ein vergleichbares Objekt. Im Einzelfall kann der Wohnwert auch höher oder niedriger liegen. Der ortsübliche Mietzins ist aber nicht sofort nach der Trennung anzusetzen, sondern erst, wenn klar ist, dass der Pflichtige auch auf Dauer in der Immobilie bleiben wird. Beim Ehegattenunterhalt endet diese Bedenkzeit spätestens mit Ablauf des Trennungsunterhalts, beim Kindesunterhalt kann sie je nach den Umständen des Einzelfalls deutlich kürzer ausfallen. Vom Wohnwert sind die Schuldzinsen, erforderliche Instandhaltungskosten und die verbrauchsunabhängigen Nebenkosten abzuziehen. Ob man sich auch Tilgungsleistungen anrechnen lassen kann, hängt von der Schutzbedürftigkeit des Unterhaltsberechtigten ab. Hier wird argumentiert wie bei der zusätzlichen Altersvorsorge. Gegenüber volljährigen Kindern sind Tilgungsleistungen in der Regel voll abzugsfähig, gegenüber minderjährigen Kindern nur, soweit hierdurch nicht der Mindestunterhalt gefährdet wird. Übersteigen die Abzugspositionen den Wohnwert, kann man die nicht verbrauchten Tilgungsleistungen als zusätzliche angemessene Altersvorsorge berücksichtigen, wenn man die 4 %-Grenze noch nicht erreicht hat (siehe oben).

Alexander zieht zu seiner neuen Freundin, die in ihrer Eigentums-wohnung lebt. Sie verlangt keine Miete. Einige Jahre nach der Scheidung von Helena heiraten die beiden.

04

Nicht jedes mietfreie Wohnen führt zu einem Wohnvorteil im Rechtssinne. So ist das kostenlose Wohnen ein „Geschenk" von Alexanders neuer nichtehelicher Partnerin. Weiter oben gab es die Fallkonstellation, dass Helena aus der gemeinsamen Woh-nung auszieht und mit ihren Kindern zunächst bei ihren Eltern wohnt. Auch in diesem Fall ist die kostenlose Unterbringung ein „Geschenk" und kein Wohnvorteil im Rechtssinne, denn die Zu-wendung ist freiwillig und kann von heute auf morgen wieder entzogen werden. Das ändert sich allerdings dann, wenn die Schenkenden ausdrücklich bestimmen, dass die Ersparnis dem Unterhaltsberechtigten zugutekommen soll.

Das Zusammenleben mit einem neuen Partner wirkt sich aller-dings auf andere Weise unterhaltsrechtlich aus. Solche Vorteile des Zusammenlebens können den Selbstbehalt des Unterhalts-verpflichteten reduzieren und damit zu einer Verbesserung der unterhaltsrechtlichen Leistungsfähigkeit führen.

Nach der Heirat der neuen Partnerin wird Alexander aber ein Wohnvorteil in Höhe der gesparten Miete zugerechnet. Denn von nun an leistet die neue Ehefrau einen rechtlich verbindlichen Beitrag zum ehelichen Haushalt, indem sie Alexander mietfrei wohnen lässt.

BEISPIELBERECHNUNG

Alexander verdient monatlich durchschnittlich 4.000 Euro netto
und erhält einmal jährlich ein Weihnachts- und Urlaubsgeld von 2.400 Euro. Er
fährt täglich 30 km mit seinem privaten Pkw zur Arbeit und wieder zurück. Mit
öffentlichen Verkehrsmitteln könnte er seinen Arbeitsplatz nicht erreichen.
Alexander wohnt zur Miete. Seine Warmmiete beträgt monatlich 700 Euro. Er
investiert monatlich 50 Euro in einen Riester-Renten-Vertrag. Im vergangenen
Monat hat er 900 Euro Steuern nachzahlen müssen. Nina ist 9 Jahre alt,
David 6.

Das Weihnachts- und Urlaubsgeld ist auf 12 Monate umzulegen
(2.400 Euro : 12 = 200 Euro) und dem durchschnittlichen Erwerbseinkommen hinzuzurechnen. Alexander verfügt also über
ein Nettoeinkommen von monatlich 4.200 Euro. Dieses wird ge-
mindert durch die Steuernachzahlung von 900 Euro, das sind auf
den Monat umgelegt 75 Euro. Die Mietzahlung wirkt sich nicht
einkommensmindernd aus, weil hierfür bereits im Selbstbehalt
ein gewisser Betrag berücksichtigt ist. Da Alexander nicht mit
öffentlichen Verkehrsmitteln zur Arbeit kommen kann, kann er
330 Euro an Fahrtkosten von seinem Einkommen abziehen (siehe
oben S. 71 f.). Bleibt noch die monatliche Investition in die Altersvorsorge in Höhe von monatlich 50 Euro. Alexander unterschrei-
tet hier die Höchstgrenze von 4 % des Jahresbruttoeinkommens
schon auf den ersten Blick deutlich. Es ist also kein Problem, den
Betrag einkommensmindernd anzusetzen. Er verfügt somit über
das folgende bereinigte Monatseinkommen:

Durchschnittliches Nettoeinkommen	4.000 Euro
Urlaubs- und Weihnachtsgeld	+ 200 Euro
Steuernachzahlung	− 75 Euro
Fahrtkosten	− 330 Euro
Riester-Rente	− 50 Euro
	3.745 Euro

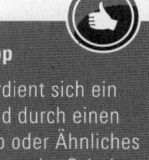

Nina und David schuldet Alexander, wie oben gesehen, Unterhalt nach Einkommensstufe 6 der Düsseldorfer Tabelle, also monatlich je 504 Euro. Abzüglich des hälftigen Kindergeldes verbleibt, wie gesehen, ein Zahlbetrag von 408 Euro.

EIGENES EINKOMMEN DES KINDES

Erzielen minderjährige Kinder eigene Einkünfte, z. B. aus einer Erbschaft oder aus Ausbildungsvergütungen, sind diese nach Abzug von Steuern und anderen Aufwendungen mit dem Kindesunterhalt zu verrechnen. In der Praxis von einiger Bedeutung ist die Ausbildungsvergütung. Diese müssen sich Auszubildende, ob volljährig oder nicht, anrechnen lassen. Die Vergütung ist aber um ausbildungsbedingte Aufwendungen zu bereinigen. Es handelt sich um eine Abzugsposition, mit der die Oberlandesgerichte unterschiedlich umgehen. Meistens wendet man allerdings die Grundsätze an, die für die Anrechnung berufsbedingter Aufwendungen von Erwachsenen gelten. Manche Leitlinien sehen einen pauschalen Abzug vor.

Tipp

Verdient sich ein Kind durch einen Job oder Ähnliches neben der Schule oder in den Ferien lediglich etwas hinzu, müssen diese Einkünfte in aller Regel nicht mit dem Unterhalt verrechnet werden.

LEISTUNGSFÄHIGKEIT DES UNTERHALTS-VERPFLICHTETEN

Der Unterhaltsverpflichtete muss wirtschaftlich in der Lage sein, den geforderten Unterhalt zu zahlen, ohne seinen eigenen Unterhalt, seine eigene Existenzgrundlage, zu gefährden. Man will ihn also nicht „ausbluten" lassen. Vielmehr soll er die Möglichkeit erhalten, zunächst seinen eigenen Lebensbedarf zu decken: Miete, Nebenkosten, Kleidung und Lebensmittel, Versicherungen, Zeitungsabonnements und die übrigen Ausgaben des täglichen Lebens. Hierfür wird ihm ein bestimmter Geldbetrag zugebilligt, der ihm in jedem Fall verbleiben muss: der Selbstbehalt. Fällt das bereinigte Einkommen nach Abzug des Unterhalts geringer aus als der Selbstbehalt, ist der Unterhaltsschuldner nicht leistungsfähig. Das Kind muss dann seinen restlichen Bedarf anderweitig decken, etwa indem es seine Großeltern in Anspruch nimmt oder staatliche Leistungen beantragt.

Leistungsfähigkeit und Selbstbehalt

Die Höhe des Selbstbehalts hängt von der Art des Unterhaltsverhältnisses ab, also davon, ob der Unterhaltspflichtige z. B. einem minderjährigen oder volljährigen Kind Unterhalt schuldet.

Notwendiger Selbstbehalt

Minderjährige Kinder und volljährige Schüler unter 21 Jahren sind besonders schutzbedürftig. Um ihren Unterhalt sicherzustellen, müssen ihre Eltern besonders große Anstrengungen unternehmen. Sie müssen alle verfügbaren Mittel (§ 1603 Abs. 2 BGB) für den Unterhalt der Kinder aufwenden und dürfen für sich selbst nur behalten, was unbedingt notwendig ist. Das ist nach der aktuellen Düsseldorfer Tabelle ein Betrag von 1.080 Euro. Davon entfallen 700 Euro auf den allgemeinen Lebensbedarf und 380 Euro auf den Wohnbedarf (290 Euro für Kaltmiete, 90 Euro für Nebenkosten und Heizung). Große Sprünge sind mit diesem Betrag natürlich nicht möglich. Lebt der Unterhaltsverpflichtete allein, kann er sich mit den vorgesehenen Wohnkosten wohl nur ein möbliertes Zimmer leisten. Allenfalls mit einem Partner ist eine kleine Wohnung finanzierbar. Ist der Unterhaltspflichtige nicht erwerbstätig, beträgt der Selbstbehalt sogar nur 880 Euro.

Angemessener Selbstbehalt

Gegenüber volljährigen Kindern kann der Pflichtige hingegen einen Betrag von 1.300 Euro für sich beanspruchen, gegenüber seinem Ehepartner mindestens 1.200 Euro.

Der Selbstbehalt ist nicht in Stein gemeißelt, sondern kann durchaus nach oben oder unten angepasst werden.

Wohnkosten

Überschreiten die Wohnkosten den Satz für die Kosten von Unterkunft und Heizung im jeweiligen Selbstbehalt, kann dieser maßvoll erhöht werden, wenn ein Wohnen zum vorgesehenen Satz nicht realistisch möglich ist. Unterschreiten die Wohnkosten den Satz, kann der Unterhaltspflichtige die Differenz behalten.

Vorteile des Zusammenlebens

Etwas herabgesetzt werden kann der Selbstbehalt, wenn der eigene Unterhalt des Pflichtigen ganz oder teilweise durch seinen

04

Ehegatten gedeckt ist. Auch das bloße Zusammenleben mit einem nichtehelichen Partner kann den Selbstbehaltssatz verringern. Dass man Aufwendungen erspart, wenn man mit einem Partner zusammenwohnt, dürfte unstreitig sein: Schließlich hält eine Heizung beide warm, es ist billiger, sich zu zweit eine größere Wohnung zu mieten als zwei kleine zu unterhalten, das Einkaufen von größeren Lebensmittelmengen ist häufig auch wirtschaftlicher als das von Singleportionen etc. Diese Ersparnis wird bei der Bemessung des Selbstbehalts berücksichtigt. Lebt der Unterhaltspflichtige mit einem leistungsfähigen nichtehelichen Lebenspartner oder Ehegatten zusammen, werden vom Selbstbehalt in der Regel 10 % abgezogen.

Die Kosten des Umgangs muss der Umgangsberechtigte selbst tragen. Er kann diese also bei der unterhaltsrechtlichen Bereinigung seines Einkommens nicht abziehen. Der Grund laut Bundesgerichtshof: Mit dem Kindergeld, das dem Umgangsberechtigten zur Hälfte zusteht, werden diese Belastungen angemessen gemildert. Anders verhält es sich, wenn dem Umgangsberechtigten nur der notwendige Selbstbehalt zum Leben bleibt. In solchen Fällen müsste der Umgang nämlich möglicherweise ausfallen, weil der Umgangsberechtigte z. B. schon die Anreise zum weiter entfernt lebenden Kind nicht finanzieren kann. Um dies zu verhindern, kann der Selbstbehalt in solchen Fällen entweder angemessen erhöht werden oder es ist ausnahmsweise doch erlaubt, die Kosten des Umgangs vom Einkommen abzuziehen.

Kosten des Umgangs

Im obigen Beispiel kann Alexander den Unterhalt von insgesamt 916 Euro decken, ohne dass sein notwendiger Selbstbehalt gefährdet wäre. Ihm bleiben nach Abzug des Unterhalts deutlich mehr als 1.080 Euro.

MANGELFALLBERECHNUNG

Alexander verfügt bei voller Ausschöpfung seiner Arbeitskraft nur
über ein Einkommen von 1.550 Euro, Nina ist schon 12 Jahre alt und David 9.

Nina hat nach der Düsseldorfer Tabelle einen Unterhaltsanspruch von 483 Euro – 96 Euro = 387 Euro, denn für sie gilt nunmehr die 3. Altersstufe (12–17). David kann 413 Euro – 96 Euro
= 317 Euro Unterhalt verlangen. Zusammen sind das 704 Euro.
Alexander kann von seinem Einkommen aber maximal 470 Euro
an Kindesunterhalt zahlen (1.550 Euro – 1.080 Euro). Er ist also
nicht voll leistungsfähig. Die Kinder müssen sich den zur Verfügung stehenden Betrag nun teilen.

Ninas Anteil beträgt 387 Euro x 470 Euro : 704 Euro = 258 Euro.
Davids Anteil beträgt 317 Euro x 470 Euro : 704 Euro = 212 Euro.

DECKUNG BESONDERS HOHER AUSGABEN

Einige Jahre nach der Trennung steht Davids Konfirmation an.
Helena bittet Alexander um Unterstützung bei den Kosten der Feier. Außerdem
möchte sie, dass Alexander sich an den Kosten für Ninas Klassenfahrt und
ihre Nachhilfestunden beteiligt. David braucht außerdem endlich ein neues
Paar „gute" Schuhe. Alexander verweist auf den von ihm gezahlten Unterhalt.
Bei vernünftigem Wirtschaften, so seine Auffassung, könnten die Kosten
davon ohne Weiteres beglichen werden.

Aus dem regulären Unterhalt müssen auch Rücklagen gebildet
werden, um größere Ausgaben decken zu können, sobald diese absehbar sind. Ob und inwieweit das möglich ist, hängt von
verschiedenen Faktoren ab: der Höhe des Unterhalts, der Höhe
des zusätzlichen Bedarfs und davon, wie weit im Voraus der zusätzliche Bedarf bekannt war. Die „guten" Schuhe müssen in

unserem Beispiel grundsätzlich aus Davids laufendem Unterhalt angespart werden. Das gilt auch für die Konfirmationskosten, die schon Jahre zuvor absehbar sind, jedenfalls aber ab dem Beginn des Konfirmandenunterrichts.

Ein Unterhaltsbedarf, für den der Basisunterhalt gar nicht oder nur teilweise reicht, kann je nach Fallgestaltung Mehrbedarf oder Sonderbedarf sein.

04

Mehrbedarf ist ein sachlich berechtigter zusätzlicher Bedarf des Kindes, der regelmäßig und während eines längeren Zeitraums anfällt und das allgemein Übliche übersteigt. Beispiele für Mehrbedarf sind

Mehrbedarf

- Kindergarten-, Hort- und Nachmittagsbetreuungskosten (Vorsicht: nur die Betreuungskosten, die Verpflegungskosten sind aus dem laufenden Unterhalt zu finanzieren),
- besondere Krankheitskosten oder Kosten für eine längere Psychotherapie, falls diese nicht durch Sozial- und Krankenkassenleistungen gedeckt werden können,
- Privatschul- und Internatskosten,
- Kosten einer angemessenen Krankenversicherung, wenn das Kind nicht familienversichert ist,
- kulturelle und sportliche Zusatzausbildungen (z. B. Klavier- oder Reitunterricht), wenn die Eltern diese während ihrer Partnerschaft gefördert haben oder das Kind besonders begabt ist.

Nachhilfestunden sind grundsätzlich Teil des normalen Unterhalts. Sie können aber als Mehrbedarf anzusehen sein, wenn sie über einen längeren Zeitraum anfallen. Ist der Bedarf akut und hat er einen erheblichen Umfang, kann es sich möglicherweise auch um Sonderbedarf handeln.

Sonderbedarf entsteht – anders als Mehrbedarf – unregelmäßig und muss ungewöhnlich hoch sein. Er darf nicht mit Wahr-

Sonderbedarf

scheinlichkeit vorauszusehen gewesen sein, sodass er bei der Bemessung des Unterhalts nicht berücksichtigt werden konnte.

Beispiele für Sonderbedarf:

- Baby-Erstausstattung,
- kieferorthopädische Behandlung,
- Brille,
- Vaterschaftsanfechtungsverfahren,
- PC/Schreibmaschine bei Lernbehinderung,
- Auslandsaufenthalt des Kindes.

Bei Klassenfahrten gilt: Für die entstehenden Kosten sind aus dem laufenden Unterhalt Rücklagen zu bilden, sobald die Fahrt von der Schule offiziell angekündigt wurde. Falls diese Ansparungen die Fahrtkosten nicht komplett decken können, sind die Kosten, die hierdurch nicht angespart werden können, Sonderbedarf. Bei einem Unterhalt nach den Einkommensstufen 1 bis 5 der Düsseldorfer Tabelle wird man davon ausgehen können, dass nichts oder nur wenig für die Fahrt angespart werden kann.

Geltendmachung von Sonder- und Mehrbedarf

Die rechtliche Einordnung eines Bedarfs als Sonder- oder Mehrbedarf wirkt sich darauf aus, wie er gegenüber dem Unterhaltsverpflichteten geltend gemacht werden muss. Wer Mehrbedarf geltend machen will, sollte das sofort mit Entstehen des Anspruchs tun. Wird der Pflichtige nämlich zu spät in Verzug gesetzt, können nur noch für die Zukunft Ansprüche gestellt werden, nicht mehr für die Vergangenheit. Sonderbedarf kann man hingegen ohne Weiteres auch für die Vergangenheit geltend machen, jedoch nur für Ansprüche, die nicht älter sind als ein Jahr. Lässt man das Jahr verstreichen, verwirkt man alle länger zurückliegenden Ansprüche.

Tipp

Ob zusätzlicher Bedarf nun Sonder- oder Mehrbedarf ist, können selbst Anwälte in manchen Fällen nicht ganz sicher sagen. Fordern Sie zusätzlichen Bedarf daher sicherheitshalber möglichst frühzeitig ein, um nichts falsch zu machen.

Helena konnte nur einen gewissen Anteil der Klassenfahrtkosten aus dem laufenden Unterhalt ansparen. Es fehlen noch 150 Euro. Alexanders Einkommen (3.745 Euro) beträgt nach Abzug des laufenden Unterhalts für Nina und David (insgesamt 816 Euro) 2.929 Euro. Helena verfügt über ein bereinigtes Einkommen von 1.500 Euro.

Den Sonder- und Mehrbedarf müssen die Eltern nach ihren Einkommensverhältnissen untereinander aufteilen. Auch Helena muss sich hieran beteiligen, obwohl sie die gemeinsamen Kinder betreut und damit ihren Beitrag zu Ninas Unterhalt vollständig leistet. Anders als Alexander kann sie ihre Leistung aber nicht bei der Bereinigung ihres Einkommens abziehen. Es bleibt daher bei ihrem bereinigten Einkommen von 1.500 Euro. Um herauszufinden, in welcher Höhe sich beide Eltern am Sonderbedarf beteiligen müssen, wird zunächst der jeweilige Einsatzbetrag ermittelt. Von jedem Einkommen wird dazu ein Selbstbehalt von 1.300 Euro abgezogen. Anschließend werden die errechneten Einkommen zueinander ins Verhältnis gesetzt und die ermittelte Quote auf den konkreten Zusatzbedarf angewendet:

Bereinigtes Einkommen Alexander abzüglich Selbstbehalt:
2.929 Euro – 1.300 Euro = 1.629 Euro
Bereinigtes Einkommen Helena abzüglich Selbstbehalt:
1.500 Euro – 1.300 Euro = 200 Euro

Einzusetzendes Gesamteinkommen: 1.829 Euro
Anteil Alexander am Gesamteinkommen: 89 %
Anteil Helena am Gesamteinkommen: 11 %

Von den 150 Euro, die Nina noch für ihre Klassenfahrt benötigt, muss Alexander also rund 134 Euro tragen und Helena rund 16 Euro.

05

EHEGATTENUNTERHALT

Solange die eheliche Lebensgemeinschaft besteht, haben die Partner Anspruch auf Familienunterhalt. Dieser soll den Bedarf der gesamten Familie einschließlich der Kinder decken, insbesondere Haushaltskosten und die üblichen Ausgaben des täglichen Lebens. Nach Auflösung der Familieneinheit kann Unterhalt beanspruchen, wer seinen Lebensbedarf nicht selbst finanzieren kann. Bis zur Scheidung gelten die Regeln der ehelichen Lebensgemeinschaft weitgehend fort. Danach müssen die Ehegatten ihren Unterhalt selbst erwirtschaften, soweit dies nach dem Zuschnitt ihrer Ehe und ihren persönlichen Umständen zumutbar ist.

KURZ & BÜNDIG

- **Eheliche Solidarität:** Die Lebens- und Einstandsgemeinschaft der Ehegatten endet in Teilen nach der Trennung, spätestens aber mit der Scheidung. Sie kann allerdings in Form von Unterhaltsansprüchen auch darüber hinaus fortbestehen.

- **Grundsatz der Eigenverantwortung:** Ein nachehelicher Unterhaltsanspruch besteht nur, wenn bestimmte Unterhaltstatbestände gegeben sind, etwa ein gemeinsames Kind betreut wird oder der unterhaltsbedürftige Ex-Partner zu alt oder zu krank ist, um (voll) erwerbstätig zu sein.

- **Unterhaltsausschluss:** Der Unterhaltsanspruch kann ganz oder teilweise verwirkt sein, wenn der Unterhaltsberechtigte sich gegenüber dem Pflichtigen in besonders grober Weise schuldig gemacht hat, die Ehe von kurzer Dauer war oder der Berechtigte eine neue Lebensgemeinschaft eingeht.

- **Ende der Unterhaltpflicht:** Der Unterhaltsanspruch endet spätestens, wenn der Berechtigte erneut heiratet.

GRUNDÄTZE DES EHEGATTENUNTERHALTSRECHTS

EHELICHE SOLIDARITÄT

Die Ehegatten sind einander zur Solidarität verpflichtet. Sie sind verpflichtet, dem anderen in guten wie in schlechten Zeiten beizustehen. Diese Verpflichtung gilt nicht nur während der Ehe, sondern auch nach der Trennung und sogar nach der Scheidung. Ob und wie lange danach noch Ehegattenunterhalt gezahlt werden muss, hängt davon ab, was während der Ehezeit gemeinsam entschieden wurde, sich ereignet hat oder in der Ehe angelegt war. Haben die Ehegatten z. B. gemeinsame Kinder, hat der Partner, der sich weiter um die Kinder kümmert, auch weiterhin Anspruch darauf, vom anderen unterstützt zu werden. Hat ein Ehegatte um der ehelichen Lebensgemeinschaft willen ein Studium oder eine Ausbildung aufgegeben, muss der andere ihn nach der Trennung dabei unterstützen, Studium oder Ausbildung zu Ende zu führen. Ist ein Partner während der Ehe krank geworden oder zeichnet sich eine Krankheit in der Endphase der Ehe ab, bricht sie aber erst nach der Scheidung aus, muss auch diese Last vom anderen Ehegatten mitgetragen werden.

GRUNDSATZ DER EIGENVERANTWORTUNG

Der Grundsatz der nachehelichen Eigenverantwortung besagt, dass jeder Ehegatte nach der endgültigen Trennung, spätestens jedoch nach der Scheidung der Ehe, nach Kräften bemüht sein muss, selbst für seinen Unterhalt zu sorgen. Der Grundsatz greift bereits dann, wenn einer der Ehegatten die Scheidung einreichen könnte, also in der Regel mit Ablauf des Trennungsjahres. Die Ehegatten haben ab diesem Zeitpunkt also die Pflicht, eine Erwerbstätigkeit auszuüben und eine vorhandene Erwerbstätigkeit so weit wie möglich auszuweiten, wenn es denn zumutbar ist.

Das Prinzip ist nicht einfach zu leben und kann zu ungerechten Ergebnissen führen. Wenn die Ehegatten während der Ehe Haushaltsführung und Erwerbstätigkeit nicht gleichmäßig aufgeteilt haben, kann der Ehegatte, der die Haushaltsführung und gegebenenfalls Kinderbetreuung übernommen hat, später Nachteile haben. Er hat weniger Berufserfahrung, hat vielleicht technische Weiterentwicklungen in seinem Beruf verpasst, konnte Karrierechancen nicht nutzen. Je länger die Ehe gedauert hat, desto erheblicher ist dieser Nachteil.

05

WIE WIRD GERECHNET?

UNTERHALT NACH DEN EHELICHEN VERHÄLTNISSEN

Unterhaltsbedarf

Die Ehegatten haben während ihrer Ehe diverse Entscheidungen getroffen, die sich auf ihren gemeinsamen Haushalt ausgewirkt und ihre Ehe geprägt haben. Besonders relevant ist, wer in welchem Umfang berufstätig war und wer sich um den Haushalt und die Kinder gekümmert hat. Darüber hinaus können äußere Umstände die ehelichen Verhältnisse beeinflussen, z. B. eine längere Krankheit oder das Alter der Ehegatten. Diese ehelichen Verhältnisse sind entscheidend für den Unterhalt.

Der Unterhaltsbedarf entspricht grundsätzlich der Hälfte des bereinigten Einkommens der Ehegatten. Die Bereinigungspositionen, die ich im Kapitel über den Kindesunterhalt aufgeführt habe, gelten auch im Ehegattenunterhaltsrecht. Ferner bleiben beim Ehegattenunterhalt Beträge außer Betracht, die nie für die private Lebensführung gedacht waren. So werden sehr hohe Einkommen häufig gar nicht komplett verbraucht, sondern standardmäßig angelegt, um Vermögen zu bilden.

Alexander hat während der Ehe ein Nettoeinkommen von
10.000 Euro erzielt und 3.000 Euro davon monatlich in Wertpapiere und
andere Geldanlagen investiert. In diesem Fall haben Alexander und Helena
„nur" von 7.000 Euro netto gelebt. Nur diese und Helenas Einkünfte wären
Grundlage der Unterhaltsberechnung. Ein Nachteil für Helena ist das nicht,
da aus den 3.000 Euro Vermögen gebildet wurde, das gegebenenfalls Helenas
Zugewinnausgleichsansprüche erhöht.

Der Erwerbstätigenbonus

Eine Bereinigungsposition, die bei der Berechnung des Kindesunterhalts keine Rolle spielt, ist der sogenannte Erwerbstätigenbonus. Vor der Halbteilung wird Erwerbseinkommen der Ehegatten um 1/7 – in manchen OLG-Bezirken um 1/10 – bereinigt.
Dieser Anteil des Erwerbseinkommens soll den Ehegatten verbleiben, ohne dass sie deshalb mehr Unterhalt bezahlen oder
weniger Unterhalt bekommen.

Sonderfall konkrete Bedarfsbemessung

Wer den Quotenunterhalt in Höhe von 50 % des Gesamteinkom-
mens beansprucht, darf eine gewisse „Sättigungsgrenze" nicht
überschreiten, darin sind sich die Gerichte einig. Unterhalt ist
nämlich zum Verbrauchen gedacht, nicht zum Aufbau erheblichen Sparvermögens. Wo die Grenze gezogen wird, ist allerdings von Oberlandesgericht zu Oberlandesgericht unterschiedlich. Häufig wird ein Betrag zwischen 2.500 Euro und 3.000 Euro
angenommen. Das Oberlandesgericht Frankfurt am Main hat die
Grenze in seinen Unterhaltsgrundsätzen sogar ausdrücklich beziffert (2.500 Euro).

Wer einen höheren Unterhalt verlangen will, muss seinen Unterhaltsbedarf konkret beziffern. Kurz gesagt muss man eine
Liste erstellen, aus der sich jeder Ausgabenposten ergibt, insbesondere fürs Wohnen, die Nebenkosten, die soziale Sicherung,
Steuern, Kleidung, Lebensmittel, Urlaube etc. Man soll seine Lebensverhältnisse hierdurch nicht gegenüber der Ehe aufbessern

Tipp

Wenn Sie im Ein-
zelnen begründen
können, wofür Sie
die Unterhaltszah-
lungen benötigen,
können Sie durch-
aus auch einen Un-
terhaltsbetrag sehr
deutlich oberhalb
der Sättigungsgren-
ze geltend machen.

können, sondern soll nur durchsetzen können, was während der Ehe auch wirklich gelebt wurde.

05

---

1. Anna und Irini sind starke Raucherinnen. Während der Ehe hat Irini 80 Euro im Monat für Zigaretten ausgegeben. Diesen Betrag listet sie deshalb auch bei ihrer Bedarfsberechnung auf. Anna ist der Auffassung, dass sie nicht dafür verantwortlich sein könne, Irinis Sucht zu finanzieren.

2. Alexander hat Helena immer zu Treffen mit seinen Geschäftspartnern mitgenommen. Als Helena 200 Euro für Kosmetika in ihrer Bedarfsberechnung auflistet, entgegnet er, dass solch hohe Ausgaben jetzt ja wohl nicht mehr nötig seien, sie habe schließlich keine Repräsentationspflichten mehr.

Bei der konkreten Bedarfsbemessung spielen Alexanders und Annas Argumente keine Rolle. Wenn diese Ausgaben während der Ehe so getätigt wurden, handelt es sich nicht um „Luxusausgaben", sondern um Ausgaben nach den ehelichen Verhältnissen. Sie sind deshalb als Unterhaltsbedarf zu berücksichtigen.

Sonderfall Sozialleistungen

In bescheidenen Einkommensverhältnissen kann es durchaus sein, dass der Unterhaltsbedarf im Sinne des Unterhaltsrechts gedeckt ist, der Betroffene hiervon jedoch nicht leben kann. In diesem Fall muss er gegebenenfalls ergänzend Sozialleistungen beantragen. Der Sozialversicherungsträger wird sich mit dem Unterhaltsverpflichteten in Verbindung setzen und seinerseits noch einmal überprüfen, ob nicht doch mehr Unterhalt gezahlt werden muss. Das Recht dazu hat die Behörde, weil die Unterhaltsansprüche des Unterhaltsbedürftigen auf sie übergehen, soweit sie Leistungen erbracht hat.

Vorsicht

Erbringt ein Sozialversicherungsträger Leistungen, müssen Sie bei Rechtsstreitigkeiten oder Vereinbarungen über den Unterhalt darauf achten, dass der bedürftige Ehegatte womöglich nicht über alle Ansprüche, die er geltend macht, auch wirklich verfügen kann. Um hier Fehler zu vermeiden, sollten Sie einen Anwalt konsultieren.

BEDÜRFTIGKEIT

Einsatz des eigenen Einkommens

Irinis Unterhaltsbedarf beträgt 900 Euro. Aus einer geerbten Mietwohnung erzielt sie nach Abzug von Kosten und Steuern einen monatlichen Betrag von 800 Euro.

Nur wer seinen Unterhaltsbedarf mit eigenem Einkommen und Vermögen nicht decken kann, ist bedürftig und kann Unterhalt vom anderen Ehegatten bekommen. Für Irini bedeutet das, dass sich ihr Unterhaltsbedarf auf 100 Euro reduziert.

Das gesamte Einkommen und Vermögen ist einzusetzen. Ausgenommen sind allerdings überobligatorisches Einkommen und der Erwerbstätigenbonus (siehe oben S. 88). Was sonst im Einzelnen zur Deckung des Unterhaltsbedarfs eingesetzt werden muss und wozu der Ehegatte verpflichtet ist, um seine Bedürftigkeit selbst zu beseitigen, hängt davon ab, ob es sich um Trennungsunterhalt oder nachehelichen Unterhalt handelt.

Erwerbsobliegenheit

Im ersten Jahr nach der Trennung besteht grundsätzlich keine Obliegenheit, eine andere als die bisherige Erwerbstätigkeit aufzunehmen oder zumindest zu suchen. Inwiefern sich das nach dem Trennungsjahr ändert, hängt von der Dauer der Haushaltsführung, der früheren Erwerbstätigkeit und auch davon ab, ob man gemeinsame Kinder betreut. Wer vor der Ehe nicht erwerbstätig war oder in der Ehe über viele Jahre ausschließlich den Haushalt geführt hat oder wer auch jetzt noch Kinder betreut, ist in seinen Erwerbsmöglichkeiten deutlich eingeschränkt. Dennoch müssen sich Unterhaltsberechtigte auch in diesen Fällen darauf einstellen, dass eine Unterhaltsberechtigung ohne Erwerbsbemühungen auf Dauer entfallen kann.

Wenn Sie lange nicht erwerbstätig waren, müssen Sie jedenfalls geringfügige Stellen annehmen. Darüber hinaus sind Sie verpflichtet, jede Möglichkeit der Weiterbildung oder Umschulung zu nutzen,
gegebenenfalls unterstützt durch die Arbeitsagentur etc.

05

Ob trotz Betreuung der Kinder eine Erwerbsobliegenheit besteht, richtet sich nach dem Alter und der Betreuungsbedürftig-
keit der Kinder. Das Gesetz enthält hierzu keine klare Regelung.
Lediglich für den Unterhalt nach der Scheidung gilt Folgendes:

*Erwerbsobliegenheit bei
Kinderbetreuung?*

- Wenn das jüngste Kind noch keine 3 Jahre alt ist, besteht keine Erwerbsobliegenheit.
- Eine Halbtagstätigkeit wird ab dem 3. Lebensjahr des Kindes
  erwartet, denn in aller Regel ist es dann möglich, das Betreu-
  ungsangebot durch Krippen oder Horts zu nutzen.
- Wann eine Vollzeittätigkeit in Betracht kommt, ist sehr von
  der Entwicklung des Kindes abhängig. Meist wird dies jedenfalls dann bejaht werden können, wenn das Kind das Jugend-
  lichenalter erreicht hat.

Helena weiß, dass sie im Moment nur teilzeiterwerbstätig sein
müsste, weil David und Nina erst 6 und 9 Jahre alt sind. Ihr bietet sich aber
die Möglichkeit, jetzt schon eine Vollzeitstelle anzutreten. Diese Chance will
sie nicht ungenutzt verstreichen lassen. Sie möchte allerdings nicht, dass
Alexander von ihren Bemühungen profitiert, zumal sie einen Teil ihres Mehr-
verdienstes für die Betreuung von David und Nina ausgeben muss.

Wenn ein Partner nach der Trennung eine Erwerbsarbeit aufnimmt, obwohl dies wegen der Kinderbetreuung nicht gefordert ist, wird diese Arbeit als überobligatorisch bezeichnet. Um
einen Anreiz hierfür zu bieten, wird das Einkommen aus dieser
Tätigkeit je nach Einzelfall ganz oder teilweise nicht bei der Un-

terhaltsberechnung berücksichtigt. Im vorliegenden Fall spricht vieles dafür, Helena ihren gesamten Mehrverdienst zu belassen.

Betreuungskosten als Bereinigungsposten

Wären David und Nina bereits 12 und 15 Jahre alt, müsste Helena die Vollzeitstelle antreten. Ihre Erwerbstätigkeit wäre also nicht überobligatorisch. Ihr entstünden aber womöglich höhere Betreuungskosten, z. B. weil sie eine Tagesmutter in Anspruch nehmen müsste. Während Kindergartenkosten Mehrbedarf darstellen und im Rahmen des Kindesunterhalts geltend gemacht werden können, entstehen die Kosten der Tagesmutter primär im Interesse des erwerbstätigen Ehepartners. Sie können deshalb wie berufsbedingte Aufwendungen vom Einkommen abgezogen werden.

Vermögenseinsatz

Wenn der Unterhaltsbedürftige über Vermögen verfügt, muss er dieses nutzen, also z. B. Zinsen erzielen oder eine nicht selbst genutzte Immobilie vermieten. Auch muss bei größerem Vermögen der Stamm des Vermögens zur Überwindung der Unterhaltsbedürftigkeit eingesetzt werden. Vermögen sind alle verwertbaren Vermögensgegenstände, z. B. Bargeld, Geldanlagen, aber auch wertvolle Gegenstände wie Schmuck oder Bilder. Zum verwertbaren Vermögen gehören auch Ansprüche gegen Dritte, etwa aus einer Erbschaft oder weil man vor weniger als zehn Jahren erhebliche Vermögenswerte an jemanden verschenkt hat (§ 528 BGB).

In der Zeit von der Trennung bis zur Einleitung des Scheidungsverfahrens kann die Verpflichtung zur Verwertung von Vermögen eingeschränkt sein, etwa wenn durch eine Verwertung die Verhältnisse, welche die Ehe geprägt haben, so geändert würden, dass eine Versöhnung und damit Wiederherstellung der Ehe erschwert würde. Man kann z. B. nicht verlangen, die Eigentumswohnung zu verkaufen, in der die Ehegatten bislang zusammengelebt haben. Ein Verkauf von Aktien wäre aber beispielsweise unproblematisch. Die Verwertung von Vermögen ist außerdem in folgenden Fällen ausgeschlossen:

- wenn sie unwirtschaftlich wäre;
- wenn sie unbillig wäre, z. B. weil der Vermögenswert ein Familienerbstück ist, zu dem eine besondere persönliche Bindung besteht und dessen Verkehrswert nicht übermäßig hoch ist;
- wenn es sich um unpfändbares Schonvermögen handelt. Dies sind z. B. der Hausrat in angemessenem Umfang, aber auch Dinge, die der Berufstätigkeit dienen, wie z. B. der Computer eines freien Journalisten. Eine Liste solcher geschützter Vermögenswerte enthält § 811 ZPO.

05

LEISTUNGSFÄHIGKEIT

Zum Begriff der Leistungsfähigkeit siehe oben S. 77 f. Der Selbstbehalt gegenüber getrenntlebenden oder geschiedenen Ehegatten beträgt für erwerbstätige Ehegatten 1.200 Euro, für nicht erwerbstätige 1.090 Euro. Solange der Unterhaltsverpflichtete seiner Erwerbsobliegenheit nachkommt, gilt: Nur wer seinen Selbstbehalt gedeckt hat, kann auch zum Unterhalt verpflichtet werden.

RANG DES UNTERHALTSBEDÜRFTIGEN EHEGATTEN

Wie oben gesehen, können in erster Linie minderjährige Kinder und volljährige Kinder, die noch zur Schule gehen, Unterhalt beanspruchen. In zweiter Linie können die Elternteile Unterhalt beanspruchen, die wegen der Betreuung eines minderjährigen Kindes unterhaltsberechtigt sind oder es im Falle einer Scheidung wären (also Mütter und Väter nichtehelicher Kinder), ferner Ehegatten bei einer Ehe von langer Dauer. Erst danach werden sämtliche anderen Ehegatten bedient. Siehe dazu die Rangliste auf S. 55.

AUSSCHLUSSGRÜNDE

Überblick Ausschluss-
gründe

Der Ehegattenunterhalt kann in bestimmten Fällen entfallen, selbst wenn ein Ehegatte unterhaltsbedürftig und der andere leistungsfähig ist. § 1579 BGB nennt acht Fallgruppen:

1. kurze Dauer der Ehe,
2. verfestigte neue Lebensgemeinschaft,
3. Verbrechen gegen den Unterhaltspflichtigen,
4. mutwillige Herbeiführung der Bedürftigkeit,
5. Missachtung der Vermögensinteressen des anderen,
6. grobe Pflichtverletzung beim Familienunterhalt während der Ehezeit,
7. Fehlverhalten gegen den Verpflichteten,
8. sonstige schwerwiegende Gründe.

Die Gründe gelten sowohl für den nachehelichen Unterhalt als auch für den Trennungsunterhalt. Einzige Ausnahme: Die kurze Ehedauer gilt nur für den nachehelichen Unterhalt. Auf die Ausschlussgründe, die in der Praxis besonders relevant sind, gehe ich im Folgenden näher ein.

Kurze Ehedauer

Alexander und Helena haben sich bereits wenige Monate nach der Heirat wieder getrennt. Helena ist sehr religiös. Sie bittet Alexander, nicht die Scheidung einzureichen. Sechs Jahre später verliebt Alexander sich neu und möchte heiraten. Er reicht deshalb die Scheidung ein. Helena verlangt nun erstmals Unterhalt.

Ehedauer ist der Zeitraum zwischen Heirat und Rechtshängigkeit des Scheidungsantrags. Wann sie „kurz" ist, definiert das Gesetz nicht. Nach der Rechtsprechung ist sie es jedenfalls dann nicht mehr, wenn die Ehe länger als drei Jahre gehalten hat. Es kommt im Einzelfall darauf an, wie sehr die Vermögensverhältnisse der Ehegatten miteinander verflochten waren und wie sehr die Ehegatten ihre Lebenspositionen auf die Ehe ausgerichtet haben.

Eine kurze Ehedauer schließt nicht den Trennungsunterhalt aus, sondern nur den Unterhalt nach Scheidung.

Die Ehe in unserem Beispiel ist nicht kurz, da zwischen Heirat und Einleitung des Scheidungsverfahrens offensichtlich deutlich mehr als drei Jahre vergangen sind. Unterhalt ist hier aber dennoch nicht geschuldet, da Alexander und Helena wirtschaftlich unabhängig voneinander gelebt haben. Anders könnte es zu beurteilen sein, wenn Helena im Zeitpunkt der Trennung schwanger gewesen wäre und Nina zur Welt gebracht hätte. In diesem Fall hätte nicht nur Nina, sondern auch Helena einen Unterhaltsanspruch gehabt. Selbst wenn Helena für sich keinen Unterhalt verlangt hätte, bewirkt ein Kind zwangsläufig eine gewisse Abhängigkeit vom Ehepartner, auch wenn die Ehegatten schon getrennt waren.

05

Anna trennt sich von ihrem Ehemann und einigt sich mit ihm außergerichtlich auf einen angemessenen Unterhalt. Wenige Monate später lernt sie Irini kennen. Die beiden verlieben sich und ziehen schon bald zusammen. Sie merken sehr schnell, dass sie füreinander bestimmt sind und kaufen ein Jahr später eine gemeinsame Wohnung. Sie sprechen darüber, Simone und Jana jeweils zu adoptieren und werden bei Adoptionsvermittlern vorstellig, weil sie ein weiteres Kind annehmen möchten. Anna leitet die Scheidung noch nicht ein, weil sie ihren Unterhaltsanspruch nicht gefährden möchte.

Verfestigte neue Lebensgemeinschaft

Wenn ein Ehegatte nach der Trennung oder Scheidung eine neue Lebensgemeinschaft eingeht, so ist sein Unterhaltsanspruch nicht sofort ausgeschlossen, sondern erst dann, wenn zwischen ihm und dem neuen Partner eine feste soziale und wirtschaftliche Beziehung besteht. Für eine Verfestigung der Lebensgemeinschaft ist entscheidend, ob die Partner wechselseitig für das Wohl und Wehe des anderen einstehen wollen. Man kann dies in der Regel aus dem Erscheinungsbild in der Öffentlichkeit ablesen, etwa wenn die neuen Partner zusammenleben, ein gemeinsames Briefkastenschild haben, nach außen als Paar auftreten oder regelmäßig gemeinsam in Urlaub fahren. Die Rechtsprechung geht dann von einer Verfestigung aus, wenn die Beziehung zwei bis drei Jahre gedauert hat. Sie kann aber auch schon früher entstehen, z. B. wenn die neuen Partner zusammen ein Kind haben oder gemeinsam eine Immobilie kaufen oder bauen. In unserem Beispiel dürfte Annas Unterhaltsanspruch daher entfallen sein, auch wenn die Beziehung zu Irini noch keine drei Jahre bestanden haben sollte.

Missachtung der Vermögensinteressen des anderen

Als Alexander nach der Trennung eine neue Frau kennenlernt, informiert Helena Alexanders Arbeitgeber wahrheitsgemäß, dass Alexander neben seiner Arbeit seit Jahren privat Vermessungsarbeiten durchführt und schwarz abrechnet. Der Chef kündigt Alexander fristlos und zeigt ihn bei der Staatsanwaltschaft an. Daraufhin stellt Alexander seine Unterhaltszahlungen ein. Helena klagt auf den vollen Unterhalt. Sie sei eine ehrliche Bürgerin und habe mit Alexanders verbrecherischem Verhalten nicht mehr leben können. Alexander habe sein Einkommen durch sein Verhalten selbst gefährdet.

Wer die berufliche Tätigkeit des Unterhaltspflichtigen mutwillig beeinträchtigt und dessen Einkommen gefährdet, verwirkt seinen Unterhalt. In der Praxis kommt als mutwillige Beeinträchtigung z. B. eine Strafanzeige wegen Steuerhinterziehung, Versicherungsbetrugs oder einer Trunkenheitsfahrt in Betracht, aber auch die Mitteilung an den Arbeitgeber, dass Schwarzarbeit ausgeübt wird. Das gilt selbst dann, wenn die Informationen jeweils den Tatsachen entsprechen. Noch klarer liegt der Fall, wenn wissentlich oder leichtfertig falsche Behauptungen in die Welt gesetzt werden. Helena hatte in unserem Beispiel jahrelang kein Problem mit Alexanders Schwarzarbeit und handelte offensichtlich aus Rache und damit mutwillig.

Eine Verletzung der Vermögensinteressen liegt auch dann vor, wenn Umstände, die sich auf die Unterhaltsverpflichtung auswirken, verschwiegen werden. Das können z. B. neu hinzuerlangte Vermögenswerte sein, die Aufnahme einer Erwerbstätigkeit oder die tatsächliche Abstammung eines in die Ehe geborenen, jedoch nicht vom Unterhaltsverpflichteten stammenden Kindes („Kuckuckskind").

Während bestehender Lebensgemeinschaft entscheiden die Ehegatten über die Aufteilung von Erwerbstätigkeit und Haushaltsführung gemeinsam. Wer gegen diese Absprache wiederholt ohne sachlichen Grund verstößt und keine Erwerbsarbeit ausübt oder sie immer wieder abbricht, verletzt seine Familienunterhaltspflicht. Das Gleiche gilt, wenn der allein und gut verdienende Ehegatte keine oder nur sehr geringe Beträge für den Lebensunterhalt herausgegeben hat. Auch derjenige, der die Haushaltsführung oder Kindesbetreuung übernommen hat, verletzt seine Pflicht, wenn er diese Aufgaben immer wieder unzureichend durchführt oder sie ganz schleifen lässt. Gemeint sind damit allerdings keine einmaligen oder subjektiv geprägten Umstände. So ist es sicherlich noch kein Ausschlussgrund, wenn dem berufstätigen Ehepartner das Essen nicht schmeckt, das der andere ihm kocht. Werden jedoch Kinder während der Abwesenheit des anderen Ehegatten vernachlässigt oder gar gefährdet, so stellt dies eine grobe Pflichtverletzung dar.

Grobe Pflichtverletzung beim Familienunterhalt

05

BEISPIELBERECHNUNG

Alexander verdient monatlich durchschnittlich 4.000 Euro netto und erhält einmal jährlich ein Weihnachts- und Urlaubsgeld von 2.400 Euro. Er fährt täglich 30 km mit seinem privaten Pkw zur Arbeit und wieder zurück. Mit öffentlichen Verkehrsmitteln könnte er seinen Arbeitsplatz nicht erreichen. Alexander wohnt zur Miete. Seine Warmmiete beträgt monatlich 700 Euro. Er investiert monatlich 50 Euro in einen Riester-Renten-Vertrag. Im vergangenen Monat hat er 900 Euro Steuern nachzahlen müssen. Helena lebt weiter im gemeinsamen Haus. Sie betreut Nina und David und verdient mit ihrer Halbtagstätigkeit 800 Euro netto. Hinzu kommen Zinseinkünfte von monatlich 50 Euro. Ihre Arbeitsstelle ist nur wenige Kilometer entfernt, Urlaubs- und Weihnachtsgeld erhält sie nicht. Um erwerbstätig sein zu können, hat sie für die Betreuung von David eine Tagesmutter engagiert. Hierfür fallen Kosten von 120 Euro im Monat an.

Einkommensermittlung

Von Alexanders bereinigtem Erwerbseinkommen ist zunächst der Kindesunterhalt abzuziehen, da dieser gegenüber Helenas Unterhalt vorrangig ist. Wir erinnern uns: Alexander erzielt ein bereinigtes Nettoeinkommen von 3.745 Euro (siehe oben S. 76) und muss Nina und David Kindesunterhalt in Höhe von insgesamt 816 Euro zahlen. Es verbleibt ein Betrag von 2.929 Euro. Dieser ist um den Erwerbstätigenbonus von 1/7 zu kürzen: 2.929 Euro x 6/7 = 2.511 Euro.

Helenas Erwerbseinkommen von 800 Euro ist um die 5 %-Pauschale für berufsbedingte Aufwendungen zu bereinigen: 800 x 95 % = 760 Euro. Weitere berufsbedingte Aufwendungen sind die Kosten der Tagesmutter von 120 Euro monatlich. Das bereinigte Erwerbseinkommen beträgt mithin 640 Euro. Hiervon ist der Erwerbstätigenbonus abzuziehen: 640 Euro x 6/7 = 549 Euro. Für das mietfreie Wohnen in der ehemaligen ehelichen Wohnung kann ein Betrag von z. B. 400 Euro als angemessener Wohnvorteil angesetzt werden. Das ergibt einen Betrag von 949 Euro. Schließlich sind die Zinseinkünfte von 50 Euro monatlich zu addieren. Diese sonstigen Einkommenspositionen sind bei der Berechnung des Erwerbstätigenbonus nicht zu berücksichtigen. Es ergibt sich ein bereinigtes Einkommen von 999 Euro.

Bedürftigkeit des Unterhaltsberechtigten

Alexander und Helena verfügen somit zusammen über ein unterhaltsrelevantes Einkommen von 3.510 Euro, das beiden zu je 50 % zusteht. Ihr Unterhaltsbedarf beträgt mithin 1.755 Euro. Zieht man von diesem Betrag Helenas bereinigtes Einkommen von 999 Euro ab, ist sie noch hinsichtlich eines Restbetrages von 756 Euro bedürftig.

Leistungsfähigkeit des Unterhaltspflichtigen

Alexander ist auch leistungsfähig, weil ihm nach Abzug von Helenas Unterhalt der Betrag von 1.755 Euro verbleibt. Sein Selbstbehalt von 1.200 Euro ist gewahrt und ihm steht nicht weniger Geld zu Verfügung als Helena. Bei der Prüfung der Leistungsfähigkeit des Unterhaltspflichtigen ist der Erwerbstätigenbonus nicht zu berücksichtigen, man geht bei der Prüfung also von 2.929 Euro aus und nicht von 2.511 Euro.

Bei der Prüfung der Leistungsfähigkeit des Unterhaltspflichtigen ist der Erwerbstätigenbonus nicht zu berücksichtigen.

05

WENN DIE EHE GESCHIEDEN IST

Die Ehe endet mit der Scheidung. Gleiches gilt für den Trennungsunterhalt. Mit der Rechtskraft des Scheidungsbeschlusses endet in aller Regel auch die Pflicht zur ehelichen Solidarität. Stattdessen greift der Grundsatz der Eigenverantwortung. Nach alter Rechtslage gab es häufig einen „ewigen" Unterhaltsanspruch. Das ist heute nicht mehr möglich. Allerdings wirkt in bestimmten Fallkonstellationen, je nach Zuschnitt der ehelichen Lebensverhältnisse, die eheliche Solidarität immer noch über den Scheidungszeitpunkt hinaus.

UNTERHALTSTATBESTÄNDE

Es gibt sieben Tatbestände, auf deren Grundlage nach dem Ende der Ehe Unterhalt beansprucht werden kann:

- Unterhalt wegen Kindesbetreuung (§ 1570 BGB),
- Unterhalt wegen Alters (§ 1571 BGB),
- Unterhalt wegen Krankheit (§ 1572 BGB),
- Unterhalt bis zur Erlangung einer angemessenen Erwerbstätigkeit (§ 1573 Abs. 1 BGB),
- Aufstockungsunterhalt (§ 1573 Abs. 2 BGB),
- Unterhalt wegen Ausbildung (§ 1575 BGB) oder
- Unterhalt aus Billigkeitsgründen (§ 1576 BGB).

Diese Unterhaltstatbestände greifen nur, wenn sie im Zeitpunkt der Scheidung bereits vorlagen oder jedenfalls angelegt waren. War der bedürftige Ehegatte zwischenzeitlich einmal nicht bedürftig, scheidet ein Anspruch aus. Es muss immer eine lückenlose „Kette" von Unterhaltsansprüchen vorliegen. Das ist auch dann der Fall, wenn ein Unterhaltsgrund im Zeitpunkt der Ehescheidung vorlag, wegfiel und mittlerweile ein anderer Grund eingetreten ist:

Anna ist unverschuldet arbeitslos und hat nach der Scheidung Anspruch auf Unterhalt nach § 1573 Abs. 1 BGB. Ein Jahr später hat sie ein aussichtsreiches Bewerbungsgespräch, doch plötzlich erkrankt Simone schwer und muss von Anna mehrere Monate lang Jahre gepflegt werden. Anna hat einen Unterhaltsanspruch gegenüber Irini, auch wenn Simone erst einige Zeit nach der Ehe erkrankt ist.

Unterhalt wegen Kindesbetreuung

Der geschiedene Ehegatte, der ein gemeinsames Kind betreut, hat auch nach der Scheidung noch Anspruch auf Unterhalt. Simone ist von Irini adoptiert worden und daher ein gemeinsames Kind im Rechtssinne. Auch hier gilt: Je älter die Kinder sind, desto weniger betreuungsbedürftig sind sie in der Regel und der betreuende Elternteil muss seine Erwerbstätigkeit nach und nach bis zu einer Vollzeittätigkeit aufstocken. Keine Unterhaltspflicht begründet dagegen die Betreuung von Kindern, die ein Partner mit in die Ehe gebracht hat, oder die Betreuung von Pflegekindern. Hier kommt allenfalls ein Unterhaltsanspruch aus Billigkeitsgründen in Betracht.

Unterhalt wegen Alters

Wenn von einem Unterhaltsberechtigten wegen seines Alters eine Erwerbstätigkeit nicht mehr erwartet werden kann, kommt unter Umständen ein Anspruch auf Unterhalt wegen Alters in Betracht. Ein festes Lebensalter für diesen Unterhaltsgrund gibt es nicht. Er greift spätestens ein, wenn das gesetzliche Renteneintrittsalter erreicht wird. Für die Zeit davor gilt: Je länger eine Person innerhalb einer Ehe zugunsten der Haushaltsführung oder Kinderbetreuung auf eine Erwerbstätigkeit verzichtet hat, desto eher wird ihr ein entsprechender Unterhaltsanspruch zugebilligt.

Nach Alexanders Tod heiratet Helena Christopher. Sie ist 53 Jahre alt und Christopher 67. Helenas Erwerbseinkommen übersteigt Christophers Rente deutlich. Nach acht Jahren trennen sich die beiden. Helena findet, dass sie nicht zum Unterhalt herangezogen werden kann, schließlich sei sie für die niedrige Rente von Christopher nicht verantwortlich.

05

Auch wenn Helenas Argument nachvollziehbar erscheint, hat Christopher hier tatsächlich einen Anspruch auf Unterhalt wegen Alters. Helenas Erwerbseinkommen hat die ehelichen Lebensverhältnisse geprägt und Christopher ist nicht in der Lage, sein Einkommen durch eigene Erwerbstätigkeit aufzubessern. Da Helena im Versorgungsausgleich Rentenanwartschaften an ihn verliert, wird sein Einkommen allerdings etwas steigen und der Unterhalt entsprechend sinken. Auch ist zu berücksichtigen, dass die Ehe nicht von langer Dauer war.

Unterhalt wegen Krankheit

Dieser Unterhaltsgrund liegt vor, wenn der geschiedene Ehegatte wegen Krankheit, Gebrechen oder Schwäche seiner körperlichen oder geistigen Kräfte keine Erwerbstätigkeit ausüben kann. Auch eine Sucht, z. B. eine Alkohol- oder Drogenabhängigkeit, gilt als Krankheit. Wer sich auf den Tatbestand des § 1572 BGB beruft, muss durch Vorlage von ärztlichen Attesten oder eines Sachverständigengutachtens beweisen, dass er zum Zeitpunkt der Scheidung oder in lückenloser Kette zu einem anderen Unterhaltstatbestand erwerbsunfähig krank war. Lag die Krankheit bereits vor der Ehe vor, schadet dies nicht. Dass ein Ehegatte krank ist oder während der Ehe krank wird, ist ein Risiko, das man mit der Eheschließung auf sich nimmt.

Ein erkrankter Ehegatte hat die Obliegenheit, sich behandeln zu lassen. Anders als bei einer Rechtspflicht kann man bei einer Obliegenheit nicht dazu gezwungen werden, etwas zu tun. Kommt man der Obliegenheit aber nicht nach, geht man z. B. nicht zum Arzt oder macht man als drogenabhängige Person keine Entziehungskur, wird man so gestellt, als wäre man gesund. Dies kann zur Folge haben, dass der Unterhaltsanspruch erheblich sinkt oder ganz entfällt.

Während der Ehe erkrankt Anna an Multipler Sklerose, die Krankheit schränkt sie zunächst aber nur wenig ein. Erst kurz nach Rechtskraft der Ehescheidung erleidet sie einen Krankheitsschub und kann nur noch in Teilzeit erwerbstätig sein.

In diesem Fall kommt ein Unterhaltsanspruch von Anna infrage, weil die Krankheit schon während der Ehe bestand und die Erwerbsunfähigkeit damit bereits angelegt war. Das kann bei anderen Krankheiten mitunter schwer zu beweisen sein. Gelingt der Beweis nicht, kommt ein Anspruch wegen Krankheit nicht in Betracht. Dann kann allenfalls noch ein Unterhalt aus Billigkeitsgründen geschuldet sein.

Unterhalt bis zur Erlangung einer angemessenen Erwerbstätigkeit

Voraussetzung dieses Unterhaltstatbestandes ist, dass der unterhaltsbedürftige Ehegatte zum Zeitpunkt der Ehescheidung noch keine angemessen gesicherte Erwerbstätigkeit finden konnte. Um das zu belegen, muss er nachweisen, dass er sich ausreichend um eine angemessene Erwerbstätigkeit bemüht (siehe oben S. 65 f.).

Ein Klassiker des Unterhaltsrechts ist der Fall, dass eine ausgebildete Krankenschwester einen Medizinstudenten heiratet, der während der Ehezeit Chefarzt des Krankenhauses wird. Sie kümmert sich um Haushalt und Kinder. Einige Jahre später trennen sich die beiden. Die Ehefrau findet, dass es ihr nun nicht mehr zumutbar ist, wieder als einfache Schwester arbeiten zu müssen. Sie befürchtet außerdem, dass sie mit der neuesten Technik nicht zurechtkommt.

Während man nach altem Unterhaltsrecht davon ausging, dass die Krankenschwester aufgrund ihres Status als Chefarztgattin nicht mehr in ihren vermeintlich sozial niedriger stehenden Ausgangsberuf zurückkehren muss, ist das nach der aktuellen Rechtslage anders. Heute muss sich die Chefarztgattin grundsätzlich auf den neuen technischen Stand bringen oder umschulen lassen und wieder als Krankenschwester arbeiten. Ob jemandem eine Rückkehr in den Beruf zumutbar ist, richtet sich nicht nach Statusgesichtspunkten, sondern nach dem Lebensalter, der Gesundheit, der Ausbildung sowie der Dauer der Kinderbetreuung oder Haushaltsführung. Nur wenn hier mehrere Faktoren zusammenkommen, ist denkbar, dass der ehemaligen Krankenschwester eine Rückkehr in ihren Beruf doch nicht mehr zumutbar ist.

Aufstockungsunterhalt

Anna und Irini sind zwanzig Jahre verpartnert, bevor es zur Trennung und Entpartnerung kommt. Irini verlangt von der deutlich besser verdienenden Anna Unterhalt. Anna verweigert dies mit der Begründung, sie hätten schließlich keine gemeinsamen Kinder gehabt. Außerdem sei Irini während der gesamten Partnerschaft erwerbstätig gewesen.

Mit dem Aufstockungsunterhalt soll die Lücke zwischen den eheprägenden Verhältnissen und dem tatsächlichen Einkommen des Unterhaltsbedürftigen geschlossen werden. Faktisch beinhaltet der Aufstockungsunterhalt eine Art Lebensstandardgarantie. Beanspruchen kann ihn aber nur ein Partner, der durch die Ehe bzw. Partnerschaft Nachteile im Hinblick auf die Möglichkeit erlitten hat, für den eigenen Unterhalt zu sorgen. Ein solcher Nachteil ergibt sich vor allem daraus, dass er Kinder gepflegt und erzogen hat. Auch Ehen und Partnerschaften von langer Dauer – die Rechtsprechung geht von einer Dauer von mindestens fünfzehn Jahren aus – deuten darauf hin, dass die Partner ihre wirtschaftlichen Verhältnisse dauerhaft miteinander verknüpfen wollten. Der Grundsatz der Eigenverantwortung wird dann zu Recht abgemildert: Wenn der schlechter verdienende Ehegatte über sehr lange Jahre hinweg am gemeinsamen Lebensstandard teilgenommen und zur ehelichen Lebensgemeinschaft beigetragen hat, wäre es unbillig, ihm das Risiko, dass die Ehe doch einmal enden sollte, einseitig aufzubürden. In unserem Beispiel ist gut denkbar, dass Irini über viele Jahre hinweg von Anna Unterhalt beanspruchen kann. Die Ehe hat sehr lange gedauert und Irini hat einige Jahre lang die Betreuung von Simone und Jana mit übernommen.

Eine Faustformel dafür, wie lange Aufstockungsunterhalt gezahlt werden muss, gibt es nicht. Im Zweifel müssen Ehegatten nach dem neuen Recht auch bei langen Ehen davon ausgehen, dass sie nicht lebenslang Unterhalt erhalten werden.

Unterhalt wegen Ausbildung, Fortbildung oder Umschulung

Alexander lernt nach der Scheidung die blutjunge Medizinstudentin Anne kennen und verliebt sich. Bald darauf wird Anne schwanger und die beiden heiraten. Anne bricht ihr gerade erst begonnenes Studium ab, um sich voll um Kind und Haushalt kümmern zu können. Drei Jahre nach der Heirat trennen sich die beiden und lassen sich scheiden. Anne möchte nun ihr Studium fortsetzen und verlangt von Alexander, dass er ihr bis zum Abschluss des Studiums Unterhalt zahlt.

Weil Annes und Alexanders Kind bei Rechtskraft der Scheidung bereits älter ist als drei Jahre, scheidet ein Anspruch auf Betreuungsunterhalt aus. Weil die Ehe recht kurz war, dürfte Anne auch nur für einige wenige Jahre Anspruch auf Aufstockungsunterhalt haben.

Hat ein Ehepartner aber in Erwartung der Ehe eine Schul- oder Berufsausbildung nicht aufgenommen oder sie – wie Anne – abgebrochen, so kann er Unterhalt nach § 1575 BGB verlangen. Voraussetzung ist, dass die Ehe der Grund für die Nichtaufnahme oder den Abbruch einer Ausbildung war. Wenn eine Ausbildung vor der Ehe weder begonnen noch angestrebt war, sondern eine ungelernte Tätigkeit ausgeübt wurde, kommt kein Unterhaltsanspruch nach § 1575 BGB in Betracht.

Der Unterhaltsbedürftige ist nicht verpflichtet, die Ausbildung von damals fortzusetzen oder neu zu beginnen. Er muss aber sehr bald nach dem Ende der Ehe und einer angemessenen Orientierungsphase mit der Ausbildung beginnen und sie sodann zügig betreiben.

Anne kann von Alexander verlangen, dass er bis zum Abschluss des Studiums ihre Lebenshaltungskosten nach den ehelichen Lebensverhältnissen sowie die Kosten der Ausbildung zuzüglich der Studiengebühren trägt. Sie muss das Studium innerhalb der Regelstudienzeit abschließen. Diese ist angemessen zu verlängern, wenn sie durch die lange Pause ggf. Prüfungen oder ganze Semester wiederholen muss.

Unterhalt aus Billigkeitsgründen

Im Einzelfall kann es unbillig sein, dem Unterhaltsbedürftigen den Unterhalt zu „verweigern", weil keiner der Unterhaltstatbestände erfüllt ist. Dann kommt ein Unterhaltsanspruch aus Billigkeitsgründen in Betracht. Die Anforderungen dafür sind aber hoch: Es müssen besonders schwerwiegende Gründe vorliegen. So greift der Unterhaltsgrund etwa dann, wenn aufgrund eines gemeinsamen Entschlusses Pflegekinder aufgenommen wurden oder man Enkelkinder aufgenommen hat, um die eigenen Kinder zu entlasten.

ENTWICKLUNGEN NACH DER SCHEIDUNG

Berechnung des Geschiedenenunterhalts

Die Berechnung des Geschiedenenunterhalts funktioniert im Prinzip genauso wie beim Trennungsunterhalt. Unterschiede ergeben sich aber in aller Regel daraus, dass bestimmte Berechnungsregeln beim Trennungsunterhalt nur abgeschwächt angewandt werden, beispielsweise hinsichtlich der Erwerbsobliegenheit oder des Wohnvorteils. Es treten auch gewisse Bedarfspositionen hinzu, nämlich ein besonderer Vorsorgeunterhalt für die Alters- und Krankenversorge. Diese Berechnungen sind recht kompliziert, sodass ich im Rahmen dieses Ratgebers darauf verzichte, sie näher darzustellen. Sprechen Sie Ihren Anwalt oder Ihre Anwältin hierauf an.

Einkommensveränderungen nach der Scheidung

Auch der Nachscheidungsunterhalt soll sich noch an den ehelichen Lebensverhältnissen orientierten. Veränderungen, die mit der aufgelösten Ehe nicht in Zusammenhang stehen, bleiben bei der Berechnung außer Betracht. Auf welche Veränderungen das zutrifft, muss in jedem Einzelfall ermittelt werden. Es gibt aber einige klassische Entwicklungen, die ich hier kurz anreißen will:

Steuerklassenwechsel bei Neuheirat

Wenn der Unterhaltsverpflichtete oder der Unterhaltsbedürftige neu heiratet und sein Einkommen sich infolge einer Steuerklassenwahl verringert oder erhöht, richtet sich der zu zahlende Unterhalt nach wie vor nach der Steuerklasse vor der neuen Eheschließung.

Karrieresprünge

Alexander fühlt sich nach der Scheidung von Helena wie erlöst und investiert sämtliche freigewordenen Zeit- und Energieressourcen in seine Arbeit. Sein Arbeitgeber ist hocherfreut und befördert ihn mit der Folge, dass Alexanders Einkommen erheblich steigt. Helena gratuliert ihm und verlangt einen entsprechend erhöhten Unterhalt.

Das Unterhaltsrecht will den geschiedenen Ehegatten nicht besser stellen, als er während der Ehe stand oder aufgrund einer absehbaren Entwicklung ohne die Scheidung stehen würde. Daher sind nur solche Steigerungen des verfügbaren Einkommens zu berücksichtigen, die schon in der Ehe angelegt waren, nicht aber

z. B. ein Einkommenszuwachs infolge eines Karrieresprungs. Im Beispiel wird es darauf ankommen, ob Alexanders Karrieresprung bereits während der bestehenden Ehe absehbar war und er ihn am Ende nur schneller vollzogen hat oder ob sich seine Aufstiegsambitionen erst nach der Scheidung entwickelt haben.

05

Rollenwechsel in der neuen Ehe

Nach der Scheidung lernt Alexander Lisa kennen und gründet mit ihr eine neue Familie. Sie heiraten und Alexander beschließt, diesmal alles anders zu machen. Er will seine berufliche Karriere hintanstellen und sich zukünftig um den Haushalt und das neue Kind kümmern. Helena wünscht ihm alles Gute, teilt ihm aber mit, dass er sich nicht einbilden solle, er könne den Unterhalt reduzieren.

Grundsätzlich ist es Alexanders freie Entscheidung, welche Rolle er in der neuen Ehe ausüben möchte. Er darf aber die Unterhaltspflichten gegenüber Nina, David und Helena nicht außer Betracht lassen. Erfolgt der Rollenwechsel vor allem, um seine Unterhaltspflichten aus erster Ehe zu reduzieren, wird ihm das alte Einkommen fiktiv zugerechnet. Verdient Alexanders neue Frau dagegen mehr als er, wäre es wirtschaftlich nachvollziehbar, dass er zu Hause bleibt und die Rolle des Hausmanns übernimmt.

Trennung der zweiten Ehe

Wenn der unterhaltspflichtige Ehegatte neu heiratet, ist er in der zweiten Ehe zum Familienunterhalt verpflichtet. Auf den Unterhalt für den ersten Ehegatten hat das keine Auswirkungen. Was aber, wenn es auch in der zweiten Ehe zu einer Trennung und/ oder Scheidung kommt? In diesem Fall ist entscheidend, aus welchem Grund die beiden Ex-Ehegatten unterhaltsberechtigt sind. Es gilt die Rangfolge nach § 1609 BGB, die oben bereits erwähnt wurde:

- In erster Linie sind die minderjährigen Kinder und Schüler unter 21 Jahren unterhaltsberechtigt, sodann
- in zweiter Linie Elternteile, die wegen der Betreuung eines Kindes unterhaltsberechtigt sind oder im Fall einer Scheidung wären, außerdem Ehegatten und geschiedene Ehegatten bei einer Ehe von langer Dauer und Ehegatten, die unter bestimmten ehebedingten Nachteilen leiden, und
- in dritter Linie alle anderen Ehegatten und geschiedenen Ehegatten.

Das bedeutet:

- Wenn weder aus der alten noch der neuen Ehe Kinder hervorgegangen sind, sind beide Unterhaltsberechtigten gleichberechtigt.
- Sind aus beiden Ehen Kinder hervorgegangen und ist jeweils das jüngste Kind noch keine 3 Jahre alt, so sind beide unterhaltsberechtigten Ex-Partner gleichberechtigt.
- Wenn nur aus einer der beiden Ehen Kinder hervorgegangen sind und das jüngste Kind noch keine 3 Jahre alt ist, geht der Ehegatte, der dieses Kind betreut, dem anderen Ehegatten vor.
- War die geschiedene Ehe von langer Dauer, geht der geschiedene Ehegatte dem neuen Ehegatten vor, es sei denn, aus der neuen Ehe ist ein gemeinsames Kind hervorgegangen, das noch keine 3 Jahre alt ist. Sollte dies der Fall sein, sind beide Unterhaltsberechtigten wiederum gleichberechtigt.

Wenn einer der beiden Unterhaltsberechtigten vorgeht, so ist sein Unterhaltsanspruch vorab in voller Höhe zu befriedigen. Der zweite Unterhaltsberechtigte muss sich dann gegebenenfalls mit dem begnügen, was übrigbleibt.

Befristung und Begrenzung des Geschiedenenunterhalts

Der Unterhalt kann herabgesetzt und/oder zeitlich begrenzt werden, wenn eine an den ehelichen Lebensverhältnissen orientierte Unterhaltspflicht nach einer gewissen Zeit unbillig würde. Hier kommt es nicht auf ein Fehlverhalten des Berechtigten an, sondern auf eine wertende Beurteilung. Ein Gericht könnte z. B. festlegen, dass für eine gewisse Zeit der volle Unterhalt zu zahlen ist, für einen weiteren Zeitraum nur noch ein reduzierter Unterhalt und anschließend keiner mehr.

Vorsicht

Verlangen Sie bei einer gerichtlichen Auseinandersetzung über den Geschiedenenunterhalt unbedingt die Befristung und Begrenzung des Unterhalts. Das sollten Sie selbst dann tun, wenn Ihr Anliegen zum Zeitpunkt der Auseinandersetzung völlig aussichtslos ist, etwa weil der unterhaltsbedürftige Ehegatte schwer krank ist und nicht absehbar ist, ob sich sein Leiden absehbar bessern wird. Wenn man nämlich die Herabsetzung und Begrenzung nicht zumindest versucht hat, kann man einen solchen Antrag später selbst dann nicht mehr stellen, wenn sich der Gesundheitszustand des Ehegatten erheblich verbessert hat. Dies ist eine „böse Falle" der derzeitigen Rechtsprechung.

06

VERMÖGENSENTFLECHTUNG UND GÜTERRECHT

Spätestens wenn die Ehegatten einsehen, dass ihre Ehe nicht mehr gerettet werden kann, wollen sie ihre Vermögenswerte auseinandersetzen. Haben sie im gesetzlichen Güterstand gelebt, müssen sie ermitteln, wem welche Vermögenswerte gehören; gemeinschaftliche Gegenstände sollten sie untereinander aufteilen. Das ist auch sinnvoll mit Blick auf den späteren güterrechtlichen Ausgleich. Häufig wünschen die Partner sogar schon vor der Scheidung, gar vor Einleitung des Scheidungsverfahrens, sich auch güterrechtlich endgültig auseinanderzusetzen. Das Kapitel geht deshalb auch auf das eheliche Güterrecht ein und erläutert die Grundzüge des Zugewinnausgleichs.

KURZ & BÜNDIG

- **Klärung der ehelichen Vermögensverhältnisse:** Nach der Trennung muss geklärt werden, welche Vermögensgegenstände einem Ehegatten allein gehören und welche beiden gemeinsam. Das ist nach Jahren der gemeinsamen Lebensführung häufig gar nicht so leicht.

- **Vermögensentflechtung:** Gemeinsames Vermögen ist aufzuteilen. Außerdem sollten die Ehegatten regeln, wie gemeinsame Schulden zukünftig bedient werden.

- **Güterrecht:** Wie die Aufteilung erfolgt, richtet sich nach dem Güterstand, in dem die Eheleute gelebt haben. Häufig möchten sich die Ehegatten auch güterrechtlich auseinandersetzen, bevor das Scheidungsverfahren beginnt. Sind sich beide einig, ist das unproblematisch möglich.

- **Vorzeitiger Zugewinnausgleich:** In speziellen Ausnahmefällen kann der Zugewinnausgleich auch gegen den Willen des anderen Partners vor der Einleitung des Scheidungsverfahrens durchgesetzt werden.

AUFTEILUNG DES EHELICHEN VERMÖGENS

Haben die Ehegatten nicht ausdrücklich den Güterstand der Gütergemeinschaft gewählt, bleibt jeder Herr oder Herrin des eigenen Vermögens und der eigenen Schulden. Oft schaffen die Eheleute aber auch gemeinsames Vermögen an oder gehen gemeinsam Verpflichtungen ein. Diese Verflechtungen müssen am Ende der Beziehung gelöst werden.

Helena und Alexander sind seit fünfzehn Jahren zusammen. Bevor sie sich kennengelernt haben, verfügten beide jeweils über ein Bankkonto und einen Bausparvertrag. Während ihrer Ehe haben sie ein gemeinsames Auto angeschafft und ein gemeinsames Haushaltskonto eröffnet. Wem stehen welche Vermögensgegenstände zu?

DAS BANKKONTO

Einzelkonten

Das Guthaben eines Spar- oder Girokontos, das nur auf den Namen eines Partners läuft, steht auch diesem allein zu. Daran ändert sich selbst dann nichts, wenn der Kontoinhaber seinem Ehegatten eine Kontovollmacht eingeräumt hat. Diese gewährt nur Zugang zum Konto, ändert aber nichts an der Inhaberschaft.

Eine Kontovollmacht erlischt automatisch, wenn die Partner sich endgültig trennen. Der Bank gegenüber bleibt sie aber solange wirksam, bis ihr das Erlöschen der Vollmacht angezeigt wird (§ 170 BGB). Falls ein Partner von einer im Innenverhältnis erloschenen Vollmacht noch Gebrauch macht und für eigene Zwecke Geld abhebt, macht er sich wegen Untreue strafbar (§ 266 Abs. 1 StGB) und ist dem Kontoinhaber zum Schadensersatz verpflichtet.

Bevor Helena und Alexander ihr Haushaltskonto eröffnet haben,
ist beider Gehalt auf Alexanders Konto geflossen, um den gemeinsamen
Haushalt zu finanzieren und Rücklagen zu bilden. Helena verlangt nach der
Trennung ihren Anteil an den Rücklagen auf Alexanders Konto.

06

Keine Rolle spielt, ob das Kontoguthaben aus Einzahlungen des Inhabers selbst stammt. Hat der andere Partner seine Gehaltszahlungen auf das Konto einzahlen lassen, wird unterstellt, dass es sich bei diesen Buchungen um Beiträge für die eheliche oder nichteheliche Lebensgemeinschaft handelt, weshalb eine Rückzahlung ausscheidet. Das gilt selbst dann, wenn der Kontostand deutlich über den laufenden Lebensbedarf der Partner hinausging und eigentlich als Rücklage für beide dienen sollte. Bei großen Überschüssen könnte Helena argumentieren, dass Alexander ihren Vermögensanteil treuhänderisch verwalten sollte und damit ihren Anteil nach § 670 BGB herauszugeben hat. Zumindest einen Teil ihres Geldes kann sie mit dieser Argumentation möglicherweise zurückerlangen.

Helena räumt nach der Trennung das Haushaltskonto ab, um
ihren Auszug aus der gemeinsamen Wohnung finanzieren zu können.

Gemeinschaftskonto

Eröffnen Partner ein Gemeinschaftskonto, sind sie beide dessen Inhaber und damit Gesamtgläubiger der Bank. Wenn sie nicht ausdrücklich etwas anderes vereinbaren, gehört beiden gemäß § 430 BGB das Guthaben zu je 50 %. Das gilt auch dann, wenn die Partner unterschiedlich viel auf das Konto eingezahlt haben. Gleichgültig ist auch, wer während des Bestehens der Lebensgemeinschaft wie viel vom Konto abhebt. Trennen sich die Ehegatten aber endgültig, ist das Guthaben zwischen den Partnern zu gleichen Anteilen aufzuteilen (§§ 430, 742 BGB). Wer, wie Helena, mehr als die Hälfte des Guthabens abhebt, macht sich der Untreue schuldig und muss dem anderen das Zu-viel-Entnommene erstatten.

GEMEINSCHAFTLICHE VERMÖGENSWERTE

Gehört ein Vermögensgegenstand beiden Partnern gemeinsam, ist das Miteigentum nach den Vorschriften über die Gemeinschaft aufzulösen (§§ 741 ff. BGB). Soweit möglich, erfolgt die Teilung in Natur. Das kann bei Geld, Wertpapieren, Geldforderungen und unbebauten Grundstücken funktionieren. Bebaute Grundstücke, Haustiere, ein Telefonanschluss, oder ein Kfz sind aber nicht teilbar und müssen daher verkauft und der Erlös geteilt werden. Die Partner können natürlich die Vermögenswerte auch einander abkaufen. Alexander könnte beispielsweise Helena anbieten, den Pkw gegen eine Ausgleichszahlung zu übernehmen. Der Übernahmepreis ist Verhandlungssache. Wird man sich nicht einig, bleibt bei Grundstücken als letztes Mittel nur die Teilungsversteigerung (§ 180 ZVG). Bewegliche Gegenstände wie der Pkw würden nach den Regeln über den Pfandverkauf durch den Gerichtsvollzieher verwertet. Der Erlös wird in beiden Fällen nach Abzug der Verfahrenskosten bei Gericht hinterlegt und die Partner müssen ihn dann unter sich aufteilen. In der Regel ist es schon aufgrund der teils erheblichen Verfahrenskosten wirtschaftlich günstiger, sich zu einigen.

GEMEINSCHAFTLICHE SCHULDEN

Die Gesamtschuld

Als Helena schwanger wird, beschließen Alexander und sie, ein Haus zu bauen. Sie nehmen bei einer örtlichen Bank ein gemeinsames Darlehen auf, das Alexander allein bedient. Als die Ehe scheitert, möchte Alexander das Darlehen nicht mehr allein zurückzahlen.

Haftung im Außenverhältnis

Nehmen Eheleute zusammen ein Darlehen auf, haften sie im Außenverhältnis gegenüber der Bank zu je 100 %. Die Bank kann sich also aussuchen, an welchen ihrer Schuldner sie sich hält. Ein Ehepartner, der sich mitverpflichtet, obwohl er sich das eigentlich gar nicht leisten kann, hat nur dann eine Chance, aus dem Vertrag entlassen zu werden, wenn seine Mitverpflichtung sittenwidrig war. Diese Möglichkeit kommt allerdings dann nicht in Betracht, wenn das finanzierte Objekt den Ehepartnern gemeinsam gehört.

Da Helena das Haus ebenso gehört wie Alexander, kann sie ihre Entlassung aus dem Darlehen nicht verlangen.

Tipp

Wenn Sie sich als wirtschaftlich mittelloser Ehepartner für ein Darlehen des anderen mitverpflichten – etwa auf Druck der darlehensgebenden Bank –, kann das sittenwidrig sein. Sie können in diesem Fall vom eigentlichen Darlehensnehmer verlangen, dass er oder sie Sie freistellt oder von der Bank, dass Sie aus dem Vertragsverhältnis entlassen werden.

Sittenwidrigkeit liegt nicht schon dann vor, wenn Sie zwar über keine Liquidität und kein Einkommen verfügen, aber Ihnen der finanzierte Gegenstand mitgehört, z. B. eine gemeinsame Eigentumswohnung oder ein gemeinsames Haus.

Im Innenverhältnis zueinander haften Gesamtschuldner nur zu jeweils gleichen Teilen, es sei denn, sie haben etwas anderes vereinbart. Wer mehr zahlt, als er müsste, muss zusehen, dass er das Zuviel-Gezahlte von seinem Mitschuldner im Wege des Gesamtschuldnerausgleichs zurückbekommt.

Haftung im Innenverhältnis

Ausgleichsansprüche von Gesamtschuldnern unterliegen der dreijährigen Regelverjährung. Ehegatten profitieren dabei von § 207 BGB. Die Verjährung beginnt erst mit Ablauf des Jahres, in dem die Scheidung rechtskräftig wurde.

Abweichende Vereinbarungen
Alleinübernahme eines finanzierten Gegenstands

Alexander möchte das gemeinsame Haus allein übernehmen. Er bietet Helena an, das Restdarlehen allein abzubezahlen und ihr ihren Hausanteil abzukaufen, soweit er schon abbezahlt ist.

Gemeinschaftliche Kredite sind von beiden Partnern gemeinsam zurückzuführen, auch wenn die Beziehung womöglich schon lange gescheitert ist. Das ändert sich jedoch, wenn ein finanzierter Gegenstand nach dem Scheitern der Beziehung nur noch einem von beiden zugutekommt. Wenn die Partner die finanzierten Gegenstände unter sich aufteilen, erklärt sich derjenige, der einen Gegenstand übernimmt, ausdrücklich oder jedenfalls durch schlüssiges Handeln bereit, auch die weitere Finanzierung des fraglichen Gegenstandes zu übernehmen. Alexander muss also die Zins- und Tilgungsleistungen für das Haus allein bezahlen, und zwar ab Inbesitznahme durch ihn allein, spätestens aber ab dem Moment, in dem das Grundbuch auf ihn umgeschrieben wird.

Für Helena wäre es deutlich besser, wenn Alexander nicht nur die Raten bezahlen würde, sondern die Verträge als Alleinschuldner auch im Außenverhältnis gegenüber der Bank übernähme. Stellt Alexander Helena nämlich nur im Innenverhältnis frei und wird er später zahlungsunfähig oder zahlungsunwillig, könnte die Bank sich immer noch an sie halten. Die Bank muss der Alleinübernahme des Darlehens durch Alexander nicht ohne Weiteres zustimmen. Es kann sein, dass Alexander ihr als Sicherungsgeber schlicht nicht ausreicht und sie sich kategorisch weigert, Helena aus der Mithaftung zu entlassen. Es kann auch sein, dass sie der Entlassung zwar zustimmt, aber nur um den Preis höherer Zinsen.

Vorsicht

Sie sollten ein Interesse daran haben, dass Ihr ehemaliger Partner, der das Darlehen in Zukunft allein bedienen will, auch im Außenverhältnis zum Alleinschuldner wird. Sollte sich die Bank das durch höhere Zinsen bezahlen lassen, ist es immer noch besser, wenn Sie sich mit einer angemessen reduzierten Abfindungssumme zufriedengeben, als Jahre und Jahrzehnte nach der Trennung wegen Insolvenz des ehemaligen Partners das alte Darlehen allein abbezahlen zu müssen.

Gesamtschuldnerausgleich und Nutzungsentschädigung

Alexander zieht aus, Helena bleibt mit den gemeinsamen Kindern im Haus zurück.

06

Grundsätzlich ändert der bloße Auszug eines Partners nichts an der Verpflichtung im Innenverhältnis. Alexander und Helena haften also jeweils zu 50 % für die Darlehensraten. Der Grund ist, dass die Partner die Immobilie weiterhin beide nutzen können: Sie könnten beide ausziehen und die Immobilie vermieten oder verkaufen. Sie könnten auch beide als Wohngemeinschaft darin wohnen. Verlässt Alexander das Haus, kann er seinen Anteil an der Immobilie zwar nicht mehr persönlich nutzen und auch nicht vermieten, aber er hat gegen Helena Anspruch auf eine angemessene Nutzungsentschädigung. Zahlt Helena stattdessen die Darlehensraten allein, kann Alexander insoweit keine Nutzungsentschädigung verlangen, umgekehrt hat Helena aber auch keine Ausgleichsansprüche als Gesamtschuldnerin gegen Alexander.

Gemeinsame Darlehen im Interesse nur eines Partners

1. Irini kauft sich eine Wohnung. Anna zahlt die Darlehensraten hälftig mit und führt das auch nach der Trennung fort.

2. Alexander und Helena haben ein gemeinsames Girokonto. Im Zuge der Trennung teilen sie das Kontoguthaben hälftig untereinander auf. Helena benötigt für einen Möbelkauf dringend Geld und nutzt den Dispositionskredit des Kontos. Die Bank fordert Alexander auf, das Konto auszugleichen.

Haften zwei Partner gemeinschaftlich für eine Verbindlichkeit, die eigentlich nur einen von ihnen angeht, muss dieser Partner jedenfalls nach Scheitern der Beziehung allein für diese Verbindlichkeit aufkommen und die Aufwendungen des anderen komplett erstatten. Haben die Partner etwa für ein Geschäft des einen ein Darlehen aufgenommen, das allein Betriebsinteressen diente und nicht der Aufrechterhaltung der Lebensgemeinschaft, haftet nach der Trennung der Inhaber des Geschäfts allein. Das gleiche gilt, wenn ein Partner während der Ehe eine Immobilie des anderen über ein gemeinsames Darlehen mitfinanziert. Nach der Trennung ändert sich die Zahlungsverpflichtung im Innenverhältnis. Irini muss im ersten Beispiel die Raten fortan allein tragen. Anna kann sich im Innenverhältnis von ihr freistellen lassen und Erstattung der nach der Trennung gezahlten Raten verlangen. Wenn Helena im zweiten Beispiel für eigennützige Zwecke Geld von einem gemeinsamen Konto abhebt und dieses ins Minus fährt, muss sie allein das Darlehen zurückführen.

Gesamtschuldnerausgleich und Unterhalt

Helena betreut nach der Trennung den gemeinsamen zwei-jährigen Sohn und bekommt von Alexander Unterhalt. Alexander zahlt das Hausdarlehen allein ab. Kann Alexander von Helena verlangen, dass sie sich hälftig an den Darlehensraten beteiligt?

Muss Alexander Helena Ehegattenunterhalt zahlen, hängt die Höhe des Unterhalts von seinen Einkommens- und Vermögensverhältnissen ab. Zahlungen auf Darlehen können das unterhaltsrelevante Einkommen reduzieren. Sinkt die Unterhaltsforderung infolge der kompletten Anrechnung der Darlehensraten, liegt darin eine „andere Bestimmung" und Alexander kann nicht noch zusätzlich Ausgleichsansprüche als Gesamtschuldner geltend machen. Das kann für Alexander ärgerlich sein, weil die Berücksichtigung der Darlehensraten im Unterhalt unterm Strich nicht zur kompletten Erstattung der hälftigen Monatsrate führt. Alternativ könnte Alexander die Schulden bei der Unterhaltsberechnung ausklammern und den Gesamtschuldnerausgleich durchführen. Weil Helenas Unterhaltsforderung damit aber stiege, wäre diese Überlegung für ihn nur dann sinnvoll, wenn Helena sich die Erstattung der Raten leisten könnte.

Alleinschuld zugunsten des Partners

06

Alexander und Helena wollen heiraten. Helena studiert noch.
Alexander nimmt für die Hochzeit und die Hochzeitsreise ein Darlehen von
15.000 Euro auf. Die beiden möchten außerdem ein Haus bauen. Alexanders
Eltern bieten Alexander an, ihm 100.000 Euro als zinsloses Darlehen zu überlassen. Einige Jahre später scheitert die Ehe, beide Darlehen sind noch nicht
komplett abbezahlt.

Diese Konstellation unterscheidet sich insoweit von dem bisher
Gesagten, als hier nicht beide Partner zusammen ein Darlehen
aufgenommen haben, sondern Alexander allein. Dieses Darlehen
ist auch Helena zugutegekommen. Hochzeit und Hochzeitsreise
hätten sie sich sonst nicht leisten können. Außerdem ist Helena
hälftige Miteigentümerin eines Hausgrundstücks, das jedenfalls
zum Teil mit dem Darlehen finanziert wurde, das Alexander von
seinen Eltern erhalten hat.

Sofern Helena hinsichtlich des „Hochzeitsdarlehens" mit der
Aufnahme des Darlehens einverstanden war, ist es gerecht und
auch juristisch zu vertreten, wenn man annimmt, dass Alexander
hier zu 50 % im Auftrag von Helena gehandelt hat. Wer im Auftrag eines anderen ein Darlehen aufnimmt, kann die Erstattung
seiner Aufwendungen ganz oder teilweise vom Auftraggeber,
hier Helena, verlangen. Man käme hier also auch zu einer Art
Gesamtschuld.

Hinsichtlich des Hausdarlehens kann man ähnlich argumentieren. Jedenfalls die Darlehenszinsen wären damit von Helena zu
erstatten. Schwieriger wird es bei den Tilgungsleistungen. Hier
kommt es darauf an, ob und in welcher Höhe Helena ihrerseits
Beiträge zum Erwerb der Immobilie geleistet hat und in Zukunft
noch leisten wird. 100.000 Euro werden sicherlich nicht gereicht
haben, um alle Kosten zu decken.

Tipp
Da zu diesem Pro-
blemkreis bislang
noch keine höchst-
richterliche Ent-
scheidung vorliegt,
sollten Sie in einer
solchen Konstellati-
on dringend konkret
vereinbaren, wer
welche Beiträge
zum Erwerb der
Immobilie zu leisten
hat.

VERSICHERUNGSRECHTLICHE FRAGEN

Krankenversicherung

Nach § 10 SGB V können Ehegatten, eingetragene Lebenspartner und Kinder sowie Kindeskinder eines Versicherten unter bestimmten Voraussetzungen beitragsfrei in der gesetzlichen Krankenversicherung mitversichert werden (Familienversicherung). Das hängt unter anderem vom Alter und dem Einkommen der Familienangehörigen ab. Außerdem müssen sie ihren Wohnsitz oder gewöhnlichen Aufenthalt in Deutschland haben, dürfen nicht selbst Mitglied einer Krankenkasse und nicht versicherungsfrei oder von der Versicherung befreit sein (z. B. als höher verdienende Arbeitnehmer oder Beamte).

Die Familienversicherung endet mit Rechtskraft der Scheidung. Der bislang Mitversicherte kann dann binnen einer Dreimonatsfrist die Aufnahme in ein eigenes Versicherungsverhältnis bei dem gesetzlichen Krankenversicherungsträger verlangen, bei dem die Familienversicherung bestand.

Privatversicherungen

Wer eine private Haftpflichtversicherung, eine Unfallversicherung, eine Rechtsschutzversicherung oder eine Lebensversicherung usw. abschließt, will sich für bestimmte Risiken absichern und zahlt hierfür die Versicherungsprämie.

Es ist aber auch möglich, einen Versicherungsvertrag nicht (nur) für sich abzuschließen, sondern (auch) für einen anderen, die versicherte Person. In der Praxis kommt das häufig vor, etwa wenn ein Kind oder der Ehegatte des Versicherungsnehmers eine private Krankenversicherung benötigt, aber selbst nicht über ausreichende Einkünfte verfügt. Der Ehegatte oder die Kinder des Versicherungsnehmers sind in der privaten Haftpflichtversicherung oder der Familienrechtsschutzversicherung mitversichert. In diesen Fällen schließt das verdienende Familienmitglied den Vertrag mit der Versicherung, versichert sind neben ihm selbst aber auch andere Familienmitglieder – oder auch nur diese. Die (mit-)versicherten Personen profitieren folglich von den Leistungen des Versicherers, während der Versicherungsnehmer als Vertragsinhaber die Prämien schuldet.

06

> Wer im Versicherungsvertrag wie mitversichert ist, ergibt sich aus den allgemeinen Versicherungsbedingungen. Diese unterscheiden sich teilweise erheblich von Versicherer zu Versicherer. Erkundigen Sie sich insbesondere bei Ihrem privaten Haftpflichtversicherer, ob und in welchem Umfang Ihre Kinder dort mitversichert sind.

Die Mitversicherung endet in der Regel mit der Trennung der Ehegatten, spätestens mit der Scheidung.

Zieht der Versicherungsnehmer einer Hausratsversicherung aus dem versicherten Objekt aus, nimmt er die Versicherung mit. Der mitversicherte Partner muss sich nun selbst versichern.

Hausratsversicherung

Falls bei einer Lebens- oder Rentenversicherung der Versicherungsnehmer seinen Partner zum Bezugsberechtigten eingesetzt hat, kann er das jederzeit ändern, nicht erst im Trennungsfall.

Lebens- oder Rentenversicherung

Bei einer privaten Haftpflichtversicherung oder Rechtsschutzversicherung endet der Versicherungsschutz des Mitversicherten spätestens mit der Scheidung, er kann aber schon vorher erlöschen, wenn der Versicherungsnehmer die Mitversicherung kündigt. Hier ist Vorsicht geboten, da der Mitversicherte dies womöglich gar nicht mitbekommt.

Haftpflicht- und Rechtsschutzversicherung

EHELICHES GÜTERRECHT

Das Güterrecht (§§ 1363–1563 BGB) regelt die vermögensrechtlichen Beziehungen der Ehegatten ab dem Zeitpunkt der Eheschließung. Vor allem beantwortet es die Frage, ob und in welcher Form es bei Beginn der Ehe, während der Ehe oder nach der

Scheidung zu einem Vermögentransfer zwischen den Ehegatten kommt. Darüber hinaus bestimmt es, wer während der Ehe das Vermögen verwaltet, wem die Nutzungen des Vermögens zustehen und wer für Schulden haftet.

Güterstände

Das BGB kennt drei Güterstände: die Zugewinngemeinschaft, die Gütertrennung und die Gütergemeinschaft. Haben die Ehegatten durch notariellen Ehevertrag nichts anderes geregelt, leben sie automatisch im gesetzlichen Güterstand der Zugewinngemeinschaft.

> Ein Ehevertrag muss notariell protokolliert werden. Sie können ihn schon vor der Ehe schließen, jederzeit nach der Eheschließung und sogar noch nach der Trennung. Das ist dann sinnvoll, wenn Sie die Trennungs- und Scheidungsfolgen einvernehmlich regeln möchten.

Ende eines Güterstandes

Ein Güterstand kann enden

- durch den Tod eines Ehegatten,
- durch Wahl eines anderen Güterstandes (§§ 1408 Abs. 1, 1414 BGB) oder aber
- mit rechtskräftiger Auflösung der Ehe durch Scheidung oder Aufhebungsbeschluss.
- Der gesetzliche Güterstand der Zugewinngemeinschaft endet ferner durch rechtskräftige Entscheidung auf vorzeitigen Ausgleich des Zugewinns (§ 1388 BGB).

DIE ZUGEWINNGEMEINSCHAFT

Bei der Zugewinngemeinschaft bleibt hinsichtlich des Vermögens alles so, wie es war, wenn eine Ehe geschlossen wird. Es findet also kein Vermögenstransfer statt. Jeder behält das Vermögen, das ihm zivilrechtlich gehört. Das bleibt auch während der Ehe so: Wer etwas anschafft, dem gehört es auch. Die Partner müssen immer wieder aufs Neue entscheiden, wer welche

Ausgaben tätigt, wer für welche Schuld haftet, in wessen Eigentum welcher neu erworbene Gegenstand übergeht etc. Es kann daher geschehen, dass ein Partner während der Ehe mehr Vermögen erwirtschaftet als der andere oder mehr Schulden macht als der andere. Der Gesetzgeber geht davon aus, dass das während der Ehe erwirtschaftete Vermögensplus auf die Leistungen beider Partner zurückzuführen ist, auch wenn ein größerer Teil dieses Vermögens bei einem der Partner verbucht wurde. Wer bei der Verteilung des Vermögens während der Ehe den Kürzeren gezogen hat, kann vom anderen bei Scheidung deshalb einen Ausgleich in Geld verlangen, den Zugewinnausgleich. Mehr zu dessen Berechnung erfahren Sie ab S. 179 ff.

06

„Gemeinschaftlich" ist beim gesetzlichen Güterstand der Zugewinngemeinschaft nicht das Vermögen an sich, sondern lediglich das während der Ehe erwirtschaftete Plus.

Die güterrechtlichen Regeln gehen grundsätzlich allen anderen Möglichkeiten vor, die ehelichen Vermögensbeziehungen auseinanderzusetzen. Nur wenn der güterrechtliche Ausgleich zu untragbaren Ergebnissen führt, ist eine Korrektur über zivilrechtliche Regeln möglich. Hierzu mehr auf S. 200 ff.

AUSWIRKUNGEN DER ZUGEWINNGEMEINSCHAFT AUF DIE EHELICHE LEBENSGEMEINSCHAFT

Ziel der Zugewinngemeinschaft ist es, beide Ehegatten bei Beendigung der Ehe am Vermögenszuwachs zu beteiligen. Dieses Ziel kann gefährdet sein, wenn ein Ehegatte sich leichtsinnig verhält oder gar durch „kreatives" Verschieben oder Verschwenden von Vermögen den eigenen Vermögenszuwachs reduziert. Im Gesetz finden sich daher Verpflichtungs- und Verfügungsbeschränkungen, die das verhindern sollen. Diese gelten nicht erst ab der Trennung, sondern schon während der Ehe.

Helena und Alexander wohnen in Alexanders Haus. Helena verfügt über kein nennenswertes Vermögen. Als Helena von ihrer Großmutter ein altes Häuschen erbt, weiß sie, dass sie die Renovierungen nicht alleine wird stemmen können. Helenas Eltern bieten an, ihr das Haus zu einem sehr guten Kaufpreis abzukaufen. Helena ist einverstanden und beauftragt einen befreundeten Notar, der jedoch Bedenken äußert. Zu Recht?

§ 1365 BGB Verfügung über Vermögen im Ganzen

(1) Ein Ehegatte kann sich nur mit Einwilligung des anderen Ehegatten verpflichten, über sein Vermögen im Ganzen zu verfügen. Hat er sich ohne Zustimmung des anderen Ehegatten verpflichtet, so kann er die Verpflichtung nur erfüllen, wenn der andere Ehegatte einwilligt.

(2) Entspricht das Rechtsgeschäft den Grundsätzen einer ordnungsmäßigen Verwaltung, so kann das Familiengericht auf Antrag des Ehegatten die Zustimmung des anderen Ehegatten ersetzen, [...]

Der Notar hat Recht. Ehegatten, die im gesetzlichen Güterstand leben, können sich nicht ohne Einverständnis des anderen wirksam verpflichten, über ihr Vermögen im Ganzen zu verfügen. Zu groß ist die Gefahr, dass dahinter eine leichtsinnige oder gar böswillige Absicht stecken könnte. Der Vertrag wäre deshalb unwirksam, bis er vom anderen Ehegatten genehmigt wird. Die Vorschrift gilt auch für unseren Fall. Das Haus der Großmutter ist zwar nur ein einzelner Vermögensgegenstand, weiteres nennenswertes Vermögen hat Helena aber nicht.

Was mit „Vermögen im Ganzen" gemeint ist, im Gesetz nicht geregelt. Eine solche Verfügung wird von der Rechtsprechung in der Regel angenommen, wenn bei kleineren Vermögen mit einem Wert von weniger als 100.000 Euro brutto über mehr als 85 % des Vermögens verfügt wird. Bei größeren Vermögen genügt es, wenn dem verfügenden Ehegatten außerhalb des Geschäftsgegenstands noch mindestens 10 % des ursprünglichen Gesamtvermögens verbleiben. Schulden sind bei der Berechnung des Vermögens vom Aktivvermögen abzuziehen. Es wäre

06

also keine Lösung, einfach ein Darlehen aufzunehmen, um sein liquides Vermögen vorübergehend zu erhöhen.

Keine Rolle spielt grundsätzlich, dass Helenas Motive doppelt sinnvoll sind. Zum einen ist tatsächlich absehbar, dass das Häuschen renovierungsbedürftig ist und die Kosten Helena erheblich belasten würden. Zum anderen bieten Helenas Eltern ihr einen sehr guten Kaufpreis. Dennoch: Allein die Tatsache, dass Helena einen solch bedeutenden Teil ihres Vermögens anrührt, bedeutet eine objektive Gefährdung des Zugewinnausgleichs. Alexander muss daher über den Verkauf informiert werden und ihm zustimmen. Er darf seine Zustimmung aber nicht verweigern, wenn das Geschäft den „Grundsätzen einer ordnungsgemäßen Verwaltung" diente (§ 1365 Abs. 2 BGB). Das dürfte in unserem Beispiel der Fall sein. Trotzdem darf seine Zustimmung nicht einfach unterstellt werden.

Wird ein Vertrag ohne die erforderliche Zustimmung des Ehepartners geschlossen und wird die Genehmigung nicht noch nachträglich erteilt, ist der Vertrag unwirksam. Beide Ehegatten können dann vom Vertragspartner verlangen, dass der Vertrag rückabgewickelt wird.

Angenommen, Helena hätte ihr Häuschen nicht an ihre Eltern, sondern an einen fremden Dritten verkauft und den Notar nicht informiert, dass sie verheiratet ist. Wäre der Vertrag dann wirksam oder unwirksam?

Der Kaufvertrag wäre wirksam, Alexanders Zustimmung also nicht erforderlich. Die Beschränkung des § 1365 Abs. 1 BGB setzt nämlich voraus, dass der Vertragspartner von der Ehe weiß. Schon diese Kenntnis muss den Käufer auf die Frage der Zustimmungsbedürftigkeit stoßen.

Tipp

Wenn Sie mit einem verheirateten Vertragspartner größere Geschäfte machen, sollten Sie auf Nummer sicher gehen und die Zustimmung des Ehepartners verlangen.

Helena besorgt sich von einem Kredithai zu Wucherzinsen das Kapital, das für den Erwerb einer Eigentumswohnung erforderlich ist. Das Darlehen übersteigt ihr persönliches Vermögen deutlich. Benötigt sie Alexanders Zustimmung?

Nein. Bei der Darlehensaufnahme handelt es sich zwar auch um eine Art Vermögensverfügung. Diese ist aber nicht zustimmungsbedürftig, obwohl sie den Zugewinnausgleich womöglich stärker gefährdet als die Übertragung des Hauses. § 1365 BGB soll lediglich erreichen, dass das derzeit vorhandene Vermögen geschützt wird und verhindert nicht, dass ein Ehegatte ohne den anderen unsinnige oder gar ruinöse Geschäfte tätigt.

Verfügung über Haushaltsgegenstände

Eine weitere Verfügungsbeschränkung, die in der Praxis gelegentlich relevant wird, enthält § 1369 BGB:

§ 1369 BGB Verfügungen über Haushaltsgegenstände

(1) Ein Ehegatte kann über ihm gehörende Gegenstände des ehelichen Haushalts nur verfügen und sich zu einer solchen Verfügung auch nur verpflichten, wenn der andere Ehegatte einwilligt. [...]

Alexander verkauft nach der Trennung die von ihm gekaufte Waschmaschine und reagiert auf Helenas Wutausbruch mit dem Argument, dass es doch seine Maschine gewesen sei.

§ 1369 ähnelt § 1365 BGB. Während die Lebensgemeinschaft noch besteht, auch nach der Trennung, soll ein Ehegatte nicht ohne Rücksprache mit dem anderen über die zum Haushalt gehörenden Gegenstände verfügen können. Alexanders Kaufvertrag ist also unwirksam. Etwas anderes gilt, wenn die Gegenstände anlässlich oder nach der Trennung erworben wurden.

Dann gehören sie nicht zum ehelichen Haushalt und können frei veräußert werden.

Alexander verkauft nach der Trennung Helenas Waschmaschine und reagiert auf ihren Wutausbruch mit dem Argument, er dürfe nach § 1369 BGB nur über eigene Gegenstände nicht verfügen.

06

Alexanders Argument ist reizvoll, greift aber zu kurz: Über Gegenstände, die einem anderen gehören, darf man ohnehin nicht ohne Erlaubnis verfügen. Helena braucht nicht den § 1369 BGB zu bemühen, sondern kann sich auf die allgemeinen Vorschriften des BGB berufen, um ihre Waschmaschine wiederzubekommen bzw. gegen Alexander Schadensersatzansprüche geltend zu machen.

Anna und Irini trennen sich. Sie sind gemeinsame Eigentümerinnen eines Hausgrundstücks und verfügen im Übrigen über kein nennenswertes Vermögen. Anna möchte das Grundstück verkaufen, Irini nicht, jedenfalls nicht zu dem Preis, der Anna vorschwebt. Was kann Anna tun, um den Verkauf durchzusetzen?

Teilungsversteigerung

Gemeinschaftliche Eigentümer eines Hausgrundstücks können das gesamte Grundstück nur gemeinsam verkaufen. Wenn sich Anna nicht doch noch mit Irini einigt, könnte sie nur ihren hälftigen Anteil verkaufen. Das ist zwar rechtlich möglich, auf dem Immobilienmarkt aber ein aussichtsloses Unterfangen. Wer kauft schon einen halben Miteigentumsanteil und riskiert dann langwierige Auseinandersetzungen mit dem Inhaber des anderen Teils? Falls Anna fest entschlossen sein sollte, ihren Anteil zu veräußern, bliebe ihr nur, eine Teilungsversteigerung durchzuführen. Es handelt sich um ein Zwangsversteigerungsverfahren, das dazu dient, eine bestehende Gemeinschaft zu zerschlagen und den Verkaufserlös nach Ende des Verfahrens auf ein Gerichtskonto hinterlegen zu lassen. Über den Erlös müssten sich die ehemaligen Eigentümer sodann verständigen oder die gerichtliche Klärung suchen. Teilungsversteigerungsverfahren sind nicht nur teuer und langwierig, ihr Ausgang ist auch schwer vorauszusehen. Sie stellen aber oft die einzige Möglichkeit dar, Bewegung in festgefahrene Verhandlungen zu bringen. Auch dem widerwilligsten Miteigentümer wird im Laufe des Verfahrens häufig bewusst, dass ein Versteigerungsverfahren ein noch schlechteres Ergebnis erbringen könnte als der bis dahin abgelehnte Maklervertrag.

Tipp

Ein Teilungsversteigerungsverfahren kann auch ein taktisches Mittel für einen Ehegatten sein, der das Grundstück zu einem guten Preis für sich selbst erwerben will.

Die Teilungsversteigerung ist nicht zulässig, „wenn dies zur Abwendung einer ernsthaften Gefährdung des Wohls eines gemeinschaftlichen Kindes erforderlich ist" (§ 180 Abs. 3 ZVG).

Sollte Anna ein Teilungsversteigerungsverfahren einleiten, würde sie über ihr nahezu gesamtes Vermögen verfügen. Auch nach der Trennung gilt § 1365 BGB grundsätzlich weiter. Da das Teilungsversteigerungsverfahren in unserem Beispiel aber erforderlich ist, um das Vermögen der Eheleute auseinanderzusetzen, könnte Anna sich womöglich mit Erfolg auf die Grundsätze der ordnungsgemäßen Verwaltung berufen und Irinis Zustimmung erzwingen. Während der bestehenden Ehe wäre das Argument zum Scheitern verurteilt, weil die Teilungsversteigerung zu einer Verschleuderung eines bedeutenden Vermögenswerts führen kann. Bei dauernd getrenntlebenden Ehegatten werden jedoch geringere Anforderungen an die Zustimmungsersetzung gestellt. Folgt das zuständige Gericht Annas Argumentation nicht, müsste sie bis nach der Scheidung warten.

DIE GÜTERTRENNUNG

Alexander und Helena vereinbaren ehevertraglich Gütertrennung. Der gut verdienende Alexander spart während der Ehe deutlich mehr Vermögen an als Helena.

Genau wie bei der Zugewinngemeinschaft gibt es bei der Gütertrennung keinen Vermögenstransfer bei der Eheschließung. Hier wird allerdings auch bei Auflösung der Ehe kein Ausgleich des Vermögenszuwachses vorgenommen. Helena hat im obigen Beispiel keine güterrechtlichen Geldansprüche gegen Alexander. Nur wenn sie während der Ehe eigenes Kapital auf Alexander übertragen und so unmittelbar dazu beigetragen hätte, dass sein Vermögen wächst, hätte sie eine Chance, Teile davon zurückzubekommen oder in seltenen Ausnahmefällen (Stichwort: Ehegatten-Innengesellschaft) sogar am Ertrag ihrer Investitionen beteiligt zu werden. Dazu mehr in Kapitel 9.

06

DIE GÜTERGEMEINSCHAFT

Bei der Gütergemeinschaft verbinden sich die Vermögensmassen der Ehegatten anders als beim gesetzlichen Güterstand oder bei Gütertrennung mit Beginn des Güterstandes zu einer einzigen Masse. „Beginn des Güterstandes" ist der Zeitpunkt, auf den sich die Ehegatten per Ehevertrag verständigt haben, frühestens der Moment der Eheschließung. Die Gütergemeinschaft wird von jungen Ehepaaren nur noch sehr selten gewählt.

Das Vermögen während bestehender Gütergemeinschaft wird von den Ehegatten gemeinsam verwaltet, es sei denn, sie vereinbaren etwas anderes. Dieses gemeinschaftliche Vermögen wird Gesamtgut genannt. Nicht zum Gesamtgut gehören das Sondergut und das Vorbehaltsgut der Ehegatten.

Gesamtgut

Das Vorbehaltsgut wird durch Rechtsgeschäft einem der Ehegatten zur alleinigen Nutzung übertragen. Mehr dazu auf S. 211 f.

Vorbehalts- und Sondergut

Sondergut ist Vermögen, das nicht durch Rechtsgeschäft übertragen werden kann. Das sind nicht abtretbare und unpfändbare Ansprüche, etwa die unpfändbaren Gehaltsbestandteile nach § 850 a ZPO, Unterhaltsansprüche oder Forderungen aus Urheberrechten. Auch Wohnungs- und Nießbrauchsrechte sind höchstpersönliche Rechte und gehören damit zum Sondergut.

Ende der Gütergemein-
schaft

Lassen sich die Ehegatten scheiden, verwandelt sich die Gütergemeinschaft hinsichtlich des Gesamtgutes in eine Liquidationsgemeinschaft. Sondergut und Vorbehaltsgut verbleiben ohnehin
bei ihrem jeweiligen Inhaber. Die Liquidationsgemeinschaft
muss auseinandergesetzt werden: Zunächst müssen die Ehegatten die Verbindlichkeiten des Gesamtgutes begleichen. Der verbleibende Überschuss ist hälftig zu teilen. Wie die Ehegatten
dies organisieren, ist ihnen überlassen. Jeder von ihnen muss
am Ende wertmäßig die Hälfte des Gesamtgutes erhalten. Ist
eine Einigung hinsichtlich bestimmter Gegenstände, etwa der
gemeinsamen Immobilie oder eines gemeinsamen Pkw, nicht
möglich, müssen diese gegebenenfalls verkauft oder versteigert
werden.

DIE ERRUNGENSCHAFTSGEMEINSCHAFT DER DDR

Ehen, die vor der deutschen Einheit am 3. Oktober 1990 in der
ehemaligen DDR zwischen DDR-Bürgern geschlossen wurden,
unterlagen dem gesetzlichen Güterstand der DDR: der Eigen-
tums- und Vermögensgemeinschaft gemäß § 13 FGB (Errungen-
schaftsgemeinschaft). Mit dem Beitritt der DDR zur BRD wurde die Zugewinngemeinschaft auch für ehemalige DDR-Bürger
zum gesetzlichen Güterstand. Allerdings konnte man binnen
einer Frist von zwei Jahren für seine Ehe bestimmen, dass es
bei der Eigentums- und Vermögensgemeinschaft bleiben soll.
Daher kann der DDR-Güterstand bei Trennung und Scheidung
auch heute noch eine Rolle spielen. Man kann die Errungen-
schaftsgemeinschaft, die man in ähnlicher Form in der Schweiz
und der Türkei kennt, als eine Mischung aus Gütertrennung und
Gütergemeinschaft beschreiben: Das Vermögen, das die Ehegatten in die Ehe eingebracht hatten, oder das jeder von ihnen
während der Ehe durch Erbschaft oder Schenkungen erworben
hatte, blieb alleiniges Eigentum des jeweiligen Ehegatten. Das
während der Ehe erworbene Vermögen hingegen wurde gemeinschaftliches Gesamtgut der Eheleute. Daneben gab es als
weitere Vermögensmasse noch ein Vorbehaltsgut der Frau.

GÜTERRECHT UND ERBRECHT

Welchen Güterstand die Ehegatten für ihre Ehe gewählt haben, hat auch Auswirkungen auf das Erbrecht. Die gesetzlichen Erbquoten des überlebenden Ehegatten können sich je nach Güterstand erheblich voneinander unterscheiden. Bei Gütertrennung hängt die genaue Erbquote von der Zahl der Kinder des Verstorbenen ab. Für die Zugewinngemeinschaft gilt § 1371 BGB:

06

§ 1371 BGB Zugewinnausgleich im Todesfall

(1) Wird der Güterstand durch den Tod eines Ehegatten beendet, so wird der Ausgleich des Zugewinns dadurch verwirklicht, dass sich der gesetzliche Erbteil des überlebenden Ehegatten um ein Viertel der Erbschaft erhöht; hierbei ist unerheblich, ob die Ehegatten im einzelnen Falle einen Zugewinn erzielt haben. [...]

Bei der Gütergemeinschaft erhöht sich die Erbquote nicht, da dem überlebenden Ehegatten ohnehin schon die Hälfte des gemeinsamen Vermögens gehört.

Für Paare, die sich trennen wollen oder getrennt haben, ist die Frage nach der Erbquote deshalb wichtig, weil sie nach der Trennung verheiratete Eheleute bleiben. Das Erbrecht des Ehegatten gilt bis zur rechtskräftigen Ehescheidung fort. Stirbt ein Ehegatte nach der Trennung, beerben die Ehegatten einander, als hätten sie sich nie getrennt. Erbrechtlich verändert sich erst etwas, wenn zumindest ein Ehegatte das Scheidungsverfahren einleitet.

DER ZUGEWINNAUSGLEICH WÄHREND DER TRENNUNGSZEIT

Viele Ehegatten haben nach der Trennung den Wunsch, nicht nur das gemeinsame Vermögen umzuschichten, sondern schon den güterrechtlichen Ausgleich durchzuführen, insbesondere den Zugewinnausgleich. Das ist vom Gesetzgeber grundsätzlich so nicht vorgesehen.

In aller Kürze: Der Zugewinn ist der Betrag, um den das End-vermögen eines Ehegatten das Anfangsvermögen übersteigt (§ 1373 BGB). Endvermögen ist gemäß § 1375 BGB das Vermö-gen, das einem Ehegatten nach Abzug der Verbindlichkeiten bei der Beendigung des Güterstands gehört, im Falle der Scheidung also in dem Zeitpunkt, in dem der Scheidungsbeschluss rechts-kräftig bzw. der Scheidungsantrag rechtshängig wird (siehe dazu unten S. 189 f.). Mit der Trennung ändert sich dagegen gü-terrechtlich nach dem Willen des Gesetzgebers erst einmal nur, dass die Partner wechselseitig Anspruch auf Auskunft über das Vermögen im Zeitpunkt der Trennung haben. Der Grund ist, dass der Gesetzgeber Vermögensverfügungen der Ehegatten ab der Trennung kritischer beäugt als vorher. Wer sein Vermögen zwi-schen Trennung und Scheidung erheblich vermindert, steht un-ter dem Verdacht, dass er dies in Benachteiligungsabsicht getan hat, also um sein Endvermögen zu vermindern und dadurch dem anderen beim späteren Zugewinnausgleich zu schaden.

VORZEITIGER ZUGEWINNAUSGLEICH

Unter bestimmten Voraussetzungen kann die Zugewinngemein-schaft schon während der Trennung enden. Es kann dann der sogenannte vorzeitige Zugewinnausgleich durchgeführt werden.

Gemäß § 1385 BGB ist ein vorzeitiger Zugewinnausgleich möglich, wenn einer der folgenden Fälle vorliegt:

- Die Ehegatten leben seit mindestens drei Jahren getrennt.
- Es drohen Verfügungen über das Vermögen im Ganzen oder Verfügungen in Benachteiligungsabsicht.
- Der andere Ehegatte hat über längere Zeit die wirtschaftlichen Ver-pflichtungen, die sich aus der ehelichen Lebensgemeinschaft ergeben (z. B. Unterhaltszahlungen), schuldhaft nicht erfüllt und es ist anzuneh-men, dass er sie auch in Zukunft nicht erfüllen wird.
- Der andere Ehegatte weigert sich ohne ausreichenden Grund beharrlich oder hat sich ohne ausreichenden Grund beharrlich geweigert, Auskunft über den Bestand seines Vermögens bei Trennung und zu Beginn der Ehe zu geben.

In diesen Fällen wird auf Antrag eines Ehegatten die Zugewinngemeinschaft vorzeitig aufgehoben und damit der Stichtag der Berechnung des Endvermögens gesetzt. Der vorzeitige Zugewinnausgleich erlaubt die güterrechtliche Auseinandersetzung wenn man trotz langer Trennungszeit noch kein Interesse an einer Scheidung hat. Man kann sich mit ihm auch schützen, wenn der Ehepartner sich höchst illoyal verhält und den regulären Zugewinnausgleich dadurch gefährdet.

Tipp

Der vorzeitige Zugewinnausgleich hat noch einen weiteren erheblichen Vorteil: Es fallen früher Verzugszinsen auf die Ausgleichsforderung an. Grundsätzlich kann man erst mit dem Ende des Güterstandes Verzugszinsen auf die Ausgleichsforderung verlangen. Beim regulären Zugewinnausgleich ist das der Zeitpunkt der Rechtskraft des Scheidungsbeschlusses, beim vorzeitigen Ausgleich der viel frühere Zeitpunkt der vorzeitigen Aufhebung der Zugewinngemeinschaft.

06

EINVERNEHMLICHER AUSGLEICH VOR DER SCHEIDUNG

Ist das Scheidungsverfahren noch nicht eingeleitet und liegen auch die Voraussetzungen des vorzeitigen Zugewinnausgleichs noch nicht vor, sieht das Gesetz keinen Ausgleich vor. Insbesondere gibt es keine einvernehmliche Bestimmung des Endvermögens vor Einleitung des Scheidungsverfahrens oder zu einem Zeitpunkt vor Protokollierung eines Ehevertrags. Das ist deshalb problematisch, weil man den Ausgleichsanspruch zwangsläufig erst berechnen kann, wenn man die Werte zum Stichtag ermittelt hat. In der Praxis umgeht man dies dadurch, dass man – strenggenommen – gar keinen Zugewinnausgleich durchführt. Die Ehegatten einigen sich auf einen Berechnungsstichtag oder sie bestimmen ihre Ausgleichswerte frei nach Spielregeln, die sie selbst und/oder ihre Anwälte bestimmt haben. Diese Scheidungsfolgenvereinbarung protokollieren sie notariell und verzichten dann wechselseitig auf den Zugewinnausgleich für den Fall der Scheidung.

ALLGEMEINES ZU VERTRAGLICHEN VEREINBARUNGEN

In ihrer Trennungs- und Scheidungsfolgenvereinbarung können die Ehegatten neben Regelungen zum Güterrecht auch solche über die Vermögensaufteilung, zum Versorgungsausgleich oder Unterhalt treffen. Ehegatten mit einer gemeinsamen Immobilie verbinden sehr häufig die Regelung des Zugewinnausgleichs, die Vermögensauseinandersetzung und die Frage der zukünftigen Haftung für das Finanzierungsdarlehen miteinander:

Alexander muss an Helena einen Zugewinnausgleich von 50.000 Euro zahlen und Helena möchte in der ehemals gemeinsamen Wohnung bleiben. Das Grundstück ist 300.000 Euro wert. Auf ihm ruhen noch Darlehenslasten von 220.000 Euro.

Eine gangbare Lösung in diesem Beispiel könnte wie folgt aussehen: Alexander überträgt Helena seinen Anteil am Grundstück (Wert: 150.000 Euro). Helena müsste im Gegenzug eigentlich 150.000 Euro an Alexander zahlen, verrechnet den Betrag aber mit dem Zugewinnausgleich (50.000 Euro). Anstatt Alexander nun 100.000 Euro zu zahlen, könnte sie sich verpflichten, zusätzlich zu ihrem Anteil an den Darlehensraten noch Alexanders zu übernehmen. Dann würde sie aber im Ergebnis 10.000 Euro zu viel für den Hausanteil bezahlen. Das Ergebnis: Alexander überträgt Helena seinen Hausanteil und zahlt ihr darüber hinaus 10.000 Euro. Im Gegenzug verpflichtet Helena sich, das Darlehen künftig alleine zu bedienen. Alexander und Helena erklären sich mit Abschluss dieser Vereinbarung auch güterrechtlich für abgefunden.

Teilung in Natur

Denkbar ist im Einzelfall auch eine Teilung „in Natur". Besteht eine Immobilie z. B. aus zwei Reihenhäusern oder sind die Ehegatten Eigentümer eines großen Grundstücks oder eines Ackers, können sie diese Immobilie auch vom Katasteramt gleichmäßig

teilen lassen oder eine Wohnungseigentümergemeinschaft begründen. So erhält jeder Ehegatte einen rechtlich selbstständigen Anteil an dem ehemals gemeinschaftlichen Gegenstand.

Nicht alle Vereinbarungen sind zulässig. Ein Verzicht auf Kindes-
und Trennungsunterhalt ist genauso verboten wie Regelungen,
die primär dazu dienen, Verpflichtungen der Ehegatten untereinander auf die sozialen Sicherungssysteme abzuwälzen. Nicht
zulässig sind auch Regelungen, die in unvertretbarem Maße in
den „Kernbereich" des Scheidungsfolgenrechts eingreifen. Dazu
gehören vor allem Vereinbarungen, in denen ein Ehegatte ohne
angemessene Gegenleistung auf bestimmte Rechte verzichtet, z. B. auf Betreuungsunterhalt, Unterhalt wegen Alters und
Krankheit oder den Versorgungsausgleich, und damit sich und
gegebenenfalls die gemeinsamen Kinder gefährdet.

Eheverträge, welche die Abwicklung einer voraussichtlich en-
denden Ehe betreffen, werden in der Praxis Trennungs- und
Scheidungsfolgenvereinbarungen genannt. Es ist auch möglich,
solche Regelungen im Scheidungstermin zu Protokoll zu geben.
Dann fungiert das Gericht als „Notar" (§ 127 a BGB). Komplexe
Regelungen, etwa Grundstücksübertragungen, sollte man aber
nicht bei Gericht vornehmen, da man über die zahlreichen For-
malien und Haftungsregelungen leicht den Überblick verlieren
kann. Auch muss man bedenken, dass ein und derselbe Vertrag
beim Notar deutlich kostengünstiger geschlossen werden kann
als vor Gericht: Die gesetzlichen Kostensätze der Gerichte und
der – zwingend notwendigen – beiden Anwälte sind um ein Viel-
faches höher als die von Notaren.

Tipp

Hatten Sie und
Ihr Partner bei der
Eheschließung oder
haben Sie aktuell
unterschiedliche
Staatsangehö-
rigkeiten, bietet
es sich ferner an,
vertraglich zu
vereinbaren, nach
dem Recht welches
Staates sich Ihre Le-
bensgemeinschaft,
insbesondere das
Güterrecht, richten
soll. Hier gibt es
nämlich teils erheb-
liche Unterschiede.

06

07

DAS SCHEIDUNGSVERFAHREN

Die Ehe kann geschieden werden, wenn sie gescheitert ist. Davon ist auszugehen, wenn das Trennungsjahr abgelaufen ist und beide Ehegatten die Scheidung wünschen. Ein Scheidungsverfahren dauert in aller Regel ein halbes bis dreiviertel Jahr und kann sich erheblich verlängern, wenn während des Verfahrens noch Folgesachen eingeleitet werden: Verfahren zur Regelung des Unterhalts, des Sorge- und Umgangsrechts, des Zugewinnausgleichs etc.

KURZ & BÜNDIG

- **Scheitern der Ehe:** Die Ehe ist gescheitert, wenn die eheliche Lebensgemeinschaft nicht mehr besteht und nicht zu erwarten ist, dass die
Ehegatten sie wiederherstellen. Davon ist nach Ablauf des Trennungsjahres auszugehen, wenn beide der Scheidung zustimmen, anderenfalls
drei Jahre nach der Trennung.

- **Anwaltspflicht:** Wer die Scheidung beantragt, muss anwaltlich vertreten
sein. Auch wer Folgesachen einleitet, indem er z. B. Unterhalt fordert, den
güterrechtlichen Ausgleich geltend macht oder das Sorge- und Umgangsrecht geregelt wissen will, benötigt dafür einen Anwalt.

- **Verfahren mit nur einem Anwalt:** Um in unkomplizierten Scheidungs-
fällen Kosten zu sparen, verzichten Eheleute immer wieder auf einen
eigenen Anwalt, lassen den anderen die Scheidung einleiten und teilen
sich gegebenenfalls die Anwaltskosten.

SCHEIDUNGSVORAUSSETZUNGEN

Eine Ehe kann geschieden werden, wenn sie gescheitert ist.
Das ist der Fall, wenn die eheliche Lebensgemeinschaft nicht mehr besteht
und nicht zu erwarten ist, dass die Ehegatten sie wiederherstellen (§ 1565
Abs. 1 BGB).

Ob diese Voraussetzungen vorliegen, überprüft das Gericht nicht im Detail, wenn

- die Ehegatten seit einem Jahr getrennt leben und beide die Scheidung beantragen oder der Antragsgegner der Scheidung zustimmt (§ 1566 Abs. 1 BGB) oder
- wenn die Ehegatten seit drei Jahren getrennt leben (§ 1566 Abs. 2 BGB).

Scheitern der Ehe

Sind sich die Ehegatten nicht darüber einig, ob die Ehe gescheitert ist, und liegt die Trennung zudem noch keine drei Jahre zurück, muss das Gericht im Einzelnen ermitteln, ob und seit wann die eheliche Lebensgemeinschaft beendet ist (= „Diagnose") und ob eine Fortsetzung noch denkbar ist (= „Prognose"). In der Praxis sprechen die Gerichte oft auch gegen den Willen des widersprechenden Ehegatten die Scheidung aus, wenn der Antragsteller im Scheidungstermin glaubhaft erklären kann, warum er davon ausgeht, dass es nicht mehr zu einer Wiederherstellung des ehelichen Lebens kommen wird. Eine Wiederherstellung der Ehe ist nämlich auch dann nicht zu erwarten, wenn ein Ehegatte sich endgültig vom anderen abgewandt hat.

Eine Scheidung vor Ablauf des Trennungsjahres ist nur unter ganz bestimmten Voraussetzungen zulässig, die das Gericht nicht einfach als gegeben unterstellen darf. Insbesondere muss es dem Antragsteller unzumutbar sein, das Trennungsjahr abzuwarten.

Es gibt also zusammengefasst vier Scheidungsvarianten:

Scheidungsvarianten

- Scheidung vor Ablauf des Trennungsjahres,
- einverständliche Scheidung nach Trennungsjahr,
- streitige Scheidung nach Trennungsjahr,
- Scheidung nach dreijähriger Trennungszeit.

07

Wenn die Ehepartner niemals die Absicht hatten, wirklich eine Lebensgemeinschaft zu begründen, ist die Ehe nicht zu scheiden, sondern aufzuheben. In der Praxis sind solche Fälle selten. Sie kommen allenfalls bei sogenannten Scheinehen vor, die zur Erlangung der deutschen Staatsangehörigkeit eingegangen werden. Sonst gilt: Wenn zumindest ein Ehegatte bei der Eheschließung tatsächlich mit dem anderen eine Ehe führen wollte, vom anderen aber getäuscht wurde, ist die Ehe ganz normal zu scheiden.

Aufhebung oder Scheidung der Ehe?

Mitunter stellen Ehegatten den Scheidungsantrag nicht, obwohl die Ehe gescheitert ist und sie nicht die Absicht haben, die eheliche Lebensgemeinschaft wiederherzustellen. Das kann beispielsweise soziale oder religiöse Gründe haben. Vielfach steht auch dahinter, dass ein Ehegatte die Nachteile des Versorgungsausgleichs fürchtet und keine Kürzung der Rente hinnehmen will. Ist ein Partner deutlich älter oder kränker als der andere, hat das „ewige Getrenntleben" den Vorteil, dass der andere Partner bei seinem oder ihrem Tod die Hinterbliebenenversorgung erhält. Es kann im Einzelfall gute Gründe geben, von einer Scheidung abzusehen.

„Ewiges" Getrenntleben

Vorsicht

Falls Sie das ewige Getrenntleben in Betracht ziehen, sollten Sie dringend anwaltliche Beratung in Anspruch nehmen. Eine lange Trennung kann erhebliche Risiken mit sich bringen, die durch eine umfassende Trennungs- und Scheidungsfolgenvereinbarung vermieden werden können.

SCHEIDUNGSVERFAHREN

ÖRTLICHE ZUSTÄNDIGKEIT

Helena bleibt mit den gemeinsamen Kindern in der ehelichen Wohnung in Bonn, während Alexander nach Düsseldorf zieht. Helena möchte den Scheidungsantrag stellen.

Für sämtliche Streitigkeiten im Zusammenhang mit der Aufhebung oder Scheidung einer Ehe sind in erster Instanz die Familiengerichte zuständig. Das sind auf Familiensachen spezialisierte Abteilungen der Amtsgerichte. Welches Familiengericht örtlich zuständig ist, richtet sich in der Regel nach dem Lebensmittelpunkt, dem gewöhnlichen Aufenthalt der Beteiligten. Auf den Wohnsitz im Sinne des Melderechts kommt es hingegen nicht an. Primär zuständig für das Scheidungsverfahren ist das Gericht, in dessen Bezirk einer der Ehegatten mit allen gemeinschaftlichen minderjährigen Kindern seinen gewöhnlichen Aufenthalt hat. Ein Kind hat seinen gewöhnlichen Aufenthalt bei dem Elternteil, in dessen Obhut es sich befindet, selbst wenn dieser Elternteil ohne Absprache oder gar gegen den Willen des anderen Elternteils mit dem Kind weggezogen ist. Haben die Ehegatten keine Kinder oder haben sie die Kinder unter sich „aufgeteilt", ist das Gericht am letzten gemeinsamen gewöhnlichen Aufenthaltsort der Ehegatten zuständig. Voraussetzung ist, dass einer der Ehegatten bei Eintritt der Rechtshängigkeit (also bei Zustellung des Scheidungsantrags an den anderen Ehegatten) dort noch seinen gewöhnlichen Aufenthalt hat.

Im Beispiel richtet sich der gewöhnliche Aufenthalt nach dem Aufenthalt der Kinder (Bonn). Hätten Alexander und Helena keine Kinder, wäre immer noch das Bonner Familiengericht zuständig, weil Helena im Bezirk des Gerichts der Ehewohnung geblieben ist. Haben die Ehegatten keine Kinder und haben beide den Bezirk der letzten ehelichen Wohnung verlassen, muss das

Verfahren am gewöhnlichen Aufenthaltsort des Antragsgegners geführt werden, in unserem Fall Düsseldorf.

ANWALTSZWANG

Im Scheidungsverfahren müssen beide Parteien anwaltlich vertreten sein. Ein einziger Anwalt genügt nur dann, wenn sich die Ehegatten über die Scheidung einig sind und ansonsten nur noch der Versorgungsausgleich durchgeführt werden muss.

Tipp
Lassen Sie sich sicherheitshalber anwaltlich beraten, ob die Sache wirklich so risikoarm ist, wie gedacht.

07

Sind außer der Scheidung noch andere Familiensachen zu klären, müssen immer beide Ehegatten einen Anwalt beauftragen. Ausnahme ist der Versorgungsausgleich, denn hier ist kein Antrag erforderlich. Die Scheidungsfolge wird vielmehr – von wenigen Ausnahmen abgesehen – vom Gericht geklärt.

Ein eigener Anwalt ist jedenfalls dann sinnvoll, wenn man sich nicht sicher sein kann, dass der andere Ehegatte das Verfahren auch wirklich bis zum Ende betreibt. Es kann für diesen Ehegatten nämlich im Einzelfall aus taktischen Gründen sinnvoll sein, den Scheidungsantrag rechtzeitig vor der Anhängigkeit von Folgesachen doch wieder zurückzunehmen, um sich einen Vorteil bei der Berechnung des Zugewinnausgleichs, Versorgungsausgleichs oder Unterhalts zu verschaffen.

Haben beide Partner einen Scheidungsantrag gestellt, kann keiner von beiden das Verfahren einseitig beenden.

SCHEIDUNGSVERBUND

Der Scheidungsverbund soll sicherstellen, dass die wichtigsten Scheidungsfolgen zusammen mit der Scheidung geregelt werden und nicht erst lange Zeit später. So wird bei einer Scheidung zwingend immer der öffentlich-rechtliche Versorgungsausgleich durchgeführt. Im Übrigen gehen in den Verbund solche Familiensachen ein, die von einem Ehegatten rechtzeitig, das heißt mindestens zwei Wochen vor dem Scheidungstermin, anhängig gemacht werden. Voraussetzung ist, dass in der jeweiligen Sache eine Entscheidung für den Fall der Scheidung zu treffen ist. Das trifft z. B. auf folgende Sachen zu:

- den nachehelichen Unterhalt,
- Streitigkeiten über Ehewohnung und Hausrat,
- Güterrechtssachen und
- Kindschaftssachen (Sorgerecht und Umgangsrecht).

DIE ENTSCHEIDUNG DES GERICHTS

Tipp

Wollen Sie nach der Scheidungsverhandlung sofort geschieden sein, müssen Sie auf Rechtsmittel gegen den Scheidungsbeschluss verzichten. Dazu benötigen Sie und Ihr Ehepartner jeweils einen eigenen Anwalt.

Das Gericht entscheidet durch Beschluss. Mit dessen Rechtskraft ist die Ehe aufgelöst (§ 1564 Satz 2 BGB). Gegen Beschlüsse des Familiengerichts ist binnen einem Monat ab Zustellung die Beschwerde zum Oberlandesgericht zulässig. Ist man auch mit der Entscheidung des Oberlandesgerichts unzufrieden, steht einem sodann der Weg der Rechtsbeschwerde zum Bundesgerichtshof offen.

DIE KOSTEN DES VERFAHRENS

Alexander verdient bei Einleitung des Scheidungsverfahrens 5.000 Euro netto, Helena 1.500 Euro. Die beiden haben nach Abzug der Schulden ein Vermögen von insgesamt 200.000 Euro. Helena hat im Versorgungsausgleich zwei Versorgungsanrechte auszugleichen (gesetzliche Rentenversicherung und Riester-Rente), Alexander drei Anrechte (gesetzliche Rentenversicherung, betriebliche Altersvorsorge und Riester-Rente).

Verfahrenswert

Sowohl die Gerichtskosten als auch die Anwaltsgebühren berechnen sich nach einem Verfahrenswert. Dieser wird auf der Grundlage des Gesetzes über die Gerichtskosten in Familiensachen (FamGKG) ermittelt und vom Gericht festgesetzt. Dabei wird der Ehescheidung und den Folgesachen jeweils ein Wert

zugewiesen. Fester Bestandteil ist in aller Regel der Versorgungsausgleich. Weitere Folgesachen, z. B. der Ehegattenunterhalt oder der güterrechtliche Ausgleich, können hinzukommen,
wenn die Ehepartner das beantragen.

07

> Es ist gebührenmäßig deutlich preiswerter, weitere Streitigkei-
> ten als Folgesachen im Scheidungsverbund zu klären, als die Verfahren
> einzeln einzuleiten und abzuhandeln. Der Nachteil: Die Ehe kann erst
> geschieden werden, wenn sämtliche dieser Verbundsachen geklärt sind.

Die Kosten des Verfahrens richten sich nach dem dreifachen
Nettoeinkommen, das die Ehegatten bei Einleitung des Scheidungsverfahrens erzielt haben. Manche Gerichte schlagen das
Kindergeld auf das Einkommen auf, die meisten ziehen sodann
pro Kind pauschal wieder 200 bis 250 Euro vom Verfahrenswert
ab. Verfügen die Gatten über wesentliche Vermögenswerte, z. B.
Erspartes oder eine Immobilie, kann deren Wert nach Abzug der
Verbindlichkeiten und einem Freibetrag mit einem bestimmten
Prozentsatz einbezogen werden. Die Freibeträge schwanken je
nach Gericht zwischen 15.000 und 60.000 Euro pro Ehegatte,
die Höhe des Prozentsatzes wird meist mit 2 bis 5 % angesetzt.
Alle Faktoren zusammen bilden den Verfahrenswert der Scheidung. Führt das Gericht den Versorgungsausgleich durch, ist
noch für jedes auszugleichende Versorgungsanrecht ein Aufschlag von 10 % zu machen.

Eine denkbare Berechnung in unserem Beispiel sähe wie folgt aus:

Addiertes Nettoeinkommen:	6.500 Euro
Abzüglich 250 Euro pro Kind:	− 500 Euro
Zuzüglich Vermögen (200.000 Euro − 30.000 Euro Freibetrag = 170.000 Euro, davon 3 %):	+ 5.100 Euro
	= 11.100 Euro
Versorgungsausgleich: Aufschlag für fünf Anrechte à 10 % (50 %)	+ 5.550 Euro
	= 16.650 Euro

Tipp

Einen brauchbaren Scheidungskostenrechner finden Sie unter http://familienanwaelte-dav.de/scheidungskostenrechner

Tipp

Bei knappen Einkommens- und Vermögensverhältnissen können Sie über Ihren Anwalt Verfahrenskostenhilfe beantragen. Hierzu müssen Sie eine Erklärung über Ihre persönlichen und wirtschaftlichen Verhältnisse ausfüllen und mit Belegen versehen. Die Hilfe kann ratenfrei bewilligt werden oder die Staatskasse schießt Ihnen die Kosten gegen Ratenzahlung vor.

Bei einem Verfahrenswert von 16.500 Euro wird das Gericht Kosten von 638 Euro geltend machen und jeder der beteiligen Anwälte kann 2.094,40 Euro inkl. MwSt. verlangen.

Die Kosten des Scheidungsverfahrens werden in aller Regel gegeneinander aufgehoben. Das bedeutet: Die Gerichtskosten werden hälftig geteilt und jeder Ehegatte bezahlt seinen Anwalt selbst. Bei einvernehmlichen Scheidungsverfahren, bei denen nur ein einziger Anwalt aufgetreten ist, muss der passive Ehegatte also nur die hälftigen Gerichtskosten zahlen, nicht jedoch die Anwaltskosten des anderen Ehegatten. Anders ist es allerdings dann, wenn es sich um einen „gemeinsamen" Anwalt handelte und die Ehegatten ausdrücklich und nachweisbar vereinbart haben, die Kosten im Innenverhältnis teilen zu wollen.

ALTERNATIVE KONFLIKTLÖSUNGS-VERFAHREN

Gerichtsverfahren dauern lang, sind teuer, ihr Ergebnis ist selbst bei vermeintlich klarer Rechtslage schlecht zu kalkulieren, und sie bringen außerdem ein zentrales Problem mit sich: Es gibt am Ende einen Gewinner und einen Verlierer. Das ist unbefriedigend, wenn sich die Beteiligten nach dem Prozess nicht aus dem Weg gehen können, weil sie z. B. miteinander arbeiten, einen gemeinsamen Freundeskreis haben oder aus der Ehe Kinder hervorgegangen sind. Dann ist die Gefahr groß, dass die Entscheidung des Gerichts den Konflikt nicht befriedet, sondern Revanchegedanken und neues Streitpotenzial schafft.

Mediation

In solchen Fällen, selbst bei hoch eskalierten Konflikten, ist die Mediation eine sehr gute Alternative. Ihr Zweck ist die Beilegung des Streits. Der Mediator hilft den Ehegatten dabei, ihre eigenen Interessen und die des anderen zu verstehen. Gelingt die Mediation, wird zukünftigen Konflikten der Nährboden entzogen. Der besondere „Clou" an einer gelungenen Mediation ist, dass der Mediator keine eigenen Lösungen vorschlägt, sondern den Parteien dabei hilft, Übereinstimmungen zu finden, aus denen sich häufig ganz automatisch Lösungen ergeben. Sie sind den Ehepartnern nicht von außen aufgedrückt, sondern von ihnen selbst entwickelt und damit häufig besonders befriedigend und tragfähig.

Schlichtung und Güterichterverfahren

Auch die Gerichte haben erkannt, dass alternative Konfliktlösungen sinnvoll sind. Sie regen immer öfter Mediationen an und führen auch selbst Schlichtungen und Güterichterverfahren ein. Hier versucht ein neutraler Dritter oder ein Richter die Interessen der Eheleute zu ermitteln und entwickelt daraus mit ihnen Lösungsvorschläge. Auch diese Verfahren können gute Erfolge zeitigen. Problematisch ist bei ihnen aber, dass Richter und Schlichter im Verfahren hierarchisch über den Parteien stehen und ihnen häufig mit mehr oder weniger sanftem Druck die Lösung vorgeben. Es besteht die Gefahr, dass das Ergebnis von den Parteien dann als ähnlich unbefriedigend empfunden wird wie ein Gerichtsbeschluss.

DER VERSORGUNGSAUSGLEICH

Der Unterhalt soll die Teilhabe an den alltäglichen ehelichen Lebensverhältnissen sicherstellen, der güterrechtliche Ausgleich die Teilhabe am ersparten Vermögen. Der Versorgungsausgleich schließlich gleicht aus, was die Ehegatten während der Ehe in die gesetzliche Rentenversicherung und vergleichbare Sicherungssysteme eingezahlt haben.

KURZ & BÜNDIG

- **Hälftiger Ausgleich:** Die in der Ehezeit erworbenen Anrechte sind jeweils zur Hälfte zwischen den geschiedenen Ehegatten zu teilen. Ausgleichspflichtig ist der Partner mit den höheren Anrechten.

- **Ausgleich für die Ehezeit:** Ausgeglichen werden nur Anwartschaften, die in der Ehezeit erworben wurden: in der Zeit zwischen (dem Ersten des Monats) der Eheschließung und (dem Letzten des Monats vor) Rechtshängigkeit des Scheidungsantrags. Anwartschaften, die vor der Eheschließung oder nach der Rechtshängigkeit des Scheidungsantrags gebildet werden, sind nicht Gegenstand des Versorgungsausgleichs.

- **Ausgleich in Form von Entgeltpunkten:** Anders als der Unterhalt und der güterrechtliche Ausgleich erfolgt der Versorgungsausgleich in aller Regel nicht durch Geldzahlung der Ehegatten. Vielmehr werden Entgeltpunkte und Kapital zwischen den Rentenversicherungsträgern verschoben.

- **Doppelverwertungsverbot:** Rechtspositionen, die im Zugewinnausgleich berücksichtigt werden, können nicht zusätzlich noch Gegenstand des Versorgungsausgleichs sein und umgekehrt.

- **Ausgleich von Amts wegen:** Der Versorgungsausgleich wird im Zuge des Scheidungsverfahrens vom Gericht durchgeführt. Die Parteien können ihn durch Vereinbarungen ausschließen oder in gewissem Umfang modifizieren.

- **Ausschluss bei grober Unbilligkeit:** Ist der Versorgungsausgleich äußerst ungerecht, kann er reduziert werden oder komplett unterbleiben. Die Hürden für einen solchen Eingriff sind hoch. Der benachteiligte Ehepartner muss die Gründe für den Ausschluss selbst vortragen.

GRUNDBEGRIFFE

Alexander und Helena sind bereits einige Jahre zusammen, als Helena schwanger wird und die gemeinsame Tochter Nina zur Welt bringt. Vier Jahre später heiraten Alexander und Helena. Nach der Eheschließung wird der gemeinsame Sohn David geboren. Alexander hat die ganze Zeit gearbeitet, Helena war zunächst Studentin und hat sich dann um die Kinder gekümmert. Ins Berufsleben steigt sie erst ein, als Nina in den Kindergarten kommt.

Helena ist wegen der Betreuung der gemeinsamen Kinder nicht sofort nach ihrem Studium in den Beruf gestartet. In die gesetzliche Rentenkasse zahlt sie erst ein, seit Nina den Kindergarten besucht. Würde die Ehe in den kommenden Jahren geschieden, hätte sie ihren Rückstand auf Alexander noch nicht aufgeholt. Wenn Alexander mehr verdient als sie, wird sie ihn womöglich auch nie mehr ausgleichen können. Hat ein Ehepartner während der Ehezeit weniger Rentenanwartschaften gebildet als der andere, hat er Anspruch auf Ausgleich der Differenz im Versorgungsausgleich.

Ausgleich von Amts wegen

Anders als beim Unterhalt oder Zugewinnausgleich überlässt das Gesetz den Ehegatten nicht die Entscheidung, ob sie den Versorgungsausgleich durchführen wollen oder nicht. Er wird grundsätzlich im Zuge des Scheidungsverfahrens vom Gericht, also von Amts wegen, durchgeführt. Allerdings gibt es auch Ausnahmen von dieser Regel.

Versorgungsanrechte

Der Begriff der Versorgungsanrechte umfasst nach § 2 Abs. 1 VersAusglG (Versorgungsausgleichsgesetz) Anwartschaften auf Versorgungen und Ansprüche auf laufende Versorgungen, insbesondere aus

- der gesetzlichen Rentenversicherung,
- anderen Regelsicherungssystemen wie der Beamtenversorgung oder der berufsständischen Versorgung,
- der betrieblichen Altersversorgung oder
- der privaten Alters- und Invaliditätsvorsorge.

Die Begriffe „Anrechte" und „Anwartschaften" sind im Rahmen des Versorgungsausgleichsrechts deckungsgleich: Wer ein Versorgungsanrecht oder eine Versorgungsanwartschaft erwirbt, kann sich sicher sein, die damit versprochene Versorgung auch zu erhalten, sofern nur bestimmte tatsächliche oder zeitliche Voraussetzungen eintreten. Das kann das Erreichen des Rentenalters sein oder – bei einer betrieblichen Altersvorsorge – eine bestimmte Dauer der Betriebszugehörigkeit.

08

Zugewinn- und Versorgungsausgleich ergänzen einander. Die in der Ehe erworbenen Vermögenszuwächse unterfallen entweder dem einen oder dem anderen Ausgleichssystem. Vereinfacht gesagt unterliegen Kapitalgewinne dem Zugewinnausgleich, Zuwächse an Rentenanwartschaften dem Versorgungsausgleich. In der Praxis ist die Abgrenzung häufig schwieriger.

Zugewinn- und Versorgungsausgleich

Nicht alle denkbaren Arten der Altersvorsorge sind auch in den Versorgungsausgleich einzubeziehen.

Nach § 2 Abs. 2 VersAusglG ist ein Anrecht nur dann auszugleichen, wenn folgende Voraussetzungen gleichzeitig vorliegen:

Auszugleichende Versorgungsanrechte

- Das Anrecht ist durch Arbeit oder Vermögen geschaffen oder aufrechterhalten worden.
- Das Anrecht dient der Absicherung im Alter oder bei Invalidität, insbesondere wegen verminderter Erwerbsfähigkeit, Berufsunfähigkeit oder Dienstunfähigkeit.
- Das Anrecht ist auf eine Rente gerichtet. Ein Anrecht im Sinne des Betriebsrentengesetzes oder des Altersvorsorgeverträge-Zertifizierungsgesetzes ist unabhängig von der Leistungsform auszugleichen.

Es sind grundsätzlich nur Anrechte auszugleichen, die durch Erwerbstätigkeit oder durch Einsatz von Vermögen begründet wurden. Außer Betracht bleiben also etwa Versorgungen, die einem der Ehegatten von einem Dritten geschenkt oder die aus geschenkten Mitteln erworben wurden. Gleiches gilt für Versor-

Nicht auszugleichende Versorgungsanrechte

gungen, die einer der Ehegatten aus Vermögen erworben hat, das dem vorzeitigen Zugewinnausgleich unterlag.

Renten mit Entschädigungscharakter sind ebenfalls nicht in den Versorgungsausgleich einzubeziehen:

Alexander hat vor einigen Jahren bei einem unverschuldeten Autounfall schwere Verletzungen erlitten. Da sich der Unfall während einer Dienstfahrt ereignete, erhält er von der gesetzlichen Unfallversicherung eine Unfallrente.

Gleiches würde gelten, wenn Alexander als Beamter einen Dienstunfall gehabt hätte und ihm nun beamtenrechtliche Versorgungsleistungen zuständen.

Staatlich und steuerlich geförderte Altersvorsorge

Bei Altersvorsorgeverträgen nach dem Alterszertifizierungsgesetz (AltZertG) handelt es sich um private oder betriebliche Vorsorgeverträge, die durch staatliche Zulagen oder Steuervergünstigungen gefördert werden können. Diese treten in zwei grundsätzlich unterschiedlichen Varianten auf:

- durch staatliche Zulagen geförderte Altersvorsorgeverträge (Riester-Renten) und
- durch Sonderausgabenabzug geförderte Basisrenten (Rürup-Renten).

Fälle mit Auslandsberührung

Hat mindestens ein Ehegatte nicht die deutsche Staatsangehörigkeit, muss das Gericht zunächst prüfen, ob die Scheidung nach den Regeln des deutschen Rechts oder nach fremdem Recht abzuwickeln ist. Richtet sich die Scheidung nach deutschem Recht, muss das Gericht automatisch den Versorgungsausgleich durchführen. Da das deutsche Versorgungssystem aber anders organisiert ist als die Versorgungssysteme in den meisten anderen Ländern und auch der Versorgungsausgleich eine deutsche Spezialität ist, wäre dies jedenfalls dann sinnlos, wenn das Heimatrecht beider Ehegatten den Versorgungsausgleich nicht kennt. Auch in einem solchen Fall ist der Versorgungsausgleich aber dennoch durchzuführen, wenn einer der Ehegatten dies beantragt. Dies kann z. B. sinnvoll sein, wenn der Ausgleichspflichtige in Deutschland erwerbstätig war und dadurch deutsche Rentenanwartschaften begründet hat.

08

GRUNDBEGRIFFE DER RENTEN-BERECHNUNG

Vier Faktoren bestimmen über das Ergebnis der Rentenberechnung:

- die Entgeltpunkte,
- der Rentenzugangsfaktor,
- der Rentenartfaktor und
- der aktuelle Rentenwert.

ENTGELTPUNKTE

Die Entgeltpunkte errechnen sich Jahr für Jahr aus dem Rentenversicherungsverlauf eines jeden Beitragszahlers. In jedem Jahr, in dem ein Versicherter Beiträge zahlt, muss der durchschnittliche Verdienst dieses Jahres in das Verhältnis zum Durchschnittsverdienst aller Versicherten gesetzt werden. Ein abhängig Beschäftigter, der exakt den Durchschnittsverdienst erzielt, verdient 1 Entgeltpunkt.

Helena verdiente im Jahr 2015 insgesamt 17.500 Euro brutto.

Der Durchschnittsverdienst der Versicherten in Deutschland, das Durchschnittsjahresentgelt, lag im Jahre 2015 bei 35.363 Euro brutto. Helena erzielte 2015 damit rund die Hälfte eines Durchschnittseinkommens. Ihr ist also etwas mehr als ein halber Entgeltpunkt zuzurechnen. Zeiten, in denen man keine Beiträge eingezahlt hat, können für den Versicherungsverlauf von Bedeutung sein, etwa wenn man Kinder erzogen oder Angehörige gepflegt hat. Die Jahr für Jahr festgestellten Entgeltpunkte sind zu addieren. Je mehr Entgeltpunkte man hat, umso höher wird die Altersrente.

Bis zum 3. Lebensjahr eines Kindes erhält der erziehende Elternteil pro Jahr gutgeschrieben, was ein Durchschnittsverdiener an Pflichtbeiträgen aus seinem Einkommen in die Rentenkasse eingezahlt hätte.

RENTENZUGANGSFAKTOR

Die Rentenhöhe kann sich erhöhen oder verringern, wenn man vor oder nach der regulären Altersgrenze in den Ruhestand geht. Bei Rentenbeginn mit der Regelaltersgrenze (je nach Geburtsjahr mit dem 65., 66. oder 67. Lebensjahr) beträgt der Rentenzugangsfaktor 1,0. In diesem Fall ändert sich an den Entgeltpunkten des Rentners nichts. Wird die Rente vor der regulären Altersgrenze bezogen, verringert sich der Wert pro Monat um 0,3 %, also um den Faktor 0,003. Bei einem späteren Renteneintritt gibt es einen monatlichen Aufschlag von 0,5 %, also 0,005.

Eine 1950 geborene Frau, die fünf Monate vor ihrem 65. Geburtstag in Rente gehen, müsste damit rechnen, dass sich der Rentenzugangsfaktor um 0,003 x 5 verringert, also um 0,015 auf 0,985.

RENTENARTFAKTOR

Der Rentenartfaktor soll dem Sinn und Zweck der jeweiligen Rente Rechnung tragen. Bei Altersrenten und Renten wegen voller Erwerbsminderung beträgt der Faktor 1,0. Bei anderen Renten kann er niedriger ausfallen, etwa bei Renten, bei denen zu erwarten ist, dass der Versicherte hinzuverdient. Ein Beispiel sind Renten wegen teilweiser Erwerbsminderung.

AKTUELLER RENTENWERT

08

Entgeltpunkte, Rentenzugangs- und Rentenartfaktor sind abstrakte Werte. Für die Berechnung des tatsächlichen Rentenanspruchs benötigt man einen weiteren Faktor, den aktuellen Rentenwert (ARW). Er sorgt für die Dynamisierung der Rente. Die im Laufe des Erwerbslebens erwirtschafteten Entgeltpunkte werden so an die aktuellen wirtschaftlichen Verhältnisse angepasst. Die Berechnung ist überaus komplex. Jedes Jahr zum 1. Juli werden die Beträge auf Basis der Durchschnittsgehälter neu berechnet. Seit dem 1. Juli 2016 beträgt der ARW 30,45 Euro (West) und 28,66 Euro (Ost).

Angenommen, Sie hätten von 1970 bis 2017 gearbeitet und jeweils exakt den Durchschnittsverdienst erzielt, also insgesamt 47 Entgeltpunkte erwirtschaftet. Sie wollen nun pünktlich mit Ihrem 65. Geburtstag in Altersrente gehen.

Die Rente errechnet sich – sehr vereinfacht dargestellt – wie folgt:

47 (Entgeltpunkte) x 1 (Rentenzugangsfaktor) x 1 (Rentenartfaktor) x 30,45 (aktueller Rentenwert) = 1.431,15 Euro Rente brutto.

ZUGEWINNAUSGLEICH UND VERSORGUNGSAUSGLEICH

Wie bereits erwähnt, sollen Versorgungsausgleich und Zugewinnausgleich einander ergänzen. Rechtspositionen, die in dem einen Ausgleichssystem berücksichtigt werden, sollen gemäß § 2 Abs. 4 VersAusglG im anderen außer Betracht bleiben (Doppelverwertungsverbot).

Doppelverwertungsverbot

Kapitallebensversicherungen unterfallen grundsätzlich allein dem Zugewinnausgleich, reine Rentenversicherungen allein dem Versorgungsausgleich. Der Grund: Private Kapitallebensversicherungen, die nicht auf eine Rentenzahlung gerichtet sind, dienen meist nicht der Altersvorsorge, sondern dem Konsum. So werden sie beispielsweise als Geldreserve für größere Anschaffungen genutzt oder als Absicherung für Darlehen.

Eine wichtige Ausnahme sind Anrechte der betrieblichen Altersvorsorge und aus sogenannten zertifizierten Versorgungen (siehe oben S. 150). Diese sind immer Gegenstand des Versorgungsausgleichs, gleichgültig ob sie auf eine Renten- oder Kapitalleistung gerichtet sind.

Versicherungen mit Kapitalwahlrecht

Problematisch sind Versorgungen auf Rentenbasis, die ein Kapitalwahlrecht vorsehen. Wenn das Wahlrecht noch nicht ausgeübt wurde, fällt der Ausgleich der privaten Rentenversicherung in den Versorgungsausgleich. Vereinbart der Versicherte dagegen noch vor Versicherungsende mit seinem Versicherer, dass ihm bei Fälligkeit der Versicherung ein Kapitalbetrag ausgezahlt werden soll, wird das Guthaben im Rahmen des Zugewinnausgleichs berücksichtigt.

Vorsicht

Wenn Sie das Kapitalwahlrecht geltend machen, kann das erhebliche positive wie negative Auswirkungen haben und im Einzelfall erhebliche Kosten verursachen. Besprechen Sie deshalb mit Ihrem Anwalt und gegebenenfalls auch einem spezialisierten Rentenberater, ob es für Sie sinnvoll ist, von dem Recht Gebrauch zu machen oder nicht.

Selbst wenn Sie Ihr Kapitalwahlrecht erst nach dem Ende der Ehezeit und während des laufenden Ehescheidungsverfahrens ausüben, wird das Guthaben im Rahmen des Zugewinnausgleichs berücksichtigt (vgl. BGH, Beschluss vom 18. April 2012, Az. XII ZB 325/11).

DIE BERECHNUNG DES VERSORGUNGS-AUSGLEICHS

DIE AUFTEILUNG DER EHEZEITLICHEN ANRECHTE

Die in der Ehezeit erworbenen Anteile von Anrechten (Ehezeitanteile) sind jeweils zur Hälfte zwischen den geschiedenen Ehegatten zu teilen. Dem ausgleichsberechtigen Ehegatten steht nach § 1 Abs. 2 VersAusglG die Hälfte des Wertes des jeweiligen Ehezeitanteils zu (Ausgleichswert).

Für jedes einzelne Anrecht ermittelt das Gericht Höhe und Wert des in der Ehezeit erworbenen Anteils. Sodann muss der Inhaber des Anrechts dem anderen Ehegatten jeweils die Hälfte des Anrechts ausgleichen.

Alexander hat während der Ehe in der gesetzlichen Rentenversicherung (West) ein Anrecht auf 500 Euro Rente monatlich erworben, Helenas Anrecht beläuft sich auf nur 100 Euro Rente monatlich. Alexander hat ferner eine betriebliche Altersvorsorge von 300 Euro bilden können und Helena Anwartschaften von 120 Euro in der Zusatzversorgungskasse.

Alexander muss Helena 250 Euro seines Anrechts in der gesetzlichen Rentenversicherung und 150 Euro aus der betrieblichen Altersvorsorge überlassen, während Helena ihm 50 Euro aus der gesetzlichen Rente und 60 Euro aus der Zusatzversorgungskasse übertragen muss.

Der Hin-und-her-Ausgleich der Anrechte in der gesetzlichen Rentenversicherung wirkt unnötig kompliziert: Wozu hin- und herschieben, was man auch unproblematisch verrechnen könnte? In der Tat findet ein Einzelausgleich nicht statt, wenn beide Eheleute während ihrer Ehe Anrechte gleicher Art beim gleichen Versorgungsträger erworben haben oder wenn unterschiedliche Versorgungsträger eine entsprechende Vereinbarung treffen.

Dies ergibt sich aus § 10 Abs. 2 VersAusglG, der die sogenannte interne Teilung regelt. Hierzu mehr ab S. 169 f.

Wie der hälftige Wert zu berechnen ist, hängt von den Ausgleichsregeln des jeweiligen Versorgungträgers ab. Manche Versorgungsträger teilen schlicht den errechneten Nominalbetrag des ehezeitlichen Anrechts, andere teilen nicht das ehezeitliche Anrecht, sondern den dahinterstehenden Barwert bzw. das Deckungskapital. Wieder andere teilen nicht direkt diesen Barwert, sondern ermitteln aus dem hälftigen Barwert die Rentenansprüche, die sich derzeit daraus für beide Beteiligten ergeben würden, und teilen diese anschließend auf. Alle diese Berechnungskriterien sind erlaubt, auch wenn sie jeweils zu leicht unterschiedlichen Ergebnissen führen können.

DIE EHEZEIT

Alexander und Helena haben am 9. April 2004 geheiratet. Am 25. August 2017 beantragt Helena Verfahrenskostenhilfe für das Scheidungsverfahren, die ihr am 23. September 2017 bewilligt wird. Am 7. Oktober 2017 wird Alexander der Scheidungsantrag zugestellt.

Beim Versorgungsausgleich sollen nur die Versorgungen ausgeglichen werden, die während der Ehe erwirtschaftet wurden. „Die Ehezeit […] beginnt mit dem ersten Tag des Monats, in dem die Ehe geschlossen worden ist; sie endet am letzten Tag des Monats vor Zustellung des Scheidungsantrags." (§ 3 Abs. 1 VersAusglG)

Im Beispiel dauert die Ehezeit folglich vom 1. April 2004 bis zum 30. September 2017.

Versorgungsausgleich bei Ehezeit bis zu 3 Jahren

Bei einer Ehezeit von bis zu drei Jahren findet ein Versorgungsausgleich nur statt, wenn ein Ehegatte dies beantragt. Dem liegen zwei Annahmen des Gesetzgebers zugrunde:

1. Die Lebens- und Einstandsgemeinschaft der Ehegatten hat sich bei einer kurzen Ehedauer noch nicht so verfestigt, dass die Ehegatten einen Ausgleich der wenigen während der Ehe gebildeten Versorgungsanwartschaften wünschen.
2. Die erworbenen Anrechte sind zumeist ohnehin geringfügig.

Ein Ausgleich ist aber keineswegs ausgeschlossen: Wenn ein Ehegatte im Zuge des Scheidungsverfahrens beantragt, dass der Versorgungsausgleich stattfindet, muss er durchgeführt werden.

Es spielt für den Versorgungsausgleich grundsätzlich keine Rolle, ob das Scheidungsverfahren nach seiner Einleitung für längere Zeit zum Ruhen kommt. Ausnahmsweise kann aber die Ehezeit angepasst werden, wenn die Ehegatten sich zwischenzeitlich versöhnt und das Verfahren erst nach dem Scheitern des Versöhnungsversuchs wiederaufgenommen haben.

Da nur die ehezeitlichen Anrechte auszugleichen sind, spielt es im Versorgungsausgleich grundsätzlich keine Rolle, wenn ein Ehegatte bereits viele Jahre vor der Ehe gearbeitet hat und womöglich noch viele Jahre nach der Ehe in die Rentenkasse einzahlen wird. Allerdings gibt es eine wichtige Ausnahme von dieser Regel:

In den Versorgungsausgleich sind alle Anrechte einzubeziehen, die in der Ehezeit erworben wurden. (§ 3 Abs. 2 VersAusglG)

Aus dieser Vorschrift leitet man ab, dass im Versorgungsausgleich auch die Anrechte berücksichtigt werden müssen, die auf während der Ehezeit entrichtete Beiträge zurückzuführen sind. Dazu ein Beispiel:

08

Tipp

Wenn Sie sich bei einem besonders langen Scheidungsverfahren als Ausgleichsberechtigte(r) auch noch die in der Zwischenzeit angefallenen Rentenanwartschaften sichern wollen, kann es im Einzelfall sinnvoll sein, das Scheidungsverfahren zu beenden und darauf zu warten, dass der andere Ehegatte das Verfahren neu einleitet. Das funktioniert aber nur, wenn Sie selbst keinen Scheidungsantrag gestellt haben.

Alexander muss die Beiträge für eine private Altersvorsorge jeweils erst am Jahresende entrichten. Er zahlt seinen Beitrag für das Jahr 2017 wie üblich zum 31. Dezember 2017. Im Zuge des Scheidungstermins im Herbst 2017 besteht Helena darauf, dass auch die Anwartschaften für 2017 in den Versorgungsausgleich einbezogen werden. Außerdem möchte sie sämtliche Anwartschaften aus dem Jahr 2004 eingerechnet haben, da Alexander seine jährliche Zahlung nach der Eheschließung geleistet hat.

Es sind sämtliche Anrechte der privaten Altersvorsorge für 2004 in die Berechnung einzubeziehen, nicht jedoch die von 2017. Denn die Anrechte von 2004 hat Alexander in der Ehezeit bezahlt („In-Prinzip"), die von 2017 aber für die Ehezeit („Für-Prinzip"). Die während bestehender Lebensgemeinschaft gezahlten Beiträge sind dem ehelichen Haushalt entzogen worden, während die nach Ende der Ehezeit gezahlten Gelder Alexander entweder erst nach der Ehezeit zugeflossen sind oder bereits über den güterrechtlichen Ausgleich ausgeglichen wurden oder werden konnten.

AUSKUNFTSANSPRÜCHE

Um den Versorgungsausgleich berechnen zu können, muss dem Gericht bekannt sein, über welche Versorgungen die Ehegatten verfügen. Nach § 220 FamFG (Gesetz über das Verfahren in Familiensachen und in den Angelegenheiten der freiwilligen Gerichtsbarkeit) sind die Eheleute sowie die beteiligten Versorgungsträger dem Gericht deshalb zur Auskunft verpflichtet. Ferner bestehen Mitwirkungspflichten, wenn der Versorgungsträger zur Vervollständigung des Rentenverlaufs Angaben oder Unterlagen benötigt. So fordert das Familiengericht den Auskunftpflichtigen zur Mitwirkung auf, falls dieser gegenüber dem Versorgungsträger nicht alle Angaben gemacht hat. Sollte ein Ehegatte seiner Verpflichtung nicht nachkommen, kann das Gericht Zwangsgeld oder Zwangshaft anordnen.

Der Auskunftsanspruch aus § 220 FamFG ist ein verfahrensrechtlicher Auskunftsanspruch, denn das Gericht betreibt das

Versorgungsausgleichsverfahren nicht im eigenen Interesse, sondern im Interesse der Ehegatten. Die Partner können also auch voneinander Auskunft verlangen, etwa um vor dem Scheidungsverfahren eine fundierte Scheidungsfolgenvereinbarung treffen zu können. Sie sind auch dazu berechtigt, Auskünfte vom Versorgungsträger des anderen Ehegatten einzuholen. Allerdings muss dem Versorgungsträger dann dargelegt und gegebenenfalls nachgewiesen werden, dass man sich gegenüber dem Ehepartner vergeblich um Auskünfte bemüht hat. Auch haben die Versorgungsträger gegenüber den Ehegatten des Auskunftspflichtigen eigene Auskunftsrechte. Die Beteiligten sind also nicht allein auf das Gericht angewiesen, um den Versorgungsausgleich zu betreiben. Von dieser Möglichkeit wird in der Praxis allerdings sehr selten Gebrauch gemacht und wenn es geschieht, dann meist mit dem Ziel, Druck auf einen unwilligen Partner auszuüben, wenn man der Auffassung ist, dass das Gericht seine Sanktionsmöglichkeiten nicht in vollem Umfang nutzt.

Vereinbarungen zum Versorgungsausgleich vor der Scheidung sind – abgesehen von reinen Ausschlussvereinbarungen – derzeit noch recht selten. Angesichts der Komplexität der Materie ist das nicht verwunderlich.

EHEZEITANTEIL UND AUSGLEICHSWERT

Die Versorgungsträger teilen gemäß § 5 VersAusglG dem Gericht mit, in welcher Form das ehezeitliche Anrecht begründet wurde und wie hoch es ist. Anrechte können in Form von Entgeltpunkten (gesetzliche Rentenversicherung), Kapitalrückstellungen (private Vorsorge, betriebliche Altersvorsorge) oder Rentenbeträgen (beamtenrechtliche Versorgung) gebildet worden sein. Bei berufsständischen Versorgungen müssen mitgeteilt werden:

- die jeweiligen Leistungszahlen und sonstigen Bezugsgrößen,
- der sogenannte korrespondierende Kapitalwert gemäß § 47 VersAusglG (mehr dazu sogleich) und
- die für die Durchführung des Versorgungsausgleichs maßgebliche Versorgungsordnung.

DER BERECHNUNGSVORSCHLAG DER VERSORGUNGSTRÄGER

An den Vorschlag des Versorgungsträgers zur Berechnung des Versorgungsausgleichs ist das Gericht nicht gebunden. Es wird sich aber, sollten keine Rechenfehler enthalten sein, zumeist daran halten. Eigene Wertungen muss es vornehmen, wenn die Parteien beispielsweise eine Vereinbarung über den Versorgungsausgleich geschlossen haben, ein Anrecht wegen Geringfügigkeit nicht auszugleichen ist oder ein Härtefall gemäß § 27 VersAusglG besteht. Außerdem ist denkbar, dass sich Änderungen während des Verfahrens ergeben (§ 5 Abs. 2 VersAusglG), die sich auf die Berechnung des Versorgungsausgleichs auswirken. So können sich etwa gesetzliche Bestimmungen, Satzungen der Versorgungsträger oder Versorgungsregelungen verändern, ein Ehegatte kann während des Verfahrens in Rente bzw. Pension gegangen sein oder seine Betriebszugehörigkeit beendet haben.

Tipp

Haben Sie ein Interesse daran, in absehbarer Zeit geschieden zu werden, sollten Sie das Versorgungsausgleichsverfahren konstruktiv mitbetreiben und die verlangten Auskünfte baldmöglichst erteilen. Abgesehen davon, dass Sie dadurch Zwangsmaßnahmen verhindern können, beschleunigen Sie auch das Scheidungsverfahren.

ABLAUF DES VERSORGUNGS-AUSGLEICHSVERFAHRENS

In der Praxis wird der Versorgungsausgleich vom Gericht betrieben. Die Beteiligten bleiben passiv, nachdem sie ihre Auskunftspflichten erfüllt haben. Allerdings sollten sie überprüfen, ob die vom anderen Ehegatten erteilten Auskünfte vollständig sind und von den Versorgungsträgern tatsächlich berücksichtigt wurden. Außerdem empfiehlt es sich, die Bestimmung der Ehezeit zu kontrollieren und ein Auge darauf zu haben, dass wirklich nur Anrechte aus dieser Zeit berücksichtigt wurden.

Allein die Auskunftserteilung durch die Deutsche Rentenversicherung kann gut und gern vier bis sechs Monate in Anspruch nehmen. Jede unnötige Korrespondenz mit der Rentenversicherung verzögert das Verfahren noch weiter. Bevor nicht die Berechnungen der Versorgungsträger vorliegen, wird das Gericht keinen Scheidungstermin bestimmen.

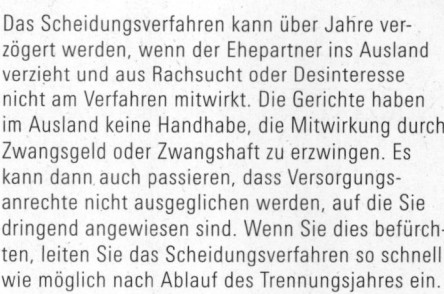

Vorsicht

Das Scheidungsverfahren kann über Jahre verzögert werden, wenn der Ehepartner ins Ausland verzieht und aus Rachsucht oder Desinteresse nicht am Verfahren mitwirkt. Die Gerichte haben im Ausland keine Handhabe, die Mitwirkung durch Zwangsgeld oder Zwangshaft zu erzwingen. Es kann dann auch passieren, dass Versorgungsanrechte nicht ausgeglichen werden, auf die Sie dringend angewiesen sind. Wenn Sie dies befürchten, leiten Sie das Scheidungsverfahren so schnell wie möglich nach Ablauf des Trennungsjahres ein.

BESCHRÄNKUNG UND WEGFALL DES VERSORGUNGSAUSGLEICHS

Alexander hat Helena mit einer anderen Frau betrogen. Als Helena hiervon erfährt, trennt sie sich tief verletzt von Alexander. Im Zuge des Scheidungsverfahrens beruft sie sich auf § 27 VersAusglG und verlangt, dass zur ihren Gunsten von der Halbteilung des Versorgungsausgleichs abgewichen wird. Konkret möchte sie, dass die Kindererziehungszeiten bei der Berechnung unberücksichtigt bleiben. Sie begründet dies auch damit, dass sie sich in Zukunft allein um die gemeinsamen Kinder kümmern muss.

Die Vorschriften des Versorgungsausgleichsgesetzes (VersAusglG) sind in erster Linie abstrakte Berechnungsvorschriften, die weder die konkrete wirtschaftliche Ausgestaltung der ehelichen Lebensgemeinschaft berücksichtigen noch die Ursachen, die zur Auflösung der Ehe geführt haben. Das kann im Einzelfall zu ungerechten Ergebnissen führen. Das Familiengericht kann den

Versorgungsausgleich dann gemäß § 27 VersAusglG ganz oder teilweise ausschließen.

Ein Versorgungsausgleich findet ausnahmsweise nicht statt, soweit er grob unbillig wäre. Dies ist nur der Fall, wenn die gesamten Umstände des Einzelfalls es rechtfertigen, von der Halbteilung abzuweichen. (§ 27 VersAusglG)

Wann wäre der Versorgungsausgleich grob unbillig?

Bei der Bewertung der Unbilligkeit sind sehr strenge Maßstäbe anzusetzen, deutlich strengere als etwa bei der Verwirkung im Unterhaltsrecht. Der Grund hierfür ist schlicht, dass der Unterhalt den jeweils aktuellen Lebensbedarf sichern soll, während der Versorgungsausgleich die Teilhabe der Ehegatten an Vermögenswerten regelt, die während der Ehezeit gemeinsam erwirtschaftet wurden. Diese Vermögenswerte sind zudem die Basis für eine Sicherung des Lebensbedarfs in einer häufig noch fernen Zukunft. Hierüber sollen weder die Beteiligten noch das Gericht ohne Not verfügen können.

Es spielt grundsätzlich keine Rolle, welcher der Partner auf welche Weise zur gemeinsamen Altersvorsorge beigetragen hat. Setzen sich die von einem Ehegatten auszugleichenden Anwartschaften zu einem großen Teil aus Anrechten wegen Kindererziehungszeiten zusammen, ist dies kein Härtefall im Sinne des § 27 VersAusglG. Kindererziehungszeiten und die durch sie gebildeten Versorgungsanwartschaften sind das Resultat der gemeinsamen Lebensgestaltung der Ehegatten und in jeglicher Hinsicht Teil der ehelichen Einstands- und Versorgungsgemeinschaft. Helenas Argument greift also nicht.

Hat sich ein Ehegatte einem anderen Partner zugewandt, ist dies ebenfalls kein ausreichender Härtefall im Sinne des § 27 VersAusglG. Anders könnte es zu bewerten sein, wenn Alexander sich z. B. weder tatsächlich noch durch Unterhaltszahlungen an der gemeinsamen Haushaltsführung beteiligt und es auch nicht als seine Aufgabe angesehen hätte, sich um die Kinder zu kümmern.

Straftaten können zu einer Herabsetzung oder dem Ausschluss des Versorgungsausgleichs führen. Das gilt jedenfalls für Verbrechen oder schwere und vorsätzlich begangene Vergehen gegen den Ehepartner oder einen seiner nahen Angehörigen, wie z. B. eine grobe Verletzung der Unterhaltspflicht.

08

Ein Versorgungsausgleich hat nicht stattzufinden, wenn er nicht zu einer ausgewogenen sozialen Sicherheit der Ehegatten beiträgt, sondern im Gegenteil zu einem erheblichen wirtschaftlichen Ungleichgewicht zulasten des Ausgleichspflichtigen führen würde. Diese Voraussetzungen liegen vor, wenn im Zeitpunkt der Entscheidung über den Versorgungsausgleich klar abzusehen ist, dass der Ausgleichsberechtigte über eine im Verhältnis zum Ausgleichspflichtigen unverhältnismäßig hohe Altersversorgung verfügt, während der Ausgleichspflichtige auf die von ihm ehezeitlich erworbenen Versorgungsanrechte zur Sicherung seines Unterhalts dringend angewiesen ist.

Als Karl Maria heiratet, ist Karl bereits 65 Jahre alt und Rentner. Maria ist 40 Jahre alt und voll erwerbstätig. Die Ehe bleibt kinderlos und scheitert nach fünf Jahren endgültig. Maria verlangt im Rahmen des Scheidungsverfahrens, dass der Versorgungsausgleich ausgeschlossen wird. Es könne nicht sein, dass Karl durch sie mehr Rente erhalte, obwohl er während der Ehe keine Anwartschaften mehr gebildet habe.

Maria empfindet dieses Ergebnis als grob unbillig. In der Tat haben wir hier die Situation, dass Karl als Rentner während der Ehe keine Versorgungsanwartschaften mehr gebildet hat, während Maria im Zuge ihrer Erwerbstätigkeit in die gesetzliche Rentenversicherung eingezahlt hat. Das wird, ganz wie von Maria befürchtet, dazu führen, dass sich im Zuge des Versorgungsausgleichs Karls Rente verbessert, während Maria einseitig Versorgungen verliert. Das für sich genommen ist aber noch nicht unbillig, schon gar nicht in grobem Maße. Dass ein Partner im Versorgungsausgleich ein „Minus" macht, ist vielmehr im System angelegt. Von einem unerträglichen Ergebnis könnte man allenfalls dann sprechen, wenn sich Marias Versorgungssituation deutlich verschlechtern würde, während Karls womöglich sehr hohe Rente sich noch verbessert. Die wirtschaftlichen und persönlichen Lebensumstände der Ehegatten müssen eindeutig zugunsten oder zulasten eines der beiden Ehegatten neigen. Das ist nach dem Fallbeispiel so nicht anzunehmen: Maria hat schon einige Jahre vor der Ehe gearbeitet und wird es auch nach der Scheidung voraussichtlich noch fast zwanzig Jahre tun. Allein die Tatsache, dass Karl Marias ehezeitlichen Anteil nicht benötigt, würde ebenfalls für einen (Teil-)Ausschluss des Versorgungsausgleichs nicht genügen. Ähnliches würde gelten, wenn Karl aufgrund einer Erwerbsunfähigkeit keine Beiträge mehr in die Rentenkasse einzahlen würde.

Was aber, wenn Maria während der Ehe erwerbsunfähig geworden wäre? Dann könnte ein Abfluss von Rentenanwartschaften im Wege des Versorgungsausgleichs ihre eigene Versorgungssituation deutlich verschlechtern, während Karl auf ihre Kosten seine Altersversorgung verbessern würde. Hier könnte man durchaus eine Kürzung des Versorgungsausgleichs zu Marias Gunsten vertreten.

Die schematische Vornahme des Versorgungsausgleichs kann auch unbillig sein, wenn die Ehegatten während der Ehezeit von vornherein keine Lebens- und Versorgungsgemeinschaft gegründet oder diese aufgrund einer langen Trennungszeit bereits aufgegeben haben. Anders als man häufig liest, bedeutet eine lange Trennung nicht automatisch, dass für diese Zeit der Versorgungsausgleich auszuschließen bzw. zu beschränken ist.

08

Alexander und Helena leiten auch sieben Jahre nach ihrer Trennung das Scheidungsverfahren nicht ein. Helena wohnt nach wie vor im gemeinsamen Haus. Sie zahlt lediglich die Nebenkosten und eine sehr moderate „Miete" an Alexander. Alexander befürchtet, dass er bei einer Scheidung für die gesamten Jahre der Trennung anteilig Versorgungsanwartschaften abgeben muss.

Alexanders Sorge ist durchaus berechtigt, denn eine Kürzung des Versorgungsausgleichs kommt nur dann in Betracht, wenn die Eheleute während der Trennungszeit bewusst die eheliche Solidargemeinschaft aufgehoben und sich wie geschiedene Ehegatten wirtschaftlich unabhängig voneinander entwickelt haben. Das ist hier eher nicht der Fall, denn Alexander verlangt von Helena nur eine geringe Nutzungsentschädigung für das Wohnen im gemeinsamen Haus. Damit zeigt er eine Loyalität, die von geschiedenen Ehegatten nicht zu erwarten ist. Ein Gericht könnte hier den Standpunkt vertreten, dass Alexander und Helena auch während der Trennung noch einen Rest ehelicher Solidarität aufrechterhalten haben.

Gleiches würde gelten, wenn Alexander die ganze Zeit Trennungsunterhalt gezahlt hätte. Wäre Helena hingegen nach der Trennung vollschichtig erwerbstätig gewesen und hätte sie allein von ihrem Gehalt gelebt, hätten sie und Alexander faktisch wie Geschiedene nebeneinander her gelebt. Hier könnte man durchaus eine Kürzung des Versorgungsausgleichs zu Alexanders Gunsten vertreten. Voraussetzung bliebe aber, dass Alexander für die Trennungszeit in erheblichem Maße Versorgungsanrechte an Helena abgeben muss.

§ 27 VersAusglG soll unerträgliche Ergebnisse verhindern, keine bloßen Ärgernisse.

VEREINBARUNGEN ZUM VERSORGUNGS-AUSGLEICH

REGELUNGSBEFUGNISSE DER EHEGATTEN

Nach § 6 VersAusglG können die Ehegatten bis zum Scheidungstermin ihren Versorgungsausgleich im Zuge einer Scheidungsfolgenvereinbarung mitregeln, ihn ganz oder teilweise ausschließen oder ihn dem schuldrechtlichen Versorgungsausgleich zuweisen.

Verzicht mit Gegenleistung

Recht häufig sind Regelungen, in denen der Ausgleichsberechtigte auf die Durchführung des Versorgungsausgleichs verzichtet und dafür eine gewisse Gegenleistung erhält.

Teilausschluss

Möglich ist auch ein Teilausschluss des Versorgungsausgleichs abhängig von bestimmten zeitlichen Kriterien, von bestimmten Ereignissen oder beschränkt auf bestimmte Anrechte.

Verzicht ohne Gegenleistung

Der vollständige und gegenleistungslose Verzicht wird seltener und nur dann vereinbart, wenn die Ehegatten nicht auf die Anrechte des anderen angewiesen sind und sie von ihnen nicht profitieren wollen. Meist sind das Fälle, in denen es offensichtlich ist, dass der Ausgleichswert ohnehin nur relativ niedrig ausfallen wird. Voraussehen lässt sich das häufig dann, wenn die Ehegatten erst in fortgeschrittenem Alter geheiratet und schon einen Großteil ihrer Rentenanwartschaften erwirtschaftet haben. Auch jüngere Ehepaare entscheiden sich oft für einen völligen Ausschluss des Versorgungsausgleichs, wenn sie bei Rechtshängigkeit des Scheidungsantrags vergleichsweise kurz, aber eben länger als drei Jahre (§ 3 Abs. 3 VersAusglG) verheiratet waren und den maßgeblichen Teil ihres Erwerbslebens noch vor sich haben.

Die Ehegatten dürfen keine Vereinbarungen treffen, die sich auf die Berechnung der Ehezeit auswirken, da dies die Berechnung der Anrechte verfälschen würde.

Sie dürfen auch nicht gegen maßgebliche Regeln der Versorgungsträger verstoßen, etwa durch ein sogenanntes Supersplitting: Gemeint ist damit, dass ein Ausgleichspflichtiger mit mehreren verschiedenen Rentenansprüchen mit dem Berechtigten eine Vereinbarung trifft, nach der der Berechtigte von dem einen Anrecht mehr bekommt als durch den Versorgungsausgleich geschuldet und dafür auf andere Ansprüche verzichtet. Eine solche Regelung kann für beide sinnvoll sein, ist aber häufig nicht zulässig.

Regelverstoß durch
Supersplittung

08

Jakub hat Anrechte von je 1.000 Euro bei der Deutschen Rentenversicherung, von denen er 800 Euro während der Ehe erwirtschaftet hat. Er muss seiner Frau Ursula also 400 Euro abgeben. Ferner hat er während der Ehe polnische Anrechte von 500 Euro erwirtschaftet, von denen er Ursula 250 Euro abgeben müsste. Schließlich verfügt er über eine betriebliche Altersvorsorge über 800 Euro, von der Ursula 400 Euro beanspruchen kann. Jakub und Ursula einigen sich ehevertraglich, dass Ursula zusätzlich zu den ohnehin geschuldeten 400 Euro weitere 250 Euro aus der deutschen Rentenversicherung erhalten soll und im Gegenzug auf Ausgleich der polnischen Anrechte verzichtet.

Die von Ursula und Jakub getroffene Regelung ist unwirksam, da sie gegen die „maßgeblichen Regelungen" verstößt. Über Anrechte in der gesetzlichen Rentenversicherung können die Ehegatten nämlich nicht frei verfügen. Insbesondere dürfen sie dem anderen nie mehr als die Hälfte der bei diesem Versorgungsträger in der Ehezeit erworbenen Anrechte übertragen. Anders kann dies bei Anrechten privater oder betrieblicher Versorgungsträger sein: Jakub könnte durchaus mit dem Träger seiner betrieblichen Altersvorsorge vereinbaren, dass dieser für Ursula Anrechte im Wert von insgesamt 650 Euro begründet und Ursula könnte dann ehevertraglich auf den Ausgleich der polnischen Anrechte verzichten.

DIE KONTROLLE DER VEREINBARUNG DURCH DAS GERICHT

Kontrolle der formellen Voraussetzungen

Das Gericht muss im Zuge des Scheidungsverfahrens zunächst überprüfen, ob die formellen Wirksamkeitsvoraussetzungen erfüllt sind. Gemäß § 7 VersAusglG sind Vereinbarungen zum Versorgungsausgleich bis zur Rechtskraft der gerichtlichen Entscheidung nur in notarieller Form möglich; werden sie danach getroffen, bedürfen sie keiner besonderen Form. Es ist auch möglich, die Vereinbarungen vor Gericht zu treffen, das dann gemäß § 127 a BGB die Funktion eines Notars wahrnimmt.

Kontrolle der materiellen Voraussetzungen

Ferner hat das Gericht eine Inhalts- und Ausübungskontrolle durchzuführen, also die materiell-rechtliche Wirksamkeit zu überprüfen (vgl. § 8 VersAusglG). Unter „Inhalts- und Ausübungskontrolle" versteht man die Prüfung, ob eine Regelung so wie sie einmal getroffen wurde und so wie sie sich im Versorgungsfall auswirkt, einen der Vertragspartner unangemessen benachteiligt. Die Altersvorsorge ist für die meisten Betroffenen dermaßen wichtig, dass Vereinbarungen über den Versorgungsausgleich recht schnell in den sogenannten Kernbereich des Scheidungsfolgenrechts eingreifen und damit sittenwidrig werden können. Hiervon ist dann auszugehen, wenn die Regelung zum Versorgungsausgleich eine offensichtlich einseitige und durch die individuelle Gestaltung der ehelichen Lebensverhältnisse nicht gerechtfertigte Lastenverteilung darstellt.

> Eine Vereinbarung über den Versorgungsausgleich ist sittenwidrig, wenn sie die Lasten einseitig so verteilt, dass dies der individuellen Gestaltung der ehelichen Lebensverhältnisse nicht gerecht wird.

Während der Ehe kann beispielsweise Unvorhergesehenes passiert sein, etwa eine nicht geplante Schwangerschaft, eine schwere Krankheit oder der Verlust eines Arbeitsplatzes. Die Ehegatten sollen auch und gerade in solch schweren Zeiten füreinander einstehen. Die Anwendung des Vertrages und der ersatzlose Wegfall des Versorgungsausgleichs würde dem nicht hinreichend Rechnung tragen.

Auch die Umstände des Vertragsschlusses können auf eine ungleiche Lastenverteilung hindeuten:

08

Als Helena mit David schwanger ist, schließen Alexander und sie beim Notar den Versorgungsausgleich vollständig aus.

Der Vertrag wird einer Inhaltskontrolle vermutlich nicht standhalten. Schon bei Vertragsschluss ist absehbar, dass die Kinderbetreuung Helenas Erwerbsaussichten und damit ihre Altersvorsorge in absehbarer Zeit schmälern wird. Die wegen Kinderbetreuungszeiten gutgeschriebenen Anwartschaften können diesen Verlust nicht vollständig kompensieren. Ein Gericht muss davon ausgehen, dass Helena entweder die Risiken für ihre Altersvorsorge durch den Ausschluss eines Versorgungsausgleichs nicht richtig eingeschätzt oder aber sich dem Druck ihres Ehemannes gebeugt hat.

Vorsicht
In der Praxis nehmen die Gerichte nach der bisherigen Erfahrung eine wirkliche Inhalts- und Ausübungskontrolle nur dann vor, wenn einer der Ehegatten im Zuge des Scheidungsverfahrens Bedenken gegen die Regelung geäußert hat.

DIE DURCHFÜHRUNG DES AUSGLEICHS

INTERNE UND EXTERNE TEILUNG

Nach §§ 10 ff. VersAusglG sind die ehezeitlichen Anrechte der Ehegatten primär im Wege der sogenannten internen Teilung auszugleichen. Interne Teilung bedeutet, dass beim Versorgungsträger des Ausgleichspflichtigen für den berechtigten Ehegatten ein neues Anrecht begründet wird, und zwar zulasten des Anrechts des Ausgleichspflichtigen. Das neue Anrecht des berechtigten Ehegatten entspricht in Wert und Dynamik dem Anrecht des Verpflichteten. Für den Versorgungträger ist dies mit einigem Aufwand verbunden: Er muss Auskünfte über den Versorgungsausgleich erteilen und die auszugleichenden Anrechte berechnen. Er muss ferner ein neues Versorgungskonto einrichten und erhält so mit dem ausgleichsberechtigten Ehepartner

Interne Teilung

einen neuen Gläubiger, dem er genauso verpflichtet ist wie dem eigentlichen Versorgungsnehmer.

Während die Mitwirkung am Versorgungsausgleichsverfahren und die Einrichtung eines neuen Kontos vom Versorgungsträger selbst zu finanzieren sind, werden die Verwaltungskosten im Zuge des Versorgungsausgleichs pauschal auf die beteiligten Ehegatten umgelegt. Nach § 13 VersAusglG kann der Versorgungsträger die Kosten jeweils hälftig mit den Anrechten beider Ehegatten verrechnen. Der Kostenabzug muss angemessen sein und unterliegt daher der Kontrolle des Familiengerichts (§ 220 Abs. 4 FamFG).

Externe Teilung

Von einer externen Teilung (§ 14 VersAusglG) spricht man, wenn das Familiengericht für die ausgleichsberechtigte Person zulasten des Anrechts der ausgleichspflichtigen Person ein Anrecht in Höhe des Ausgleichswerts bei einem anderen Versorgungsträger begründet als demjenigen, bei dem das Anrecht der ausgleichspflichtigen Person entstanden ist.

Durchgeführt wird die externe Teilung nur dann, wenn

- der Ausgleichsberechtigte und der Versorgungsträger des Verpflichteten dies vereinbart haben oder
- die externe Teilung gemäß § 14 Abs. 2 Nr. 2 VersAusglG einseitig verlangt werden kann.

Der Berechtigte darf gemäß § 15 Abs. 1 VersAusglG selbst einen geeigneten Versorgungsträger auswählen und der Versorgungsträger des Ausgleichsverpflichteten wird den bereitgehaltenen Kapitalbetrag in diese Zielversorgung einzahlen. Das Gericht setzt hierzu eine angemessene Frist (§ 222 FamFG). Übt der Verpflichtete sein Wahlrecht nicht aus, wird ihm mit dem Ausgleichskapital ein Anrecht in der gesetzlichen Rentenversicherung begründet oder – bei Anrechten im Sinne des Betriebsrentengesetzes – in der 2010 gegründeten Versorgungsausgleichskasse (vgl. § 15 Abs. 5 Satz 2 VersAusglG). Diese Kasse ist anders als die gesetzliche Rentenversicherung kapitalgedeckt und bietet bei der externen Teilung von Anrechten der betrieblichen Altersvorsorge ähnlich günstige Bedingungen wie die Ausgleichsversorgung.

08

SCHULDRECHTLICHER VERSORGUNGSAUSGLEICH

Sind Anrechte (noch) nicht ausgleichsreif, fallen sie nicht völlig unter den Tisch, sondern werden dem schuldrechtlichen Versorgungsausgleich unterworfen.

(Noch) nicht ausgleichsreife Anrechte

Nach § 9 VersAusglG sind normalerweise alle Anrechte auszugleichen. Lediglich folgende Anrechte sind ausgenommen:

- Anrechte, über die sich die Eheleute bereits geeinigt haben,
- Anrechte, deren Ausgleich gemäß § 27 VersAusglG grob unbillig wäre, und
- Anrechte, die noch nicht ausgleichsreif im Sinne von § 19 VersAusglG sind (dazu gleich mehr).

Ferner muss das Familiengericht prüfen, ob einzelne ehezeitliche Anrechte für sich genommen oder bei einer Verrechnung zu einem zu geringen Differenzwert führen, denn in diesem Fall soll es von einem Ausgleich absehen.

Ein Anrecht ist gemäß § 19 VersAuglG nicht ausgleichsreif,

1. wenn es dem Grund oder der Höhe nach nicht hinreichend verfestigt ist, insbesondere als noch verfallbares Anrecht im Sinne des Betriebsrentengesetzes,
2. soweit es auf eine abzuschmelzende Leistung gerichtet ist,
3. soweit sein Ausgleich für die ausgleichsberechtigte Person unwirtschaftlich wäre oder
4. wenn es bei einem ausländischen, zwischenstaatlichen oder überstaatlichen Versorgungsträger besteht.

Verfallbare Anrechte im Sinne des Betriebsrentengesetzes

Die Frage der Verfallbarkeit stellt sich in der Praxis vor allem in Bezug auf Betriebsrenten. In den Genuss einer betrieblichen Altersvorsorge sollen nämlich grundsätzlich nur Arbeitnehmer kommen, die für eine gewisse Zeit dem Unternehmen angehört haben. Grundsätzlich können eingezahlte Beträge verfallen, wenn das Arbeitsverhältnis vor dem Versicherungsfall beendet wird oder der Arbeitgeber die Versorgungszusage widerrufen hat. Sind die betrieblichen Anwartschaften durch den Arbeitgeber finanziert worden, tritt Unverfallbarkeit erst mit fünfjähriger Beschäftigungsdauer ein und wenn der Arbeitnehmer mindestens 25 Jahre alt ist.

Anders bei einer durch „Entgeltumwandlung" finanzierten Altersvorsorge: Hier ist die Anwartschaft von Anfang an unverfallbar und der Arbeitnehmer hat ein sofortiges Bezugsrecht. Wenn bei diesen Anrechten im Zuge des Scheidungsverfahrens noch nicht feststeht, ob der Ausgleichsverpflichtete sie einmal tatsächlich beziehen wird, dürfen sie auch nicht dem Versorgungsausgleich unterliegen.

Anrechte bei ausländischen Versorgungsträgern

Auch Anrechte, die bei ausländischen, zwischenstaatlichen oder überstaatlichen Versorgungträgern bestehen, können nicht dem Versorgungsausgleich unterworfen werden (oben Nr. 4). Die ausländischen Versorgungträger würden sich bedanken, wenn ein fremdes Gericht sie verpflichten könnte, Leistungen auf Lebenszeit an einen ausländischen Berechtigten abzutreten. Ausländische Versorgungsanrechte können daher nur im Rahmen des schuldrechtlichen Versorgungsausgleichs berücksichtigt werden: Entweder der Berechtigte muss seine ausländischen Anrechte „schuldrechtlich" an den Verpflichteten ausgleichen oder aber es wird zum Ausgleich für nicht ausgleichbare ausländische Versorgungen ein entsprechender Teil der in Deutschland begründeten Anrechte des anderen Partners in den schuldrechtlichen Versorgungsausgleich verwiesen.

Schuldrechtlicher Versorgungsausgleich

Beim schuldrechtlichen Versorgungsausgleich werden die Anrechte nicht wie üblich beim Versorgungsträger begründet, son-

08

dern der Berechtigte muss dem Verpflichteten ausnahmsweise persönlich dessen Anteil an den Anrechten auszahlen (§ 20 VersAusglG). Dazu muss der ausgleichspflichtige Ehegatte die Versorgung natürlich erst einmal selbst beziehen. Auch der ausgleichsberechtigte Ehegatte muss entweder die Altersgrenze in der gesetzlichen Rentenversicherung erreicht haben oder erwerbs- bzw. dienstunfähig sein. Schuldrechtliche Ausgleichsrentenzahlungen sind nicht mit Unterhaltszahlungen zu verwechseln, auch wenn sie diesen äußerlich gleichen, insbesondere ebenfalls monatlich im Voraus zu erbringen sind.

Das Familiengericht entscheidet gemäß § 223 FamFG auf Antrag über die Höhe der schuldrechtlichen Ausgleichsrente. Diese entspricht dem Bruttobetrag des Ausgleichswerts, bereinigt um die Aufwendungen für die gesetzliche Kranken-und Pflegeversicherung und vergleichbare Aufwendungen.

Höhe der Ausgleichsrente

Um zu verhindern, dass er durch den schuldrechtlichen Versorgungsausgleich noch lange nach Ende der Ehe an den Ausgleichspflichtigen „gebunden" bleibt, kann der berechtigte Ehegatte vom Verpflichteten gemäß § 23 VersAusglG die Zahlung einer einmaligen Abfindung verlangen: Sofern es dem Verpflichteten wirtschaftlich zumutbar ist, muss er dem Berechtigten als Einmalzahlung oder aber ratenweise das Kapital zur Verfügung stellen, das dieser zur Begründung oder zum Ausbau eines Anrechts in Form einer Rente wegen Alters und Invalidität benötigt. Die Höhe des Abfindungsbetrages richtet sich nach dem tatsächlichen bzw. korrespondierenden Kapitalwert des schuldrechtlich auszugleichenden Anrechts. Dieser Wert ist nach bestimmten Tabellen auf den Zeitpunkt der Abfindungszahlung hochzurechnen. Der Berechtigte

Kapitalabfindung statt Rente

Tipp

Die Vereinbarung einer Kapitalabfindung bietet sich insbesondere bei ausländischen Anrechten an, da es im Einzelfall sehr schwierig sein kann, die im Rentenfall tatsächlich geschuldeten Anrechte berechnen zu lassen. Außerdem müsste man die Zwangsvollstreckung in das Anrecht betreiben, falls der geschiedene Ehegatte sich weigert, die geschuldeten Anrechte auszuzahlen. Dies ist in der Praxis oft nahezu unmöglich.

kann nicht verlangen, dass das Geld direkt an ihn ausgezahlt wird, sondern nur, dass die Zahlung an eine geeignete Versorgungseinrichtung erfolgt, die er frei wählen kann.

Ausgleichsrente

Stirbt der Ausgleichspflichtige, hat der Ausgleichsberechtigte unter gewissen Voraussetzungen gemäß § 25 VersAusglG Anspruch auf Zahlung einer Ausgleichsrente gegen den Versorgungsträger des Pflichtigen. Dies kommt nicht mehr in Betracht, wenn der Berechtigte nach der Scheidung neu geheiratet hat und die Versorgungsregelung des Versorgungsträgers des Ausgleichsverpflichteten eine sogenannte Wiederverheiratungsklausel enthält. Die Höhe der Leistung richtet sich nach der Rente, die der ausgleichspflichtige Ehegatte zum Zeitpunkt seines Todes hätte zahlen müssen.

SPÄTERE VERÄNDERUNGEN DES VERSORGUNGSAUSGLEICHS

Erhebliche Veränderung der ausgeglichenen Anrechte

Unter bestimmten Umständen können die Ehegatten beim Familiengericht beantragen, dass dieses die rechtskräftige Entscheidung über den Versorgungsausgleich abändert. Das ist – ähnlich wie im Unterhaltsrecht – denkbar, wenn die ausgeglichenen Anrechte sich später so erheblich verändern, dass sich der Ausgleichsbetrag um mehr als 10 % nach oben oder unten verändert. Aktuell kommt das häufiger vor, weil die kinderbetreuende Ehefrau eine höhere Mütterrente erhält.

Wenn der Ausgleichspflichtige vor dem Berechtigten in Rente geht

Wenn der Ausgleichsverpflichtete vor dem Berechtigten in Rente geht, wird die Rente des Verpflichteten wegen des Versorgungsausgleichs gekürzt, obwohl der andere noch keine Rente bezieht. Wenn der Verpflichtete aber bis zum Renteneintritt Unterhalt zahlen musste und dieser nun infolge der Einkommensverringerung gekürzt würde, kommt eine Anpassung des Versorgungsausgleichs nicht in Betracht. Der Verpflichtete kann dann beim Familiengericht beantragen, dass der Versorgungsausgleich wegen der Unterhaltszahlung ganz oder teilweise so lange unterbleibt, bis auch der andere in Rente geht.

Falls der Ausgleichsberechtigte vor dem Renteneintritt stirbt oder falls er stirbt, bevor er 36 Monate lang die durch den Ausgleich erhöhte Versorgung bezogen hat, kann der Verpflichtete beantragen, dass der Versorgungsausgleich doch nicht durchgeführt und die Rente oder Pension ungekürzt bezahlt wird. Dieser Antrag ist beim Versorgungsträger zu stellen, nicht beim Familiengericht.

Wenn der Ausgleichsberechtigte stirbt

08

09

ZUGEWINNAUSGLEICH UND AUSEINANDERSETZUNG EINER GÜTERGEMEINSCHAFT

Wenn eine Zugewinngemeinschaft endet, kann der Ehegatte, der während der Ehe weniger Vermögen hinzuerlangt hat, vom anderen einen Ausgleich in Geld verlangen. Um den Anspruch beziffern zu können, muss ermittelt werden, welches Vermögen bei Beginn der Ehe, bei der Trennung und bei Rechtshängigkeit des Scheidungsantrags vorhanden war. Mit dem Zugewinnausgleich sind sämtliche Vermögensentwicklungen während der Ehe abgefunden, nur in Ausnahmefällen kommen zusätzlich noch zivilrechtliche Ausgleichsansprüche in Betracht. Hatten sich die Ehegatten für die Gütergemeinschaft entschieden, müssen sie mit deren Ende das gemeinsame Vermögen auseinandersetzen.

KURZ & BÜNDIG

- **Stichtage:** Zur Zugewinnberechnung müssen die Vermögensmassen zu drei Stichtagen ermittelt werden: zu Beginn der Ehe (Anfangsvermögen), bei Trennung und bei Rechtshängigkeit des Scheidungsantrags (Endvermögen).

- **Zugewinnausgleichsanspruch:** Der Zugewinn ist die Differenz von Endvermögen und Anfangsvermögen. Der Partner mit dem höheren Zugewinn muss dem anderen die Hälfte der Differenz als Ausgleich zahlen.

- **Erbschaften und Schenkungen:** Zuwendungen von Dritten, insbesondere Erbschaften, sind nicht Gegenstand des Zugewinnausgleichs. Sie werden fiktiv dem Anfangsvermögen hinzugerechnet.

- **Doppelverwertungsverbot:** Vermögenswerte, die Gegenstand des Zugewinnausgleichs sind, dürfen nicht zusätzlich beim Unterhalt oder Versorgungsausgleich berücksichtigt werden.

- **Gütergemeinschaft:** Endet eine Gütergemeinschaft, wird das Gemeinschaftsgut hälftig aufgeteilt. Sonder- und Vorbehaltsgut stehen dem jeweils berechtigen Ehegatten allein zu.

DER ZUGEWINNAUSGLEICH

Alexander und Helena haben 2004 geheiratet. Das Haus, in dem beide bis zu ihrer Trennung im Jahr 2016 gewohnt haben, gehörte Alexander schon vor der Ehe. Helena hatte zu Beginn der Ehe kein Vermögen. Bei Einreichung des Scheidungsantrags ist das Hausgrundstück insgesamt 300.000 Euro wert, bei Eheschließung war es noch mit Darlehen von 200.000 Euro belastet. Diese haben die beiden im Laufe der Ehe komplett abbezahlt. Helena hat sich an den Darlehensraten beteiligt und einmal 50.000 Euro in das Grundstück investiert. 2012 hat Alexander ihr das halbe Grundstück übertragen. Sie haben ein gemeinsames Konto, auf dem sich 10.000 Euro befinden, und ein gemeinsames Auto im Wert von 10.000 Euro. Weiteres nennenswertes Vermögen haben sie nicht.

Lassen sich die Ehegatten scheiden oder vereinbaren sie ehevertraglich Gütertrennung oder Gütergemeinschaft, endet der gesetzliche Güterstand und es können Zugewinnausgleichsansprüche entstehen.

SINN UND ZWECK DES ZUGEWINNAUSGLEICHS

Mit dem Zugewinnausgleich wird in wirtschaftlicher Hinsicht ein Schlussstrich unter die Vermögensgestaltung während der ehelichen Lebensgemeinschaft gezogen. Der Gesetzgeber will nicht, dass die Ehegatten am Ende der Ehe sämtliche wirtschaftlichen Verfügungen, Gewinne und Verluste gegeneinander aufrechnen, denn das wäre regelmäßig mit gegenseitigen Vorhaltungen verbunden. Er geht vielmehr davon aus, dass die Ehepartner ihre eheliche Lebensgemeinschaft eigenverantwortlich gestalten und ihre Risiken im Blick haben. Ausgangspunkt ist, dass die Beiträge der Ehegatten zur ehelichen Lebensgemeinschaft gleichwertig sind. Es ist also gleichgültig, welcher Ehegatte arbeiten gegangen ist und welcher sich um die Kinder gekümmert, wer welche Schulden beglichen, wer welchen Urlaub bezahlt und wer wann im Lotto gewonnen hat. Die monatliche Haushaltskasse, von der die Ehegatten gelebt haben, gilt als gemeinsam verdient. Der Zugewinn jedes Ehegatten gilt ebenso als gemeinsam erwirtschaftet wie die Altersvorsorge, die jeder Ehegatte während der Ehezeit angespart hat.

WIE GERECHNET WIRD

Zugewinn ist der Betrag, um den das Endvermögen eines Ehegatten das Anfangsvermögen übersteigt.

Als Vermögen bezeichnet man alles von Geldwert, seien dies Sachen (z. B. Immobilien, Kraftfahrzeuge, Bargeld) oder Rechtspositionen (z. B. Wertpapiere, Darlehensforderungen, Wohnungsrechte). Bei Vermögenswerten, die der Altersvorsorge dienen, muss man differenzieren. Ehezeitliche Versorgungsanrechte, über die bereits der Versorgungsausgleich stattfindet, sind dem güterrechtlichen Ausgleich entzogen. Problematisch sind Kapitallebensversicherungen. Ob sie güterrechtlich ausgeglichen werden oder im Versorgungsausgleich, kommt auf ihre Gestaltung an. Anrechte der betrieblichen Altersvorsorge etwa sind zwar häufig Kapitallebensversicherungen, unterfallen aber dennoch dem Versorgungsausgleich. Dazu mehr oben auf S. 154.

Hat sich die Vermögenslage eines Ehegatten während der Ehe verschlechtert oder ist sie – kaum vorstellbar – exakt konstant geblieben, hat er keinen Zugewinn gemacht.

Ausgleich bedeutet: Wenn der Zugewinn des einen Ehegatten den Zugewinn des anderen übersteigt, kann letzterer die Hälfte des Überschusses für sich beanspruchen.

Die Zugewinngemeinschaft und ihre Beendigung durch Scheidung

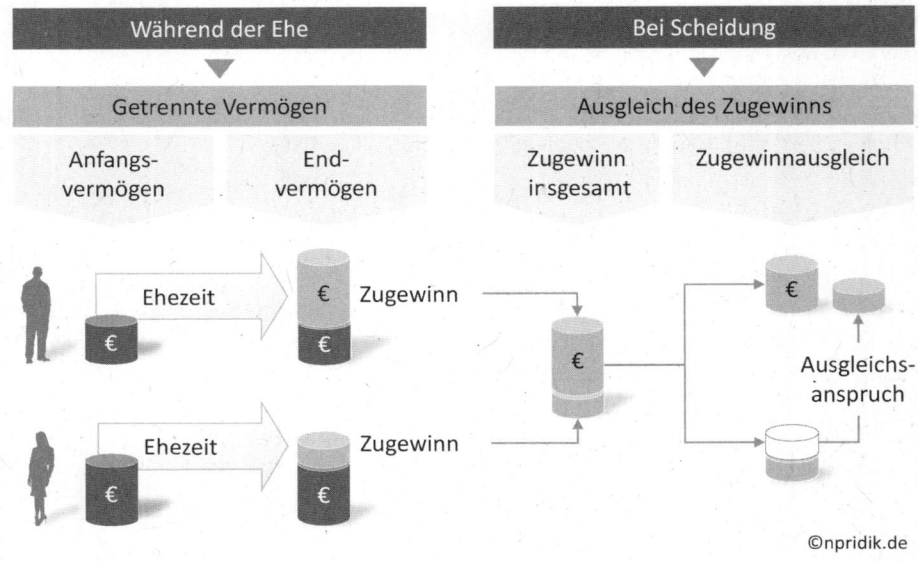

©npridik.de

Anfangsvermögen

Das Anfangsvermögen umfasst alle Vermögenswerte abzüglich der Schulden, die ein Ehegatte mit in die Ehe bringt.

Stichtag der Berechnung des Anfangsvermögens ist der Tag der standesamtlichen Eheschließung oder der Tag des Vertragsschlusses, wenn die Ehegatten im Laufe ihrer Ehe einen Ehevertrag schließen. Man kann in einem Ehevertrag nicht willkürlich den Stichtag verändern, doch ist es natürlich möglich, im Laufe der Ehe mehrfach den Güterstand zu wechseln. Stichtag für das Anfangsvermögen wäre dann der Tag, zu dem erneut die Zugewinngemeinschaft gelten soll, frühestens der Tag der Vertragsunterzeichnung. Die Verbindlichkeiten sind bei der Berechnung des Anfangsvermögens über die Höhe des Vermögens hinaus abzuzie-

09

hen. Es gibt also auch negatives Anfangsvermögen. Dadurch kann sich im Zugewinnausgleich auch niederschlagen, wenn ein Ehegatte während der Ehe Schulden getilgt und dadurch seine Vermögensbilanz verbessert hat. Das ist durchaus sinnvoll, denn letztlich macht es keinen Unterschied, ob ein Ehegatte sein Aktivvermögen um 100.000 Euro steigert oder im Laufe der Ehe 100.000 Euro Schulden begleicht. Häufig ist letzteres für ihn sogar wirtschaftlich bedeutsamer.

In unserem Beispiel verfügte Alexander bei Eheschließung über das Hausgrundstück im Wert von 300.000 Euro, das mit Schulden von 200.000 Euro belastet war. Er hatte also ein Anfangsvermögen von 100.000 Euro. Helena ist ohne Vermögen in die Ehe gestartet.

Endvermögen ist das Vermögen, das einem Ehegatten nach Abzug der Verbindlichkeiten bei der Beendigung des Güterstands gehört.

Endvermögen

Alexander ist zum Stichtag nur noch Eigentümer des halben Grundstücks (150.000 Euro), weil er Helena die Hälfte zugewandt hat. Ferner ist er Eigentümer des halben Haushaltskontos (5.000 Euro) und des halben gemeinsamen Pkw (ebenfalls 5.000 Euro). Sein Endvermögen übersteigt das Anfangsvermögen um 60.000 Euro.

Helena ist ebenfalls hälftige Eigentümerin des Grundstücks, des Pkw und des Kontos (160.000 Euro). Weil sie ohne Anfangsvermögen in die Ehe gestartet ist, beträgt ihr Zugewinn 160.000 Euro.

Übersteigt der Zugewinn des einen Ehegatten den Zugewinn des anderen, so steht die Hälfte des Überschusses dem anderen Ehegatten als Ausgleichsforderung zu

Ausgleichsforderung

Helenas Zugewinn beträgt 160.000 Euro, der von Alexander 60.000 Euro. Die Hälfte der Differenz von 100.000 Euro, also 50.000 Euro, steht Alexander als Zugewinnausgleich zu. Helena bekommt keinen gesonderten Ausgleich dafür, dass sie 50.000 Euro in Alexanders Haus investiert hat. Das ist nach der Rechtsprechung auch nicht ungerecht:

- Hätte sie die 50.000 Euro behalten, müsste sie dafür ebenfalls Zugewinnausgleich bezahlen.
- Sie hat die 50.000 Euro aber nicht auf ihrem Konto belassen oder ausgegeben, sondern damit Alexanders Vermögen vermehrt. Ein Teil des Geldes ist allerdings im Wege der Zugewinnbilanz wieder an sie zurückgeflossen.
- Alexander hat ihr die Hälfte seines von ihr mit abbezahlten Grundstücks übertragen. Im Wege des Zugewinnausgleichs fließt nur die Hälfte des Grundstückswerts wieder an ihn zurück, der Rest verbleibt bei Helena. Sie hat also die 50.000 Euro gewissermaßen in ihre eigene Immobilie investiert.

Es ist nicht erforderlich, dass man seine Investitionen im Scheidungsfall 1:1 wieder zurückerhält. Selbst wenn Helena von den 50.000 Euro gar nichts zurückerhielte, wäre das noch hinnehmbar. Sie hat schließlich einige Jahre in der Immobilie mit gewohnt.

Alexander und Helena können natürlich auch unabhängig vom güterrechtlichen Ausgleich vereinbaren, dass Helena ihre Investition zurückerhält. Es müsste aber daran gedacht werden, dass die Forderungen aus solch einem Vertrag geldwerte Ansprüche auslösen, die ihrerseits im Zugewinnausgleich berücksichtigt werden müssen. Um unerwünschte Ergebnisse zu vermeiden, sollte man sich vor einer solchen Vereinbarung anwaltlich beraten lassen.

BESONDERHEITEN BEIM ANFANGSVERMÖGEN

Anna hat zu Beginn der Lebenspartnerschaft 10.000 Euro Schulden. Irini verfügt über ein Anfangsvermögen von 14.000 Euro. Am Ende hat Anna ein Vermögen von 15.000 Euro und Irini hat ein Vermögen von 18.000 Euro.

Negatives Anfangs-vermögen

09

Annas Endvermögen übersteigt ihr Anfangsvermögen um 25.000 Euro, Irini hat 4.000 Euro hinzugewonnen. Annas Zugewinn übersteigt Irinis Zugewinn also um 21.000 Euro. Anna muss an Irini 10.500 Euro bezahlen.

Prinzip des Zugewinnausgleichs bei negativem Anfangsvermögen

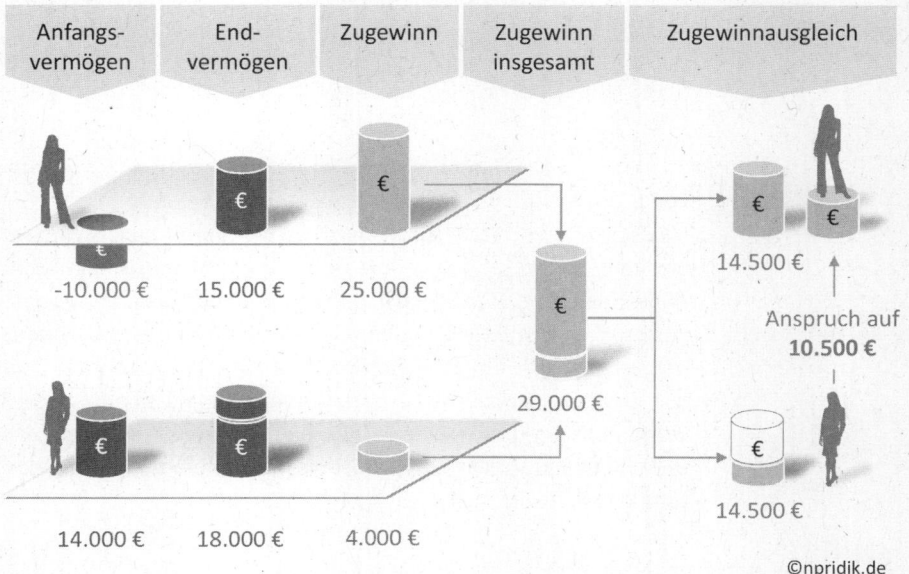

Anfangs-vermögen	End-vermögen	Zugewinn	Zugewinn insgesamt	Zugewinnausgleich
-10.000 €	15.000 €	25.000 €		14.500 €
			29.000 €	Anspruch auf 10.500 €
14.000 €	18.000 €	4.000 €		14.500 €

©npridik.de

Hätte Anna am Ende der Lebenspartnerschaft dagegen nicht 15.000 Euro, sondern nur 2.000 Euro, betrüge ihr Zugewinn 12.000 Euro. Irinis Zugewinn läge immer noch bei 4.000 Euro. Annas Zugewinn überstiege in diesem Fall Irinis Zugewinn deutlich, und zwar um 8.000 Euro. Anna müsste Irini also 4.000 Euro bezahlen. Da sie nur über 2.000 Euro verfügt, würde der Zugewinn auf 2.000 Euro gekürzt. Die rechtliche Grundlage dafür findet sich in § 1378 Abs. 2 BGB:

Die Höhe der Ausgleichsforderung wird durch den Wert des Vermögens begrenzt, das nach Abzug der Verbindlichkeiten bei Beendigung des Güterstands vorhanden ist. (§ 1378 Abs. 2 BGB)

Indexierung

Inga und Sven haben am 1. Mai 1980 geheiratet. Inga ist ohne Vermögen in die Ehe gegangen, Sven hatte einen Sparvertrag im Wert von damals 80.000 DM. Bei Rechtshängigkeit des Scheidungsantrags am 1. Juli 2016 hat Inga ein Vermögen von 40.000 Euro. Svens Vermögen beträgt 100.000 Euro.

Im Zugewinnausgleich sollen nur „echte" Vermögenszuwächse ermittelt und ausgeglichen werden. Svens 80.000 DM im Zeitpunkt der Heirat waren angesichts der damaligen Lebenshaltungskosten mehr „wert" als heute, da die Veränderung der Lebensverhältnisse und die Teuerungsraten eine stetige Geldentwertung mit sich bringen. Um die wirkliche Differenz von Anfangs- und Endvermögen zu ermitteln, muss der Wert des Anfangsvermögens der Ehegatten auf die Wertverhältnisse zum Stichtag der Bewertung des Endvermögens hochgerechnet werden.

Hierzu zieht man in der Praxis Indextabellen heran, die vom Statistischen Bundesamt ermittelt werden, z. B. den allgemeinen Verbraucherpreisindex oder den älteren Index eines 4-Personen-Arbeitnehmerhaushalts. Es gibt keinen einheitlichen Index, der seit Beginn der Statistik fortgeführt worden wäre. Seit dem Jahr

2002 wird nur noch der allgemeine Verbraucherpreisindex veröffentlicht. In der Praxis rechnet man daher mit einer Kette von Indizes: Zunächst wird das Anfangsvermögen (bei Heirat vor dem 1. Januar 1962) auf Januar 1962 hochgerechnet, dann (bei Heirat vor dem 1. Juli 1995) auf Juli 1995 und von da an auf das wirkliche Ehezeitende.

09

Die Indextabellen gehen immer von einem bestimmten Basisjahr aus, derzeit 2010. Alle anderen Preisniveaus werden zu diesem ins Verhältnis gesetzt. Auf weitere Einzelheiten gehe ich hier nicht ein, da die Wertumrechnung in Einzelfragen höchstrichterlich noch nicht endgültig geklärt ist und so schnell auch nicht geklärt werden wird. Nach einer gängigen Berechnungsvariante betrüge Svens Anfangsvermögen jedenfalls nach heutigen Wertmaßstäben 84.504 Euro. Sven hat somit einen Zugewinn von 100.000 Euro abzüglich 84.504 Euro, also von nur 15.496 Euro, erzielt. Inga war 1980 ohne Vermögen, sodass ihr Endvermögen ihrem Zugewinn entspricht. Sie hat daher während der Ehe 24.504 Euro mehr Vermögen hinzugewonnen als Sven und muss diesem davon die Hälfte, also 12.252 Euro, als Zugewinnausgleich zahlen.

Alle folgenden Beispiele sind so zu verstehen, dass die Umrechnung und Indexierung bereits durchgeführt wurde.

Anna und Irini erhalten während der Partnerschaft erhebliches Vermögen von dritter Seite: Annas Mutter überträgt ihrer Tochter das Elternhaus im Wege der vorweggenommenen Erbfolge. Eine enge Freundin vermacht Irini in ihrem Testament einen Acker auf der grünen Wiese.

Schenkungen und Erbschaften

Durch den Zugewinnausgleich soll sichergestellt werden, dass beide Ehegatten an dem Vermögen, das sie während der Ehe durch glückliche Umstände oder aufgrund eigener Leistung erworben haben, jeweils hälftig beteiligt werden. Ausgeklammert werden daher gemäß § 1374 Abs. 2 BGB Vermögenszuwächse, die allein auf verwandtschaftlichen oder besonderen persönlichen Beziehungen eines Ehegatten beruhen. Die Norm gilt für Vermögen, das ein Ehegatte nach Eintritt des Güterstands von Todes wegen oder mit Rücksicht auf ein künftiges Erbrecht, durch Schenkung oder als Ausstattung erwirbt und bei dem es sich nach den Umständen nicht um Einkünfte handelt.

In unserem Beispiel ist Anna nun Eigentümerin des Hausgrundstücks ihrer Mutter. Sie hat für das Grundstück nichts bezahlt, sodass der Wert von Grundstück und Haus ihr „mit Rücksicht auf ein künftiges Erbrecht geschenkt wurde". Irini hat den Acker vermacht bekommen. Der Wert der Schenkung und des Vermächtnisses sollen bei einer späteren Entpartnerung und Zugewinnausgleichsberechnung außen vor bleiben. Erreicht wird dies dadurch, dass man diese Zuwendungen dem Anfangsvermögen hinzurechnet. Wenn sie sich bei Rechtshängigkeit des Entpartnerungsverfahrens noch im Vermögen befinden, werden sie außerdem „ganz normal" in das Endvermögen eingerechnet. Haben die Gegenstände an Wert gewonnen, wird der Wertzuwachs zwischen Beginn und Ende der Lebenspartnerschaft also sehr wohl ausgeglichen.

Kurz nach der Trennung wird das gesamte Areal um Irinis Acker Bauland und ein Investor, der dort ein neues Einkaufszentrum errichten möchte, wendet sich mit einem üppigen Kaufangebot an Irini.

Der Acker, den Irini vermacht bekommen hat, ist als Erwerb von Todes wegen privilegiert und wird deshalb Irinis Anfangsvermögen hinzugerechnet. Berücksichtigt wird allerdings nur der niedrige Wert des Ackers. Der Wertzuwachs durch die Ausweisung des Areals als Bauland oder durch das Grundstück mitsamt dem fertig errichteten Haus gehört zu Irinis Zugewinn während der Partnerschaftszeit und ist damit ausgleichungspflichtig. Er ist in der Lebenspartnerschaft „verdient".

Haben die zugewandten Gegenstände hingegen an Wert verloren oder sind sie schlicht nicht mehr vorhanden, sinkt dadurch der Zugewinn. Auch dieser Wertverlust ist in der Lebenspartnerschaft entstanden.

09

Angenommen, Annas Mutter hätte sich bei der Übergabe ein lebenslanges Wohnungsrecht vorbehalten.

In diesem Fall müsste Anna ihre Mutter als Gegenleistung für die Schenkung lebenslang in dem Haus wohnen lassen. Wollte sie das Haus verkaufen, würde dieser Umstand den Wert erheblich mindern. Der Wert des Wohnungsrechts richtet sich nach der statistischen Lebenserwartung von Annas Mutter bei der Übergabe. Er steigt aber mit jedem Jahr, das Annas Mutter erlebt, da ihre statistische Lebenserwartung ja immer weiter sinkt. Das Hausgrundstück wird also statistisch immer wertvoller. Diese Art Wertzuwachs soll bei der Berechnung des Zugewinnausgleichs außer Betracht bleiben. Das Wohnungsrecht wird daher sowohl bei der Berechnung des Anfangsvermögens als auch bei der Berechnung des Endvermögens außer Acht gelassen.

§ 1374 Abs. 2 BGB ist eine strenge Ausnahmevorschrift. Eine entsprechende Anwendung auf vergleichbare „Glücksfälle" scheidet aus. So sind etwa Schmerzensgelder, Abfindungszahlungen wegen Unfällen, Schenkungen und Zuwendungen unter Ehegatten oder auch Lottogewinne nicht privilegiert, sondern ausgleichspflichtig.

Sonstiger „Geldsegen"

Gleiches gilt, wenn die Zuwendung zu den Einkünften zu rechnen ist. Das ist dann der Fall, wenn sie nicht zur Vermögensbildung diente, sondern zum Verbrauch bestimmt war:

Helenas Eltern schenken ihrer Tochter einen Geldbetrag. Hiervon soll sie sich ein Auto kaufen, mit dem sie zur Arbeit fahren kann.

In diesem Beispiel ist klar, dass die Eltern Helena nicht etwa den Erwerb eines bleibenden Gegenstandes ermöglichen wollten, sondern eines – wenn auch teuren – Konsumgegenstandes. Die Geldzuwendung der Eltern bleibt folglich außer Betracht. Anders wäre es gewesen, wenn sie Helena z. B. Geld für den Erwerb einer Immobilie oder eine Kapitallebensversicherung zugewandt hätten.

Kostenlos erbrachte Arbeits- oder Dienstleistungen

Alexander und Helena bauen ein Haus auf einem Grundstück, das Alexanders Eltern gehört. Noch während das Haus im Rohbaustadium ist, schenken die Eltern Alexander das Grundstück. Alexanders Vater ist Arzt und Hobbyhandwerker und hilft Tag und Nacht bei der Errichtung des Rohbaus. Nach der Trennung erklärt Alexander Helena, dass er Vaters Arbeitsstunden mit 20 Euro pro Stunde im Anfangsvermögen berücksichtigen werde.

Arbeits- und Dienstleistungen sind keine Zuwendungen, die nach § 1374 Abs. 2 BGB zu berücksichtigen wären. Sie bedeuten für den Zuwendenden keine Vermögenseinbuße, obwohl sie für den Empfänger natürlich einen wirtschaftlichen Wert haben. Alexander darf deshalb die Arbeitsstunden seines Vaters nicht dem Anfangsvermögen hinzurechnen. Anders kann es aber zu behandeln sein, wenn der Zuwendende ein Fachmann ist, der während seiner Arbeitszeit diese Leistungen erbringt und von dem mit ihm befreundeten oder verwandten Alexander keine Vergütung verlangt. In das Anfangsvermögen ist in diesem Fall die „übliche" Vergütung einzustellen.

Alexander hat Helena während der Ehe fünf Halsketten, sieben Ringe, über hundert Haarspangen und Ohrringe sowie zahlreiche Kleider geschenkt. Nach der Trennung gelangt er zu der Auffassung, dass Helena all diese Geschenke nicht wert gewesen sei und möchte sie zurückhaben.

„Schenkungen" unter Ehegatten

09

Alexander kann die Geschenke nicht zurückfordern. Sie sind außerdem in Helenas Anfangsvermögen einzustellen. Da ihr Wert sich insgesamt kaum erhöht haben dürfte, wird Alexander auch im Wege des Zugewinnausgleichs für sie vermutlich nicht „entschädigt". Nicht jede unentgeltliche Zuwendung unter Ehegatten ist aber eine „echte" Schenkung, die nach § 1374 Abs. 2 BGB dem Anfangsvermögen hinzugerechnet wird. Zur Behandlung solcher „ehebedingter Zuwendungen" vgl. S. 206 ff.

Zuwendungen der Schwiegereltern, die ihren Grund in der Ehe des eigenen Kindes bzw. in einer beabsichtigten Eheschließung haben, sind seit dem Urteil des BGH vom 3. Februar 2010 (Az. XII ZR 189/06) als „normale" Schenkungen anzusehen. Anders als die Ehegatten haben die Eltern nämlich selbst keinen Vorteil von dem investierten Geld bzw. dem davon erworbenen Gegenstand. Ihre Zuwendungen sind dem Zugewinnausgleich als echte Schenkungen entzogen und können sowohl vom eigenen Kind als auch vom Schwiegerkind gegebenenfalls wieder zurückgefordert werden. Dazu mehr auf S. 209 f.

Zuwendungen der Schwiegereltern

BESONDERHEITEN BEIM ENDVERMÖGEN

Stichtag für die Berechnung des Endvermögens ist der Tag, an dem der Güterstand endet. Bei einer Scheidung ist das der Tag der Rechtskraft des Scheidungsbeschlusses. Gemäß § 1384 BGB tritt allerdings an die Stelle der Rechtskraft des Scheidungsbeschlusses der Tag, an dem der Scheidungsantrag dem anderen Ehegatten zugestellt wurde (Rechtshängigkeit). Illoyalen Ehegatten soll so die Möglichkeit genommen werden, während des womöglich sehr langen Scheidungsverfahrens Vermögensverschie-

Stichtag

bungen vorzunehmen, um dem anderen Ehegatten zu schaden. Der Vorteil des § 1384 BGB ist zudem, dass scheidungswillige Ehegatten die Gelegenheit haben, schon vor dem eigentlichen Ende des Güterstandes ihre Verhältnisse endgültig zu klären.

Es spielt für den Stichtag keine Rolle, ob das Verfahren nach seiner Einleitung länger ruht. Selbst wenn sich die Ehegatten zwischenzeitlich versöhnt haben sollten, ohne dass sie den Scheidungsantrag sodann zurückgenommen haben, ändert sich am einmal festgelegten Stichtag nichts.

Abzug von Schulden

Bei der Berechnung des Endvermögens sind alle bis zum Berechnungsstichtag entstandener Verbindlichkeiten abzuziehen. Auch das Endvermögen kann negativ sein. Damit werden die Fälle erfasst, in denen ein bei Eheschließung verschuldeter Ehegatte wirtschaftlich ein „Plus" gemacht hat, obwohl er nach wie vor verschuldet ist. In der Vergangenheit haben derartige Fälle immer wieder und zu Recht für Empörung gesorgt, weil der nicht verschuldete Ehegatte seinen Zugewinn mit dem anderen hälftig teilen musste, obwohl der verschuldete Ehegatte sich während der Ehe erheblich finanziell saniert und seine Schulden reduziert hat.

Hinzurechnungen nach § 1375 Abs. 2 BGB

Gerade bei streitigen Trennungen ist zu befürchten, dass einer der Ehegatten sein Vermögen vermindert, um dem anderen zu schaden. § 1375 Abs. 2 BGB soll dem entgegenwirken: Verschenkt oder verschwendet ein Ehegatte sein Vermögen oder unternimmt er andere Handlungen, um den anderen zu schädigen, wird das hierdurch geminderte Vermögen seinem Endvermögen wieder hinzugerechnet.

Alexander hebt 10.000 Euro von seinem Konto ab und verbrennt das Geld vor Helenas Augen mit dem Hinweis, dies sei ein Bekenntnis gegen die weltweite Dominanz des Kapitals. Helena ist fassungslos. Sie denkt an das Darlehen, das sie noch gemeinsam zurückzahlen müssen und für das sie das Geld dringend gebraucht hätten.

Selbst wenn Alexander durch die Aktion lediglich seine politische Haltung zum Ausdruck bringen wollte, wären die 10.000 Euro seinem Endvermögen hinzuzurechnen. Es genügt, dass die Ausgabe objektiv unnütz war und zu den Einkommens- und Vermögensverhältnissen des Handelnden in keinem Verhältnis stand.

Ist das Endvermögen eines Ehegatten geringer als das Vermögen, das er zum Zeitpunkt der Trennung hatte, muss er darlegen und beweisen, dass die Vermögensminderung nicht auf Mutwillen zurückzuführen ist. Die Beweislast kehrt sich also zu seinen Lasten um (§ 1375 Abs. 2 Satz 2 BGB). Voraussetzung ist aber, dass der vermeintlich Geschädigte Indizien darlegt, die ein mutwilliges Verhalten nahelegen. Verfügungen kurz vor dem Endvermögensstichtag sind per se „verdächtig", insbesondere wenn der Verfügende keine plausible Erklärung vorbringt oder sich generell weigert, die Verfügung zu erklären. So sinnvoll diese Regelung auf den ersten Blick auch scheint: Sie kann auch eine unangenehme Falle für einen Ehegatten sein, der aus anerkennenswerten Gründen größere Ausgaben tätigt, dies aber nicht durch Belege nachhält.

Vermögensminderungen sind nicht dem Endvermögen hinzuzurechnen, wenn der andere Ehegatte mit der unentgeltlichen Zuwendung oder der Verschwendung einverstanden gewesen ist. Sollte in unserem Beispiel zuvor eine politisch interessierte Helena begeistert in die Geldverbrennung eingewilligt haben, könnte sie sich bei der Berechnung des Zugewinnausgleichsanspruchs natürlich nicht auf eine Verschwendung berufen. Vermögensminderungen sind dem Endvermögen auch nicht hinzuzurechnen, wenn sie mindestens zehn Jahre vor Beendigung des Güterstandes eingetreten sind.

Vorsicht

Wollen Sie zwischen Trennungs- und Endvermögensstichtag größere Geldsummen ausgeben, sollten Sie anschließend beweisen können, dass Sie nicht illoyal gehandelt haben.

AUSKUNFTSANSPRUCH

Die Ehegatten können zum Zwecke der Zugewinnausgleichsberechnung über das Vermögen des anderen zu folgenden Zeitpunkten Auskunft verlangen:

- am Tag der Heirat,
- am Tag der Trennung sowie
- am Tag der Beendigung des Güterstandes bzw. der Rechtshängigkeit des Scheidungsantrags.

Die Ermittlung des Anfangsvermögens ist häufig schwierig, insbesondere bei langen Ehen: Wer bewahrt schon über Jahre und Jahrzehnte seine Sparbücher, Urkunden, Kontoauszüge etc. aus der Anfangszeit der Ehe auf? Das kann sich bei der Ermittlung des Anfangsvermögens rächen, weil man nicht beweisen kann, dass diese Werte tatsächlich existiert haben. Man ist dann auf die Fairness des anderen Partners angewiesen. In einem eskalierten Konflikt sicherlich keine positive Aussicht.

Die Auskunft über das Vermögen bei Trennung benötigt man, um illoyale Vermögensverfügungen eines Ehegatten nach der Trennung zu entdecken (siehe oben S. 189 f.). Eine stichtagsgenaue Auskunft ist allerdings schwierig, wenn die Ehegatten sich nicht daran erinnern, an welchem Tag sie sich getrennt haben. Das ist insbesondere bei Trennungen unter einem Dach relevant. In der Praxis einigt man sich dann zumeist mit dem Ex-Partner auf einen Stichtag oder das Gericht legt diesen fest.

Inhalt der Auskunft

Die Auskunft soll den Berechtigten in die Lage versetzen, den Wert von End- und Anfangsvermögen selbst zu berechnen. Der Verpflichtete muss daher nicht den Wert liefern, sondern nur die „wertbildenden Faktoren" eines Vermögenswerts. Bei einem Pkw sind das z. B. Marke, Modell, Baujahr, Kilometerstand und der Hinweis auf Unfallschäden. Bei einer Rechtsanwaltskanzlei muss er seinen Anteil an der Kanzlei, den Wert des Inventars, den Umsatz sowie die Anzahl der Akten und Mandanten mitteilen. Hat ein Ehegatte Forderungen, z. B. aus einem Darlehen, muss er die Höhe der Forderung und den Namen des Schuldners mitteilen. Bei sonstigen Verbindlichkeiten ist ebenfalls deren aktueller Wert anzugeben sowie der Name des Gläubigers. Außerdem ist mitzuteilen, zu welchem Zweck die Verbindlichkeiten eingegangen wurden. Verfügt man über ein Grundstück, muss man Art, Größe und Lage der Bebauung mitteilen.

Wenn die Parteien sich über den Wert eines Vermögensgegenstandes uneinig sind, ist es Aufgabe des Gerichts, eine geeignete Bewertungsart auszuwählen und anzuwenden.

09

Wer Auskunft erteilen muss, ist verpflichtet, ein geschlossenes, auf den Stichtag bezogenes und nach Haben („Aktiva") und Soll („Passiva") geordnetes Verzeichnis zu erstellen. Eine ungeordnete Zettelsammlung genügt diesen Anforderungen nicht. Es ist nicht Aufgabe des Auskunftsberechtigten, sich aus den Unterlagen die notwendigen Informationen herauszusuchen. Vielmehr muss der Auskunftsverpflichtete die Informationen möglichst leicht nachvollziehbar darbieten. Auf Aufforderung sind auch – soweit noch vorhanden – Belege vorzulegen. Die Auskunft muss genau zu den jeweiligen Stichtagen erteilt werden. Ausgenommen sind lediglich Kapitallebensversicherungen, bei denen aus technischen Gründen eine Bewertung zum nachfolgenden Monatsersten genügt. In der Praxis wird der strenge Stichtagsbezug allerdings nicht immer so eng gesehen. Sind die Vermögensverhältnisse übersichtlich und haben die Ehegatten viele gemeinsame Vermögenswerte, kann auch die Vorlage von einigen wenigen Belegen mit einem Inhaltsverzeichnis ausreichen, um den Zugewinn zu berechnen. Auch wenn die Ehegatten sich einigen wollen, wird nicht immer stichtagsgenau gerechnet.

Form der Auskunft

Weigert sich der Auskunftsverpflichtete, die Auskunft formgemäß, richtig und vollständig zu erteilen, kann der andere ihn hierzu gerichtlich verpflichten lassen.

Wenn ein Ehegatte eine Auskunft erhalten oder gerichtlich durchgesetzt hat, muss er diese überprüfen und kann daraufhin seinen Zugewinnausgleichsanspruch beziffern. Hat er begründete Zweifel an der Richtigkeit und Vollständigkeit der Auskunft, kann er vom anderen Ehegatten verlangen und auch gerichtlich durchsetzen, dass dieser die Auskunft an Eides statt versichert.

Eidesstattliche Versicherung

Vorsicht
Wer eine falsche eidesstattliche Versicherung abgibt, macht sich strafbar.

Eine eidesstattliche Versicherung rein prophylaktisch zu verlangen, ist nicht zulässig. Wer die eidesstattliche Versicherung begehrt, muss dem anderen falsche Tatsachenangaben nachweisen können. Auch die beharrliche Verweigerung der Auskunft oder zu häufige Ergänzungen oder Korrekturen der gemachten Angaben sind ein Indiz für eine falsche Auskunftserteilung.

BESONDERHEITEN EINZELNER VERMÖGENS-POSITIONEN

Gemeinschaftliches Eigentum

Grundsätzlich werden alle Vermögenswerte, positive wie negative, in die Berechnung des Anfangs- und Endvermögens einbezogen. Stehen Werte im gemeinschaftlichen Eigentum der Ehegatten, sind diese mit dem Wert des jeweiligen Anteils in die Bilanz einzustellen. Dasselbe gilt bei gemeinsamen Verbindlichkeiten.

Abfindungen

Abfindungen, die ein Ehegatte bei der Auflösung seines Arbeitsverhältnisses erhalten hat, sollen für einen gewissen Zeitraum das durch die Beendigung des Arbeitsverhältnisses verlorene Arbeitseinkommen ersetzen. Sie sind deshalb ebenso wie Einkommen primär bei der Unterhaltsberechnung zu berücksichtigen und bleiben beim Zugewinnausgleich außer Betracht. Schulden die Ehegatten einander aber keinen Unterhalt, gehören Abfindungszahlungen ganz normal zum Vermögen und sind damit Gegenstand des Zugewinnausgleichs.

Steuererstattungen

Steuererstattungen gehören zu den einkommenserhöhenden Positionen und sind beim Unterhalt zu berücksichtigen. Haben sich die Ehegatten gemeinsam steuerlich veranlagen lassen, muss ermittelt werden, welcher Anteil der Erstattung im Innenverhältnis der Ehegatten wem zuzurechnen ist. Dies geschieht durch eine „fiktiv getrennte Veranlagung". Zu den steuerrechtlichen Fragen mehr ab S. 222.

Mietkaution

Eine Mietkaution ist beim jeweiligen Mieter zu berücksichtigen. Haben beide Ehegatten den Mietvertrag unterzeichnet, ist die Forderung also bei beiden anzusetzen.

Nach herrschender Meinung sind Schmerzensgeldansprüche wie jeder andere Vermögenswert auch in den Zugewinnausgleich einzubeziehen, es sei denn, dies wäre ausnahmsweise grob unbillig (§ 1381 BGB).

Auch noch nicht fällige, aber bereits entstandene Rechte wie z. B. Ansprüche aus Darlehensverträgen oder Anwartschaften aus Lebensversicherungen sind geldwert und damit Gegenstand des Zugewinnausgleichs.

Bei Kapitallebensversicherungen war lange umstritten, wie diese zu bewerten sind. Nach nunmehr herrschender Meinung sind sie nur dann mit dem Rückkaufswert anzusetzen, wenn am Stichtag zur Berechnung des Endvermögens (§ 1384 BGB) die Fortführung des Versicherungsvertrages nicht erwartet und auch durch eine Stundung der Ausgleichsforderung gemäß § 1382 BGB nicht ermöglicht werden kann. Andernfalls muss ein nach wirtschaftlichen Gesichtspunkten bemessener Zeitwert angesetzt werden. Wird der Lebensversicherungsvertrag voraussichtlich im Zuge der Scheidung aufgelöst, hat der Versicherer auf Anforderung den Rückkaufswert der Versicherungsleistungen mitzuteilen. Stornoabschläge (= das geschäftsplanmäßige Deckungskapital) sind dabei abzuziehen. Zu berücksichtigen sind dagegen gutgeschriebene Gewinnanteile samt Ansammlungsguthaben sowie die bis zum Stichtag sicher erzielten Überschussanteile.

Ein Hausgrundstück ist mit dem Verkehrswert in die Bilanz einzustellen. Ist es allerdings unrealistisch, dass das Grundstück zu diesem fiktiven Wert verkauft werden kann, setzt man unter Umständen einen niedrigeren Marktwert an. Voraussetzung ist, dass die ungünstige Marktlage nicht lediglich vorübergehender Natur ist.

Für Wertpapiere ist der mittlere Tageskurs an der nächstgelegenen Börse maßgeblich.

Schmerzensgeld

09

Kapitallebensversicherungen

Immobilien und Wertpapiere

Gewerbebetriebe

Bei der Veräußerung eines Gewerbebetriebes oder eines Anteils an einer Kapitalgesellschaft ist der Veräußerungserlös nach Abzug der Veräußerungskosten in die Bilanz einzustellen. Ist ein Ehegatte am Bewertungsstichtag beispielsweise Inhaber eines Betriebes, einer Rechtsanwaltskanzlei, eines Steuerberaterbüros oder einer Arztpraxis, ist die Bewertung im Einzelfall problematisch: Solche Unternehmungen „leben" nicht nur von ihrer Substanz, also etwa dem Wert des Firmengebäudes oder des Mobiliars, sondern auch – oft sogar noch mehr – vom sogenannten „Goodwill". Gemeint sind damit Faktoren wie z. B. der Mitarbeiterstamm, der Standort, Art und Zusammensetzung der Kunden und die Konkurrenzsituation. Verkauft ein Unternehmer, Arzt oder Rechtsanwalt seinen Betrieb, spielen diese Werte bei der Ermittlung des Kaufpreises eine erhebliche Rolle. Sie müssen daher auch bei der Berechnung des Zugewinns berücksichtigt werden.

Wie solche „immateriellen Vermögenswerte" zu bewerten sind, verrät das Gesetz nicht. Laut Rechtsprechung ist auf den objektiven Verkehrswert des jeweiligen Vermögensgegenstands abzustellen. Die Bewertungsmethode ist im Einzelfall vom Richter zu bestimmen. Eine Berechnung allein nach dem Umsatz und dem Ertrag ist nicht möglich, weil diese keine sicheren Rückschlüsse auf die Gewinnerwartung und somit auch nicht auf den Wert zulässt, der am Stichtag der Endvermögensberechnung zu realisieren wäre. Es darf auch nicht vergessen werden, dass der Erfolg einer Arztpraxis, einer Rechtsanwaltskanzlei oder eines Unternehmens mit Faktoren wie dem Ruf und dem Ansehen des Inhabers zusammenhängen, die auf den Nachfolger natürlich nicht übertragen werden können. Der Bundesgerichtshof hat entschieden, dass aus dem Ertrag des Unternehmens ein angemessener individueller Unternehmerlohn des Inhabers abgesetzt werden muss („modifizierte Ertragswertmethode").

Bei der Bewertung eines land- oder forstwirtschaftlichen Betriebes ist gemäß § 1376 Abs. 4 BGB der Ertragswert anzusetzen. Wie dieser bestimmt wird, ergibt sich aus § 2049 Abs. 2 BGB. Sind während der Ehe Nutzflächen eines landwirtschaftlichen

Betriebes hinzuerworben worden, sind diese nicht nach dem Ertragswertverfahren zu bewerten, sondern mit ihrem Verkehrswert in die Bilanz einzustellen.

UNBILLIGKEIT DES ZUGEWINNAUSGLEICHS

Der Ausgleichsverpflichtete kann die Zahlung verweigern, „wenn dies nach den Umständen des Falles grob unbillig wäre" (§ 1381 Abs. 1 BGB). Dazu müsste der Ausgleich dem Gerechtigkeitsempfinden in unerträglicher Weise widersprechen. Das ist nach § 1381 Abs. 2 BGB dann anzunehmen, wenn der Berechtigte „längere Zeit hindurch die wirtschaftlichen Verpflichtungen, die sich aus dem ehelichen Verhältnis ergeben, schuldhaft nicht erfüllt hat". Darüber hinaus ist § 1381 BGB anzuwenden, wenn dem Berechtigten lang andauernde oder schwere Verstöße gegen die ehelichen Pflichten vorzuwerfen sind, selbst wenn diese wirtschaftlich ohne Konsequenzen geblieben wären. Nur in wenigen Ausnahmefällen ist ein Ausgleich auch ohne Verschulden des anderen grob unbillig.

Anna und Irini haben während ihrer Lebenspartnerschaft kein nennenswertes Vermögen gebildet. Irini hat sich vornehmlich um den Haushalt und die Kinder gekümmert und vor einiger Zeit von ihren Eltern ein Haus geerbt. Anna und sie haben das Haus vermietet, hierfür aber nur eine sehr geringe Miete erzielt, da ihnen die Möglichkeiten fehlten, das Haus zu renovieren oder anderweitig „in Schuss zu halten". Da die Wohnlage des Hauses relativ attraktiv ist, hat sich der Wert mittlerweile um 50.000 Euro nach oben entwickelt.

Rein rechnerisch müsste Irini an Anna im Zuge der Zugewinnausgleichsberechnung einen Ausgleich von 25.000 Euro zahlen. Das Haus hat sie zwar geerbt, sodass es als privilegierter Erwerb dem Anfangsvermögen hinzugerechnet wird (§ 1374 Abs. 2 BGB). Der Wertzuwachs ist jedoch ausgleichspflichtig. Hiergegen wäre auch nichts einzuwenden, wenn die Wertsteigerung auf Investitionen während der Ehe zurückzuführen wäre.

Das war hier aber gerade nicht der Fall. Der Wert der Immobilie hat sich eher zufällig verbessert. In dieser Konstellation lässt sich gut vertreten, dass es grob unbillig wäre, wenn Irini, die über kein liquides Vermögen verfügt, zur Erfüllung des Zugewinnausgleichs eine Immobilie verwerten müsste, die eigentlich privilegiert und dem Zugewinnausgleich entzogen ist.

ANRECHNUNG VON VORAUSEMPFÄNGEN

Nach § 1380 BGB wird auf die Ausgleichsforderung eines Ehegatten angerechnet, was ihm von dem anderen Ehegatten durch Rechtsgeschäft unter Lebenden mit der Bestimmung zugewendet worden ist, dass es auf die Ausgleichsforderung angerechnet werden soll.

Alexander und Helena diskutieren schon während der Trennung ausführlich, wie sie ihr Vermögen nach der Scheidung aufteilen wollen. Sie überschlagen auch grob, welche Zugewinnausgleichsforderungen bestehen könnten. Helena möchte aus der gemeinsamen Wohnung ausziehen und für sich und die Kinder eine kleine Eigentumswohnung kaufen. Alexander bietet ihr an, etwas Kapital zuzuschießen, möchte aber, dass dieses mit der späteren Zugewinnausgleichsforcerung verrechnet wird. Helena ist hiermit einverstanden.

Eine Anrechnungsbestimmung kann durch formlosen Vertrag oder auch durch einseitige Erklärung getroffen werden. Selbst wenn Helena das Geld stillschweigend und mit Hintergedanken angenommen hätte, wäre eine wirksame Anrechnungsbestimmung getroffen worden. Diese gesetzliche Regelung soll verhindern, dass Zuwendungen bei der Ausgleichsforderung unberücksichtigt bleiben, die ein Ehegatte zur Sicherung des anderen Ehegatten bereits vor dem Stichtag der Berechnung des Endvermögens vorgenommen hat. Vielfach ist den Ehegatten nicht im Einzelnen klar, wie der Zugewinn berechnet wird. Sie schätzen aber häufig zumindest in groben Zügen korrekt ein, welcher Ehegatte in welcher Höhe zum Zugewinnausgleich verpflichtet sein könnte.

Auf besondere Formvorschriften hat der Gesetzgeber verzichtet, weil die Ehegatten hier keine Vereinbarung über den Zugewinn an sich treffen, sondern ein Ehegatte lediglich einen „Vorschuss" auf die später seiner Auffassung nach fällige Zugewinnausgleichszahlung leistet.

Ein Rückforderungsanspruch ergibt sich aus § 1380 BGB nicht. Stellt sich im Nachhinein heraus, dass Alexander gar nicht ausgleichsverpflichtet war, und hätte Helena das Geld in gutem Glauben komplett ausgegeben, bekommt Alexander nichts zurück. Dies hätte konkret vereinbart werden müssen.

Tipp
Um Unsicherheiten und damit Streit zu verhindern, sollten Sie Anrechnungsvereinbarungen immer schriftlich treffen.

09

VERJÄHRUNG

Die Zugewinnausgleichsforderung unterliegt der Regelverjährung von drei Jahren. Die Frist beginnt mit Ablauf des Jahres, in welchem dem jeweiligen Ehegatten der Scheidungsbeschluss zugegangen ist.

Angenommen, das Gericht bestimmt einen Scheidungstermin auf den 12. Januar 2017. Nach Durchführung des Termins, in dem das Gericht die Scheidung auch verkündet, wird der Beschluss den Parteien jeweils am 3. März 2017 zugestellt. Die Verjährung beginnt mit dem 1. Januar 2018. Der Zugewinnausgleichsanspruch verjährt mit Ablauf des 31. Dezember 2020.

ZUGEWINNAUSGLEICH UND ANDERE AUSGLEICHSSYSTEME

Vermögenswerte, die der Altersvorsorge dienen, können sowohl im Zugewinnausgleich als auch im Rahmen des Versorgungsausgleichs ausgeglichen werden. Ehezeitliche Versorgungsanrechte, über die bereits der Versorgungsausgleich stattfindet, sind dem Vermögensausgleich entzogen, selbst wenn es aus-

Versorgungsausgleich, Hausrat, Unterhalt

nahmsweise kein Versorgungsausgleichsverfahren geben sollte. Problematisch sind Kapitallebensversicherungen, die entweder in das Kapitalvermögen fallen können oder auf eine Rente gerichtet sind. Anrechte der betrieblichen Altersvorsorge sind zwar häufig Kapitallebensversicherungen, unterfallen aber dennoch dem Versorgungsausgleich. Nicht in den Zugewinnausgleich fallen Haushaltsgegenstände, die gemäß § 1568 b BGB aufgeteilt werden sollen oder die die Ehegatten bereits unter sich aufgeteilt haben. Werte, die sich bereits in der Berechnung des Geschiedenenunterhalts auf die Einkommensberechnung eines Ehegatten ausgewirkt haben, dürfen nicht noch einmal im Zugewinnausgleich ausgeglichen werden. Auch die zukünftigen Unterhaltsforderungen sind zwar Schulden und damit ein negativer Vermögenswert, bleiben aber bei der Berechnung des Zugewinns außer Betracht. Anders verhält es sich mit Forderungen auf rückständigen Unterhalt.

Zivilrechtliche Ansprüche

Der Zugewinnausgleich soll sicherstellen, dass die Ehegatten an dem Vermögen teilhaben, das sie während ihrer Lebens- und Einstandsgemeinschaft insgesamt erwirtschaftet haben. Er hat deshalb Vorrang vor anderen vermögensrechtlichen Ausgleichs- und Entschädigungsansprüchen, zu denen die Ansprüche aus Schenkungswiderruf und Wegfall der Geschäftsgrundlage ebenso gehören wie gesellschaftsrechtliche Ausgleichsansprüche und Ansprüche aus Bereicherungsrecht (Ausschließlichkeitsprinzip).

Der Gesetzgeber möchte damit verhindern, dass die Ehegatten jegliche Verfügungen und Verpflichtungen, die sie während der Ehezeit eingegangen sind, und jede einzelne Verschiebung wie Geschäftsleute gegeneinander aufrechnen können. Durch den Zugewinnausgleich nicht ausgeschlossen sind hingegen Gesamtschuldnerausgleichansprüche oder Ansprüche aus Gemeinschaftsrecht, z. B. hinsichtlich der Verteilung von Erlösanteilen aus gemeinschaftlicher Vermietung oder Nutzungsentschädigung für das gemeinsame Grundstück. Im Einzelfall können ausnahmsweise Ansprüche aus Wegfall der Geschäftsgrundlage in Betracht kommen.

DIE RÜCKGEWÄHR BESONDERER LEISTUNGEN WÄHREND DER LEBENSGEMEINSCHAFT

Erbringt ein Partner nach der Trennung Leistungen für die beendete Gemeinschaft, hat er Gesamtschuldnerausgleichsansprüche. Leistungen oder Zuwendungen, die ein Partner für den anderen während bestehender Lebensgemeinschaft erbracht hat, werden hingegen nicht ausgeglichen. Das gilt in jedem Fall für Tätigkeiten im gemeinsamen Haushalt: Hauswirtschaftstätigkeiten, die Kindererziehung, die Pflege des Partners, Handwerksleistungen, die Finanzierung von Urlauben, Kleidung, Lebensmitteln etc. Die Eheleute haben allerdings Anspruch auf Ausgleich des während der Partnerschaft geschaffenen Gewinns, und zwar im Wege des Zugewinnausgleichs und des Versorgungsausgleichs.

Übersteigen die in der Lebensgemeinschaft erbrachten Leistungen erheblich das Maß dessen, was im Rahmen des Zusammenlebens in einer Lebensgemeinschaft üblich ist, kann das im Einzelfall ungerecht sein.

Keine Aufrechnung der erbrachten Leistungen

09

Anna hat ihren Beruf als Ärztin satt. Sie will ihren Traum verwirklichen und eröffnet eine Konditorei. Irini hilft ihr gelegentlich am Wochenende aus, finanziert kleinere Anschaffungen mit und bürgt später sogar für ein Geschäftsdarlehen. Die Geschäfte laufen so gut, dass Anna Gewinn zu machen beginnt, größere Geschäftsräume anmietet und über die Einstellung von Personal nachdenkt. Irini hängt ihren Teilzeitjob an den Nagel und arbeitet nun in jeder freien Minute im Laden und in der Backstube mit. Als ihre Beziehung einige Jahre später scheitert, fragt sie sich, ob ihre finanziellen Opfer und ihre Mithilfe im Betrieb für die Katz waren.

Anna hat ihre Konditorei aus eigener Begeisterung eröffnet und ihr Hobby zum Beruf gemacht. Irini hat dort zunächst nur ausgeholfen, die Mitarbeit später aber erheblich aufgestockt. Sie hat außerdem finanzielle Risiken übernommen. Diese Leistungen haben nicht (nur) dem gemeinsamen Haushalt gedient, sondern Überschüsse abgeworfen, mit denen Anna ihr Geschäft ausbauen konnte. Mit der Trennung gehört nach Zivilrecht aber allein

Anna das so erworbene Vermögen. Irini profitiert dank des Zugewinnausgleichs jedenfalls zu einem gewissen Teil an den Früchten des bisherigen Erfolgs, hat aber mit den künftigen Entwicklungen nichts mehr zu tun. Das kann ungerecht sein, wenn Irini faktisch Mitinhaberin des Geschäfts gewesen wäre. In bestimmten Ausnahmefällen kommen in derartigen Fällen allerdings gesellschaftsrechtliche Ansprüche in Betracht.

Gesellschaftsrechtliche Ansprüche

Eine Ehe oder eingetragene Lebenspartnerschaft ist keine Gesellschaft im Sinne des Zivilrechts. Die Partner wollen ihr Leben miteinander teilen und verfolgen nicht primär wirtschaftliche Zwecke. Die Grenzen verwischen aber, wenn sie einen wirtschaftlichen Wert schaffen, den sie für die Dauer ihrer Partnerschaft gemeinsam nutzen wollen und der ihnen nach ihrer Vorstellung gemeinsam gehören soll. Das kann ein gemeinsamer Vermögenswert sein – ein Wertpapierdepot, eine Immobilie, ein Geschäft – oder die Investition in einen Vermögenswert des anderen Partners, z. B. dessen Geschäft.

Anna und Irini haben vielleicht nicht in diesen Kategorien gedacht, aber hinsichtlich der Konditorei waren sie nicht nur ein Paar, sondern auch Partnerinnen einer wirtschaftlichen Unternehmung.

Die Rechtsprechung hat im Einzelfall das Vorliegen von sogenannten Ehegatten-Innengesellschaften bejaht. Diese Grundsätze sind auf eingetragene Lebenspartnerschaften entsprechend anzuwenden.

Ein Anspruch Irinis kommt auch bei Verpartnerung jedoch nur in Betracht, wenn ihre Mitarbeit den Rahmen der partnerschaftlichen Lebensgemeinschaft deutlich überschritten hat und man annehmen konnte, dass Anna und sie hinsichtlich des Gesellschaftsgegenstandes eine echte Geschäftsbeziehung führen wollten. Irini müsste einen objektiv wesentlichen Beitrag zur gemeinsamen Unternehmung geleistet haben. Sie müsste genau wie Anna erhebliche Investitionen getätigt und hieran jeweils ein

Mitspracherecht gehabt haben. Anna und sie müssten das weitere Fortkommen der Firma nicht nur gemeinsam geplant haben, sondern auch gegenüber Banken, Behörden und sonstigen Dritten als Gesellschafterinnen aufgetreten sein.

Zu Beginn von Irinis Mitarbeit war das ganz sicher noch nicht anzunehmen. Kleinere Investitionen in das Geschäft des Partners oder die gelegentliche Mitarbeit im Betrieb gehen noch nicht über das hinaus, was für die Verwirklichung der Lebensgemeinschaft von einem Partner erwartet werden kann. Auch Irini wird sicherlich in diesem Moment die Konditorei vor allem als Annas Projekt angesehen haben und noch nicht als gemeinsames. Mit der deutlichen Ausweitung ihrer Mitarbeit und der Übernahme erheblicher finanzieller Risiken könnte sich das aber geändert haben. Möglicherweise ist Irini nach und nach in die Position einer gleichberechtigten Inhaberin des Geschäfts hineingewachsen. Hätte dagegen nach wie vor Anna das Sagen gehabt und hätte diese auch faktisch das Geschäft geführt, käme ein Ausgleich nach gesellschaftsrechtlichen Regeln nicht in Betracht. So liegt der Fall meines Erachtens hier auch jetzt noch.

Bedenken Sie stets, dass die Grundsätze über die Innengesellschaft einem Billigkeitsausgleich dienen und nur dann heranzuziehen sind, wenn andere Ausgleichsformen nicht in Betracht kommen. Eine Innengesellschaft liegt daher nicht vor, wenn der mitarbeitende Partner durch vertragliche Regelungen schon einen Ausgleich für seine Tätigkeit erhält, insbesondere durch einen Arbeitsvertrag. Ebenso scheiden Ansprüche aus einer aufgelösten Innengesellschaft in der Regel dann aus, wenn die Ehegatten in Zugewinngemeinschaft gelebt haben und hierüber ein angemessener Ausgleich geschaffen werden kann.

Wäre Irini tatsächlich gleichberechtigt mit Anna aufgetreten, läge auch ohne ausdrücklichen Vertrag eine Gesellschaft der Partnerinnen vor. Diese würde in dem Moment beendet, in dem Irini ihre Mitarbeit einstellt. Der Zeitpunkt kann auch deutlich nach der Trennung liegen. Irini hat dann Anspruch auf einen angemessenen Ausgleich ihrer Leistungen. Dafür ist zunächst zu ermitteln, was die Konditorei nach Abzug der Verbindlichkeiten wert ist. Zu diesem Zweck müssen beide Frauen für den Tag der Beendigung der Innengesellschaft eine Bilanz erstellen. Vom Überschuss steht ihnen dann ein Betrag als Geldforderung zu, der ihrem jeweiligen Anteil am Geschäft entspricht. War der Einsatz von Arbeit oder Vermögen beider Partnerinnen etwa gleichwertig und haben beide in etwa gleichem Umfang finanzielle Risiken getragen, nimmt man eine Beteiligung je zur Hälfte an.

Alexander erbt ein Grundstück, auf dem Helena und er ein Haus bauen. Bei der Trennung wird sich Helena bewusst, dass ihr weder Haus noch Grund gehören. Sie wirft Alexander vor, dass sie nichts von dem Haus habe, obwohl sie bei der Hausgestaltung mitgewirkt, unzählige Arbeitsstunden in den Innenausbau investiert und sich mit einem Betrag von 50.000 Euro an der Finanzierung beteiligt habe. Hat Helena Anspruch auf einen Ausgleich für ihre Leistungen?

Gesellschaftsrechtliche Ansprüche sind grundsätzlich auch denkbar, wenn ein Partner erhebliche Arbeitszeit und Geldmittel in die Immobilie des Partners investiert. Problematisch ist in diesen Fällen, ob wirklich ein gemeinsamer Wert geschaffen werden sollte, der über die Aufrechterhaltung und Ausgestaltung der Lebensgemeinschaft hinausgeht. Das ist noch nicht allein deshalb anzunehmen, weil ein Partner das Grundstück erwirbt und der andere zu den Erwerbskosten beiträgt.

Das von Helena und Alexander gebaute Haus gehört Alexander, weil er Eigentümer des Grundstücks ist. Das ergibt sich aus § 94 BGB. Helena hat erheblich zur Wertsteigerung des Grundstücks beigetragen, indem sie sich finanziell am Hausbau beteiligt hat. Das Haus diente aber vor allem der Aufrechterhaltung der Lebensgemeinschaft, sollte primär die Wohnbedürfnisse der Partner decken, vielleicht später einmal als Altersvorsorge der beiden dienen. Diese Ziele sind von der Lebensgemeinschaft nicht zu trennen, gesellschaftsrechtliche Ansprüche kommen daher nicht in Betracht.

Denkbar ist aber ein Ausgleich nach Bereicherungsrecht oder nach den Grundsätzen über die Störung der Geschäftsgrundlage.

09

Helena könnte bereicherungsrechtlich argumentieren, dass ihr Rückgewähransprüche zustehen, weil der mit der Leistung bezweckte Erfolg nicht eingetreten sei. Wenn ein Partner das Vermögen des anderen in der Erwartung vermehrt hat, an dem erworbenen Gegenstand langfristig in irgendeiner Weise teilhaben zu können, spricht man von einer Zweckvereinbarung. Diese ist nicht ausgeschlossen, wenn mit den Investitionen zunächst nur der Wohnbedarf der Gemeinschaft gedeckt und damit letztlich deren Unterhalt befriedigt werden soll. Ein Hausgrundstück ist auch ein Mittel der Vermögensanlage oder Altersvorsorge. Man kann davon ausgehen, dass Helena auch dies im Blick hatte, als sie in das Haus investierte. Der von ihr verfolgte und von Alexander durch die Entgegennahme ihrer Beiträge auch gebilligte Zweck wäre durch die Beendigung der Partnerschaft entfallen.

Bereicherungsrecht

Helena hat die 50.000 Euro mit der Vorstellung gezahlt, dass sie damit Alexanders persönliche Altersvorsorge sichert. Sie wollte sicherlich auch zu einer früheren Abzahlung des Darlehens beitragen, um einen Beitrag zur Sicherung der gemeinsam genutzten Wohnung zu leisten und früher die Belastung der Haushaltskasse durch die Darlehenszahlungen los zu sein. Diese Erwartung, diese Geschäftsgrundlage, wird gestört, wenn die Partnerschaft wider Erwarten endet. Es dürfte deshalb gerechtfertigt sein, wenn Helena zumindest einen Teil der investierten 50.000 Euro zurückerhält.

Störung der Geschäftsgrundlage

Eine komplette Rückgewähr kommt in ihrem Fall jedoch weder nach Bereicherungsrecht noch nach den Regeln über die Störung der Geschäftsgrundlage in Betracht. Helena hat in dem Haus selbst eine Zeit lang gewohnt und durch die Mitfinanzierung des Darlehens auch ihren eigenen Wohnbedarf teilweise gesichert.

Keine komplette Rückgewähr der Investition

DIE RÜCKGEWÄHR VON ZUWENDUNGEN WÄHREND DER EHEZEIT

1. Alexander und Helena trennen sich nach 15 Jahren Ehe. Alexander rechnet aus, dass er Helena während der Ehe fünf Halsketten, sieben Ringe, drei teure Smartphones, über hundert Haarspangen und Ohrringe sowie zahlreiche Kleider geschenkt hat. Nach der Trennung gelangt er zu der Auffassung, dass Helena all diese Geschenke nicht wert gewesen sei und möchte sie zurückfordern.

2. Helena wird während der Ehe bei einem Verkehrsunfall erheblich verletzt und erhält 50.000 Euro Schmerzensgeld. Damit löst sie ein Darlehen vorzeitig ab, das Alexander allein zur Finanzierung seines ihm ebenfalls allein gehörenden Hauses aufgenommen hat. Alexander findet, geschenkt sei geschenkt.

Ehebedingte Zuwendungen

Überträgt ein Ehegatte dem anderen ohne gleichwertige Gegenleistung einen Vermögensgegenstand, handelt es sich häufig nicht um eine Schenkung, sondern um eine sogenannte ehebedingte Zuwendung. Ehebedingte Zuwendungen haben den Sinn, die eheliche Lebensgemeinschaft individuell auszugestalten und zu sichern:

- Die Zuwendungen erfolgt aus steuerlichen Gründen, z. B. zur Vermeidung von Erbschafts- oder Schenkungssteuer.
- Ein Ehegatte möchte den anderen für bestimmte Leistungen entschädigen.
- Ein Ehegatte will einen besonderen Beitrag zur Finanzierung der ehelichen Lebensgemeinschaft leisten.
- Ein Ehegatte will Lasten schultern, die der andere nicht tragen könnte.
- Ein Ehegatte will etwas für die persönliche Altersvorsorge des anderen tun.

Geschäftsgrundlage ehebedingter Zuwendungen ist die Ehe. Endet diese, entfällt die Geschäftsgrundlage und es sind dem Grunde nach Rückgewähransprüche denkbar.

Echte Schenkungen gibt es zwischen Ehegatten natürlich auch. Sie haben ihren Grund in der persönlichen Beziehung der Ehegatten, ihrer Liebe zueinander. Eine Schenkung wird man in der Regel bei Zuwendungen von geringem Wert annehmen können oder wenn ihr ein bestimmter emotionaler Anlass zugrunde liegt, z. B. ein Geburtstag, Weihnachten oder ein Hochzeitstag. Was ein Geschenk von geringerem Wert ist, hängt von den Lebensumständen der Ehegatten ab. Absolute Obergrenzen lassen sich hier selbstverständlich nicht ziehen. Auch Zuwendungen, mit denen man sich finanziell übernimmt oder das Maß des Üblichen weit überschreitet, können echte Schenkungen sein. Im Beispiel 1 handelt es sich sicherlich um Schenkungen und nicht um ehebedingte Zuwendungen. Dass während einer mehr als 15-jährigen Ehe einiges an geschenkten Schmuck- und Kleidungsgeschenken zusammenkommt, ist nicht ungewöhnlich. Alexander wird die Sachen nicht von Helena zurückfordern können, auch wenn er seine vermeintliche Großzügigkeit im Lichte der Trennung bitter bereuen mag. Echte Schenkungen können nur bei grobem Undank des Beschenkten zurückgefordert werden. Darauf gibt es hier keine Hinweise.

Abgrenzung zur Schenkung

09

In Beispiel 2 geht Helenas Zahlung deutlich über den üblichen Beitrag zur ehelichen Lebensgemeinschaft hinaus. Sie wird die Vorstellung gehabt haben, dass sie mit der Zahlung Alexanders persönliche Altersvorsorge sichert oder jedenfalls zur Sicherung der ehelichen Lebensgemeinschaft beiträgt. Es handelt sich um eine ehebedingte Zuwendung, nicht um eine echte Schenkung.

Ein Rückgewähranspruch wegen Störung der Geschäftsgrundlage kommt aber nur in Betracht, wenn

Rückgewähr ehebedingter Zuwendungen

- der Vermögensvorteil bei Scheitern der Ehe beim Empfänger noch vorhanden ist und
- nach Durchführung des Zugewinnausgleichs das Ergebnis unter Berücksichtigung aller Umstände (z. B. Dauer der Ehe, Alter der Ehegatten, eventuelle Absprachen der Ehegatten) für den Zuwendenden schlechthin unzumutbar ist.

Zu ungerechten Ergebnissen des Zugewinnausgleichs kann es kommen, wenn

- einerseits der Zuwendungsempfänger keinen Zugewinn aufzuweisen hat, weil sein Vermögen insgesamt negativ ist oder er die Zuwendung für eigene Zwecke vor der Rechtshängigkeit des Scheidungsantrags verbraucht hat, und
- dem Geber außerdem aufgrund seiner eigenen Verhältnisse nicht zugemutet werden kann, gänzlich auf einen Ausgleich für erbrachte Zuwendungen zu verzichten.

Die Rechtsprechung hat Ansprüche wegen Störung der Geschäftsgrundlage neben dem Zugewinnausgleich bejaht, wenn eine Zuwendung mit einer Schmerzensgeldzahlung finanziert wurde oder bei kurzer Ehe dem anderen Partner zu dessen Altersabsicherung erhebliche Mittel zur Verfügung gestellt worden sind. Jedenfalls der erste Punkt ist hier gegeben. Schmerzensgeldzahlungen sollen erlittene Schmerzen und Unannehmlichkeiten durch Schäden zu einem gewissen Grad wiedergutmachen. Es handelt sich um eine Zahlung, die eigentlich Helena höchstpersönlich zugutekommen soll. Wenn sie sich entschließt, diese in die eheliche Lebensgemeinschaft zu investieren, hat sie einen besonderen Schutz verdient, wenn diese Zahlung bei Trennung und Scheidung nicht wieder an sie zurückfließt. Helena kann deshalb beanspruchen, über den Zugewinnausgleich hinaus zumindest einen Teil des investierten Geldes wieder zurückzubekommen.

RÜCKABWICKLUNG VON SCHENKUNGEN DER SCHWIEGERELTERN

09

Alexander ist Alleineigentümer eines Hauses, in dem er und Helena gemeinsam wohnen. Nach ihrer Hochzeit – einen Ehevertrag machen sie nicht – überweist Helenas Vater auf ihr gemeinsames Haushaltskonto einen Betrag von 100.000 Euro. Er sagt den beiden, dass sie mit dem Geld die noch auf dem Hausgrundstück lastenden Schulden ablösen sollen. So geschieht es auch. Als die Ehe einige Jahre später scheitert, ist Helenas Vater tief enttäuscht und verlangt von Alexander Rückerstattung der 100.000 Euro.

Einen Rückforderungsanspruch kann man nur gegen die Person richten, die eine Leistung auch bekommen hat. Eltern wollen häufig primär das eigene Kind unterstützen. Im Beispiel könnte man deshalb argumentieren, dass mit dem Geld lediglich Helenas Anteil am Darlehen abgelöst sollte. Andererseits ist das Geld auf ein Gemeinschaftskonto des Paares geflossen und Helenas Vater wollte ausdrücklich die Abzahlung des Hauses fördern, das als Eigenheim der jungen Familie diente und auch weiterhin dienen sollte. Es spricht daher einiges dafür, dass die Eltern die Zuwendung gleichermaßen Alexander und Helena zukommen lassen wollten. Denkbar wäre damit allenfalls noch ein Rückforderungsanspruch von 50.000 Euro gegen Alexander.

Die Rechtsprechung behandelt Zuwendungen der Schwiegereltern, die mit Rücksicht auf die Ehe des Kindes und zur Begünstigung des ehelichen Zusammenlebens erfolgt sind, nicht als ehebezogene Zuwendungen, sondern als echte Schenkungen. Als Rechtsgrundlage für einen Rückforderungsanspruch der Eltern kommen daher in Betracht: der Schenkungswiderruf wegen groben Undanks, das Bereicherungsrecht und die Regeln über die Störung der Geschäftsgrundlage. Der letzte Weg wird zumeist am Aussichtsreichsten sein. Hier muss im Einzelfall geprüft werden, ob und inwieweit die Vermögenssituation infolge der Trennung der Kinder den Schwiegereltern unzumutbar ist. Hierbei spielt insbesondere eine Rolle, inwieweit durch die Schenkung bei Alexander überhaupt Vermögen vermehrt wurde und ob und inwieweit Helena hiervon profitieren konnte. Dass Alexander das Geld auf ein Darlehen eingezahlt hat und der Geldbetrag nun nicht mehr bei ihm vorhanden ist, spielt keine Rolle: Sein Vermögen ist ja immer noch vermehrt, weil er sich mithilfe der Schenkung von einer Belastung befreien konnte. Man darf bei der Prüfung der Zumutbarkeit insbesondere nicht vergessen, dass Helena nach der Schenkung noch eine Weile mit Alexander zusammengelebt hat und die Schenkung ihren Zweck daher zum Teil erfüllen konnte. Helenas Vater kann also allenfalls einen gewissen Anteil der an Alexander geflossenen 50.000 Euro zurückverlangen.

AUSEINANDERSETZUNG DER GÜTERGEMEINSCHAFT

Viele Jahre nach Alexanders Tod überschreibt Helena (70) Nina und David ihre Eigentumswohnung. Sie behält sich aber ein lebenslanges Nießbrauchsrecht vor. Einige Jahre später zieht sie in eine seniorengerechte Wohnanlage um und lernt dort Christopher (76) kennen. Die beiden verlieben sich, heiraten und vereinbaren vertraglich den Güterstand der Gütergemeinschaft. Christopher drängt darauf, dass Helena ihre Wohnung vermietet und mit den Einnahmen ihre Plätze in der Wohnanlage mitfinanziert. Kann er das verlangen?

Sondergut und Gesamtgut

Ein Nießbrauchsrecht gibt seinem Inhaber ein umfassendes Nutzungsrecht an einem Gegenstand, zumeist einer Immobilie. Anders als bei einem reinen Wohnungsrecht darf Helena die Wohnung, die sie den Kindern überschrieben hat, nach ihrem Auszug also vermieten und damit Einkünfte erzielen. Nach § 1417 Abs. 2 BGB verwaltet jeder Ehegatte sein Sondereigentum selbst. Die „Früchte" aus dem Sondergut fallen allerdings in das Gesamtgut. Vermietet also ein Ehegatte eine Wohnung, an der er das Nießbrauchsrecht hat, kommen die Mieteinnahmen beiden zugute. Der andere Ehepartner hat sogar einen Anspruch darauf, dass solche Einnahmen erzielt werden: Christopher kann von Helena also verlangen, dass sie die Wohnung vermietet.

Anders wäre es, wenn Helena und Christopher ehevertraglich vereinbart hätten, dass die Wohnung Vorbehaltsgut bleibt. Über sein Vorbehaltsgut darf der Eigentümer trotz Gütergemeinschaft nach eigenem Gutdünken verfügen. Er kann sogar die Nutzungen alleine ziehen. Vorbehaltsgut kann auf drei Arten begründet werden:

Vorbehaltsgut

09

*   durch Ehevertrag

Helena verbietet Christopher, aus ihrem Gesamtgut immer wieder Lose von Fernsehlotterien zu kaufen, weil sie das für Geldverschwendung hält. Christopher stimmt unter der Bedingung zu, dass etwaige Gewinne Vorbehaltsgut werden. Helena willigt ein. Die beiden gehen zum Notar und lassen die Vereinbarung protokollieren. Kurz darauf gewinnt Christopher mit einem schon vorher gekauften Los 10.000 Euro und verwendet den Erlös, um auch weiterhin zu spielen. Helena schäumt.

Vorbehaltsgut muss nicht „für Rechnung des Gesamtgutes" verwendet werden. Christopher kann seinen Lotteriegewinn daher tatsächlich verwenden, wie es ihm gefällt.

*   durch Dritte

Nina und David schließen für Helena eine Pflegezusatzversicherung ab. Weil sie Christopher nicht mögen und damit rechnen, dass die Ehe früher oder später scheitern wird, heften sie dem Versicherungsschein ein Schreiben bei, in dem sie ausdrücklich schreiben, dass der Erlös aus der Pflegeversicherung nicht in das Gesamtgut fallen soll.

- durch Erwerb eines „Ersatzstücks"

Christopher und Helena hatten in ihrem Vertrag auch bestimmt, dass durch Erbfall oder Schenkung erworbenes Vermögen in das Vorbehaltsgut fallen soll. Als Christophers 100-jährige Patentante Trudi stirbt, vermacht sie ihm ihr kleines Häuschen. Dieses brennt kurze Zeit nach einem Blitzschlag bis auf die Grundmauern nieder. Helena meint, die an Christopher ausgezahlte Versicherungssumme sei nicht „geerbt" und müsse in das Gesamtgut fallen, jedenfalls aber der luxuriöse Pkw, den Christopher sich davon gegönnt habe.

Das Haus ist Christopher als Vermächtnis zugewandt worden und damit Teil des Vorbehaltsguts. Wird ein Teil des Vorbehaltsguts zerstört, beschädigt oder entzogen, fällt auch der Ersatz, beispielsweise eine Entschädigungssumme, in das Vorbehaltsgut. Auch der aus Mitteln des Ersatzbetrags gekaufte Gegenstand ist Vorbehaltsgut.

> Gegenstände, die in das Vorbehaltsgut fallen, werden so behandelt, als ob zwischen den Eheleuten Gütertrennung vereinbart worden wäre.

Es bietet sich an, das Vorbehaltsgut in einer Liste klar zu bezeichnen. So verhindert man Unsicherheiten und Streit während der Ehe. Auch die Beendigung des Güterstandes kann man sich so erleichtern.

Auseinandersetzung des Gesamtgutes

Lassen sich die Ehegatten scheiden, verwandelt sich die Gütergemeinschaft hinsichtlich des Gesamtgutes in eine „Liquidationsgemeinschaft". Sondergut und Vorbehaltsgut verbleiben ohnehin bei ihrem jeweiligen Inhaber. Die Liquidationsgemeinschaft muss auseinandergesetzt werden: Zunächst müssen die Ehegatten die Verbindlichkeiten des Gesamtgutes begleichen. Der verbleibende Überschuss ist hälftig zu teilen. Wie die Ehegatten dies organisieren, ist ihnen überlassen. Jeder von ihnen muss am Ende wertmäßig die Hälfte des Gesamtgutes erhalten. Ist eine Einigung hinsichtlich bestimmter Gegenstände, etwa der gemeinsamen Immobilie oder eines gemeinsamen Pkw, nicht möglich, müssen diese gegebenenfalls verkauft oder versteigert werden.

09

10

ERBRECHTLICHE FRAGEN

Erb- und Pflichtteilsansprüche der Ehegatten erlöschen erst mit Rechtshängigkeit des Scheidungsantrags bzw. der Rechtskraft des Scheidungsbeschlusses. Die bloße Trennung der Ehegatten hat dagegen noch keine Auswirkungen auf ihr Erbrecht. Während der Trennungszeit können sie die Ansprüche des Partners allenfalls einseitig durch letztwillige Verfügung reduzieren oder sie schließen einvernehmlich ihre erbrechtlichen Ansprüche aus.

KURZ & BÜNDIG

- **Trennung:** Während der Trennung gilt das gesetzliche Erbrecht des Ehegatten fort. Enterbt man ihn, hat er nach wie vor Anspruch auf den Pflichtteil.

- **Einigung:** In einer Trennungs- und Scheidungsfolgenvereinbarung können die Ehegatten einvernehmlich auf ihr Erb- und Pflichtteilsrecht verzichten.

- **Scheidungsverfahren:** Wer nach Vorliegen der gesetzlichen Voraussetzungen den Scheidungsantrag stellt, schließt die Erb- und Pflichtteilsansprüche des Ehegatten endgültig aus.

- **Gegen alle Zweifel:** Wenn die Ehegatten einander trotz Scheidung zu Erben einsetzen wollen, müssen sie dies ausdrücklich in einer letztwilligen Verfügung regeln.

ERBRECHT DES GETRENNT LEBENDEN EHEGATTEN

Anna und Irini trennen sich. Einen Ehevertrag haben die beiden
nicht geschlossen. Einige Monate später stirbt Anna bei einem Autounfall.
Beerbt Irini Anna?

Man kann seine Erbfolge selbst regeln, indem man z. B. in einem
Testament seinen Ehepartner zum Erben einsetzt, oder die Nach-
lassregelung dem Gesetz überlassen.

Gesetzliches Erbrecht des Ehegatten bei Zugewinngemeinschaft

Die gesetzliche Erbfolge ist in sogenannte Ordnungen unterteilt,
die in den §§ 1924 ff. BGB definiert werden. Erben erster Ordnung sind die Abkömmlinge des Erblassers, also seine Kinder
und Kindeskinder, Erben zweiter Ordnung die Eltern des Erblassers und deren Abkömmlinge, die Erben dritter Ordnung die
Großeltern des Erblassers und deren Abkömmlinge usw. Die
Ehepartner und eingetragenen Lebenspartner gehören keiner
Erbordnung an; ihr Erbrecht unterliegt eigenen Regeln
(§§ 1931 ff. BGB, § 10 LPartG). Neben Erben der ersten Ordnung
steht dem Ehegatten mindestens 1/4 des Nachlasses zu, während er neben Verwandten der zweiten Ordnung und neben den
Großeltern die Hälfte des Nachlasses erhält. Abkömmlinge von
Großeltern und Erben entfernterer Ordnungen erben neben dem
Ehegatten gar nicht. Die tatsächliche Erbquote des Ehepartners
hängt aber vom Güterstand ab, in dem er mit dem Verstorbenen
zuletzt gelebt hat. Bei Zugewinngemeinschaft hat der Ehegatte
des Erblassers nicht nur Anspruch auf seinen Erbteil, sondern
auch auf Ausgleich des erwirtschafteten Zugewinns. Schließlich
ist die Ehe ja durch den Tod „geschieden" worden. Der überlebende Ehegatte kann nach § 1371 BGB den Zugewinn wie im
Scheidungsfall berechnen und ausgleichen lassen („güterrechtliche Lösung"). In der Praxis gebräuchlicher und meist auch wirtschaftlich vorteilhafter ist die sogenannte erbrechtliche Lösung:
Hier wird der gesetzliche Erbteil des Ehegatten pauschal um 1/4

erhöht. Der Ehegatte erbt in diesem Fall die Hälfte und die Kinder teilen sich die andere Hälfte. Existieren Erben der zweiten Ordnung oder leben die Großeltern noch, erbt der Ehegatte 3/4 des Nachlasses.

Im Falle einer Gütergemeinschaft bleibt es hingegen bei der 1/4-Erbquote. Gütergemeinschaft zu vereinbaren kann aber dennoch wirtschaftlich günstig sein, weil hier dem überlebenden Partner güterrechtlich neben dem erbrechtlichen Viertel ja noch die Hälfte des Gesamtgutes zufällt.

Gesetzliches Erbrecht des Ehegatten bei Gütergemeinschaft

10

Vereinbaren die Ehegatten ehevertraglich Gütergemeinschaft, können sie sich auch für die Spielart der fortgesetzten Gütergemeinschaft entscheiden. In diesem Fall tritt keine gesetzliche Erbfolge ein. Der überlebende Ehegatte beerbt den Verstorbenen nicht. Er behält sein eigenes Vorbehalts- und Sondergut und setzt mit den gemeinsamen Kindern die Gütergemeinschaft fort. Die fortgesetzte Gütergemeinschaft kann dann einvernehmlich beendet werden oder sie endet automatisch, wenn auch der zweite Ehepartner stirbt. Dieses Modell ist heute so selten geworden, dass es sich nicht lohnt, hier im Detail darauf einzugehen.

Tipp
Sind Sie als überlebender Ehegatte oder als Kind von einer fortgesetzten Gütergemeinschaft betroffen, sollten Sie anwaltlichen Rat einholen.

Haben die Ehegatten im Güterstand der Gütertrennung gelebt, erbt der überlebende Ehegatte mindestens 1/4. Die Quote kann höher ausfallen, wenn der Erblasser neben seinem Ehepartner ein oder zwei Kinder hinterlässt. Bei einem Kind erhalten Partner und Kind je die Hälfte, bei zwei Kindern wird der Nachlass gedrittelt.

Gesetzliches Erbrecht des Ehegatten bei Gütertrennung

Durch die Trennung ändert sich an der testamentarischen oder gesetzlichen Erfolge der Ehegatten nichts. In unserem Beispiel waren Anna und Irini im gesetzlichen Güterstand verpartnert. Irini beerbt Anna zu 1/2, Jana und Simone teilen sich die weitere Hälfte.

ENTERBUNG DES GETRENNT LEBENDEN EHEGATTEN

ERRICHTEN EINER LETZTWILLIGEN VERFÜGUNG

Nach Annas Tod wird ein Testament gefunden, in dem Anna Simone zur Alleinerbin bestimmt hat.

Vorsicht

Haben die Ehegatten keine Einzeltestamente errichtet, sondern ein gemeinschaftliches Testament, ist ein Widerruf nur durch notarielle Erklärung möglich, die dem anderen Ehegatten öffentlich zugestellt wird.

Wer nicht möchte, dass im Falle seines Todes die gesetzliche Erbfolge eintritt, kann sie in einer letztwilligen Verfügung, also in einem Testament oder Erbvertrag, selbst regeln und den Ehegatten enterben. Liegt bereits ein Testament vor, in dem ein Ehegatte den anderen eingesetzt hat, kann der Verfügende das alte Testament abändern oder komplett widerrufen, indem er es vernichtet oder ein neues Testament oder einen neuen Erbvertrag errichtet. Dabei ist er nicht an die Form des früheren Testaments gebunden. Er kann also z. B. ein notarielles Testament auch durch ein handschriftliches Testament widerrufen.

PFLICHTTEILSANSPRÜCHE DES GETRENNT LEBENDEN PARTNERS

Solange kein Scheidungsantrag eingereicht wird, bleibt der enterbte getrennt lebende Partner aber pflichtteilsberechtigt. Das bedeutet: Als übergangener gesetzlicher Erbe hat er Anspruch auf eine Art Schadensersatz, der auf einen Teil des hinterlassenen Vermögens gerichtet ist, den sogenannten Pflichtteil (§ 2303 BGB).

Pflichtteilsberechtigt sind:

- Abkömmlinge des Erblassers (leibliche Kinder, Adoptivkinder, nichteheliche Kinder),
- der Ehegatte oder eingetragene Lebenspartner des Erblassers und

10

- die Eltern des Erblassers, wenn keine Abkömmlinge vorhanden sind.

Der Pflichtteilsanspruch ist auf Zahlung von Geld aus dem Nachlass gerichtet. Verlangen kann der Pflichtteilsberechtigte seinen halben gesetzlichen Erbteil – genauer: die Hälfte des Wertes des gesetzlichen Erbteils im Moment des Erbfalls.

In unserem Beispiel hat Anna Simone zur Alleinerbin bestimmt. Daraus folgt, dass Irini und Jana enterbt sind. Irini hat einen Pflichtteilsanspruch von 1/4, Jana einen Pflichtteilsanspruch von 1/8.

Bis zur Einleitung des Scheidungsverfahrens können Sie ohne Mitwirkung Ihres getrennt lebenden Partners den Pflichtteilsanspruch nicht weiter reduzieren.

VERTRAGLICHE REGELUNGEN

Während einer harmonisch verlaufenden Ehe vereinbaren Ehegatten häufig eine sogenannte modifizierte Zugewinngemeinschaft. Endet die Ehe mit dem Tod eines Ehepartners, beträgt der gesetzliche Erbteil des Partners 1/2, für den Fall der Scheidung wird jedoch Gütertrennung vereinbart und der Erbanteil damit reduziert, wenn Kinder vorhanden sind.

Kommt es später tatsächlich zu einer Trennung und schließen die Partner eine Trennungs- und Scheidungsfolgenvereinbarung, sollte diese auch Regelungen für den Todesfall enthalten.

Tipp

Wenn Sie sichergehen wollen, dass Ihr Partner weder Erb- noch Pflichtteilsansprüche hat, wenn Sie während der Trennung und vor Einleitung des Scheidungsverfahrens sterben, sollten Sie in einer Trennungs- und Scheidungsfolgenvereinbarung wechselseitig auf Erb- und Pflichtteilsansprüche verzichten. Besonders wichtig ist das dann, wenn Sie nicht die Absicht haben, sofort nach Ablauf des Trennungsjahres die Scheidung einzureichen.

In der Regel werden die Partner dann auf Erb- und Pflichtteilsansprüche verzichten.

AUSWIRKUNGEN DES SCHEIDUNGS-VERFAHRENS AUF DIE ERB- UND PFLICHTTEILSANSPRÜCHE DER EHEGATTEN

Tipp

Wenn Sie entgegen der Vermutung möchten, dass Ihr ehemaliger Partner trotz Trennung und Scheidung erbt, können Sie das erreichen, indem Sie dies ausdrücklich in einer Verfügung so bestimmen.

Die gesetzliche Erbfolge endet für beide Ehegatten spätestens mit Rechtskraft der Ehescheidung. Haben die Ehegatten einzelne oder gemeinschaftliche Testamente oder Erbverträge errichtet, in denen der eine den anderen eingesetzt hat, werden auch diese Verfügungen mit Rechtskraft des Scheidungsbeschlusses unwirksam. Nach dem Gesetz wird nämlich vermutet, dass diese Erbeinsetzung im Scheidungsfall nicht mehr gewollt ist, und das dürfte in den allermeisten Fällen auch stimmen.

Helena hat sich vor einem Jahr von Alexander getrennt und ist nun mit Christopher zusammen. Sie weist ihren Anwalt an, Scheidungsantrag zu stellen, was dieser auch tut. Als Alexander den Antrag erhält, fährt er zu seinem Anwalt, um das weitere Vorgehen zu besprechen. Auf der Rückfahrt verunglückt Alexander tödlich. Beerbt Helena Alexander?

Ein Ehegatte kann das Erbrecht und sogar den Pflichtteilsanspruch des anderen ausschließen, indem er bei Vorliegen der Scheidungsvoraussetzungen – in der Regel nach Ablauf des Trennungsjahres – den Scheidungsantrag stellt:

Das Erbrecht des überlebenden Ehegatten [...] ist ausgeschlossen, wenn zur Zeit des Todes des Erblassers die Voraussetzungen für die Scheidung der Ehe gegeben waren und der Erblasser die Scheidung beantragt oder ihr zugestimmt hatte. [...] (§ 1933 BGB)

Wird der Scheidungsantrag zurückgenommen, erlischt auch die Wirkung des § 1933 BGB. Es kommt wirklich darauf an, welcher der Ehegatten den Scheidungsantrag gestellt hat. Nur der Antragsteller „enterbt" den anderen Ehegatten. Im Beispiel oben beerbt Helena Alexander also, als hätten sie sich nie getrennt, oder sie kann – falls er ein Testament errichtet hat – zumindest den Pflichtteil nach ihm fordern.

10

Helena hat sich vor einem Jahr von Alexander getrennt und ist nun mit Christopher zusammen. Sie weist ihren Anwalt an, Scheidungsantrag zu stellen, was dieser auch tut. Einen Tag, bevor der Antrag in Alexanders Briefkasten eingeworfen wird, stirbt Helena bei einem tragischen Autounfall. Beerbt Alexander Helena?

Ja. Maßgeblich für den § 1933 BGB ist die Rechtshängigkeit des Scheidungsantrags. Das bedeutet, dass dem zu „enterbenden" Ehegatten der Antrag des Erblassers zugegangen, also in seinem Briefkasten gelandet sein muss. Auch wenn der Scheidungsantrag bei Helenas Tod schon auf dem Postweg war: Der Antrag ist zu spät angekommen und Alexander wird Helena beerben. Selbst wenn Helena Alexander nach der Trennung testamentarisch enterbt hätte, stünden ihm als Helenas Ehemann noch die ungekürzten Pflichtteilsansprüche nach § 2303 BGB zu. Deren Höhe richtet sich nach der gesetzlichen Erbquote und damit mittelbar auch wieder nach dem gewählten Güterstand.

11

STEUERLICHE FRAGEN

Im Falle der Trennung und Scheidung müssen die Ehegatten auch Antworten auf steuerrechtliche Fragen finden. Um die drei wichtigsten geht es in diesem Kapitel: Wie werden wir künftig steuerlich veranlagt? Wie wird die Steuerschuld aufgeteilt? Und gibt es eine Möglichkeit, die Scheidungskosten von der Steuer abzusetzen?

KURZ & BÜNDIG

- **Steuerliche Veranlagung:** Ehegatten können wählen, ob sie steuerlich getrennt oder zusammen veranlagt werden wollen. Ab dem Jahr nach der Trennung müssen sie sich getrennt veranlagen lassen.

- **Gesamtschuld:** Solange sich die Ehegatten zusammen veranlagen lassen, sind sie beide für die Steuererklärung verantwortlich. Sie haften für die Steuerschuld gemeinsam und sind gesamtberechtigt an einer Steuererstattung.

- **Aufteilung im Innenverhältnis:** Die Aufteilung von Steuerschuld und Steuererstattung unter den Partnern richtet sich danach, wer welchen Anteil am steuerlichen Ergebnis hatte. Hierzu errechnet man, wie hoch der Erstattungsanspruch oder die Steuerschuld des jeweiligen Ehegatten bei einer Einzelveranlagung gewesen wäre.

GETRENNTE ODER GEMEINSAME VERANLAGUNG

Alexander und Helena leben seit dem 20. September 2016 unter einem Dach getrennt. Erst am 10. Januar 2017 zieht Alexander in eine eigene Wohnung. Können sie sich für 2017 noch zusammen veranlagen lassen?

Grundsätzlich können Ehegatten wählen, ob sie steuerlich getrennt oder zusammen veranlagt werden wollen. Üben die Ehegatten ihr Wahlrecht nicht aktiv aus, wird das Finanzamt in aller Regel davon ausgehen, dass sie sich gemeinsam veranlagen lassen wollen. Dann werden sie wie ein einziger Steuerpflichtiger behandelt. Ihre Einkünfte werden addiert, anschließend halbiert und dann versteuert jeder „seine" Hälfte. So kommen die Ehegatten in den Genuss des sogenannten Splittingtarifs, der in aller Regel für sie steuerlich vorteilhaft ist.

Tipp

Lassen Sie sich vor der Eheschließung oder bei einer erheblichen Änderung der ehelichen Einkommens- und Vermögensverhältnisse von einem Steuerberater oder – besser noch – von einem Anwalt für Steuerrecht beraten, der auch über familienrechtliche Kenntnisse verfügt.

Ausnahmsweise kann die Steuer bei einer Zusammenveranlagung allerdings auch höher ausfallen als bei getrennter Veranlagung, etwa durch die Verringerung der beschränkt abzugsfähigen Sonderausgaben bei Einkünften aus unterschiedlichen Einkunftsarten oder im Bereich der Kirchensteuer durch die Zurechnung von Einkommensteilen des Ehegatten.

Ein Wahlrecht haben die Ehegatten nach § 26 Abs. 1 Satz 1 EStG (Einkommensteuergesetz) nur dann, wenn sie unbeschränkt einkommensteuerpflichtig sind und nicht dauerhaft getrennt leben. Diese Voraussetzungen müssen an mindestens einem Tag des Veranlagungszeitraums vorgelegen haben. Nach der familienrechtlichen Definition wären Alexander und Helena im Jahre 2017 bereits getrennt zu veranlagen, weil sie seit September

11

2016 dauerhaft getrennt leben und an keinem Tag des Jahres 2017 zusammengelebt haben. Im Steuerrecht ist hingegen das „Gesamtbild der Lebens-und Wirtschaftsgemeinschaft" entscheidend, das sich vorrangig am Zeitpunkt der räumlichen Trennung orientiert. Danach könnten sich Alexander und Helena für 2017 noch gemeinsam veranlagen lassen.

Ein Wahlrecht besteht aber dann nicht mehr, wenn die Ehe im Veranlagungszeitraum aufgelöst wird und einer der Ehegatten im selben Veranlagungszeitraum – im Beispiel: 2017 – wieder heiratet und gemeinsam mit seinem neuen Partner die Voraussetzungen der gemeinsamen Veranlagung erfüllt.

GESAMTSCHULD

Zusammen veranlagte Ehegatten sind Gesamtschuldner der Steuerforderung. Keine Rolle spielt dabei, ob der jeweilige Ehepartner im Innenverhältnis tatsächlich für die Steuerschuld verantwortlich ist. Macht das Finanzamt bei einem Ehegatten Zahlungen geltend, die dessen Anteil im Innenverhältnis übersteigen, so kann dieser Ehegatte die Zahlung also nicht verweigern. Er kann nach § 268 AO (Abgabenordnung) allerdings eine sogenannte Beschränkung der Vollstreckung auf seinen Anteil beantragen. Seinen Anteil muss er also in jedem Fall bezahlen.

Tipp
Um die Zwangsvollstreckung insoweit zu verhindern, sollten Sie bei der Zahlung ganz deutlich angeben, dass Sie nur auf den eigenen Anteil zahlen und nicht auf den Anteil des anderen Ehegatten.

Stimmt ein Ehegatte der Zusammenveranlagung durch die gemeinsame Unterzeichnung des Mantelbogens zu, kann es passieren, dass er sich z. B. Falschangaben, eine verspätete Abgabe der Steuererklärung oder Verstöße gegen die Belegvorlagepflicht des anderen Ehegatten zurechnen lassen muss.

Misstraut man dem Ehepartner, der die Steuererklärung errichtet hat, will man aber Sanktionen des Finanzamts wegen verspäteter Abgabe der Steuererklärung oder gar eine zwangsweise getrennte Veranlagung vermeiden, sollte man vom Partner eine Erklärung verlangen, dass er einen von etwaigen Forderungen des Finanzamts freistellt. Das bietet sich insbesondere dann an, wenn dieser Ehegatte im Innenverhältnis ohnehin verpflichtet wäre, die Steuerlast allein zu tragen. Die steuerstrafrechtlichen Folgen einer gemeinsamen Erklärung lassen sich damit allerdings nicht vermeiden.

Unterschreibt man die vom anderen Partner gefertigte Steuererklärung, macht man sich auch dessen falsche Angaben zu eigen und muss gegebenenfalls mit einer Anzeige rechnen.

Die Ehegatten könnten nun auf die Idee kommen, im Fall der Trennung immer die getrennte Veranlagung zu wählen, um die Mithaftung zu vermeiden. Solange sie noch nicht geschieden sind, gilt aber die eheliche Lebensgemeinschaft dem Grunde nach fort. Daher müssen sie finanzielle Belastungen des anderen möglichst vermeiden und finanzielle Vorteile soweit zumutbar in Anspruch nehmen. Das bedeutet, dass die Ehegatten voneinander verlangen und einander sogar darauf verklagen können, dass die Zusammenveranlagung gewählt wird, wenn dies für keinen von beiden nachteilig ist.

Tipp

Um das zu verhindern, sollten Sie getrennte Erklärungen abgeben und dem Finanzamt mitteilen, dass Sie mit der Durchführung der gemeinsamen Veranlagung einverstanden sind. Das widerspricht zwar der gesetzlich vorgeschriebenen Form des § 25 Abs. 2 Satz 3 EStG, wird aber von den Finanzämtern akzeptiert.

Verletzt ein Ehegatte seine Pflicht, der Zusammenveranlagung zuzustimmen, und entstehen den Ehegatten dadurch finanzielle Nachteile, kann sich der pflichtverletzende Ehegatte schadenersatzpflichtig machen. Das Gleiche gilt, wenn ein Ehegatte schuldhaft seine Pflicht zur Mitwirkung im steuerlichen Verfahren verletzt, z. B. die Steuererklärung zu spät abgibt, falsche Angaben macht oder Angaben unterlässt, mit denen es möglich gewesen wäre, die Steuerlast zu reduzieren.

AUFTEILUNG DER STEUERSCHULD IM INNENVERHÄLTNIS

Haben die Ehegatten nicht ausdrücklich etwas anderes vereinbart, bestehen Ausgleichsansprüche im Innenverhältnis erst ab der Trennung. Sie beschränken sich allein auf Steuerzahlungen nach der Trennung, selbst wenn diese sich auf Veranlagungszeiträume beziehen, in denen die Ehegatten noch nicht getrennt gelebt haben. Trennung und Scheidung sollen nämlich nicht dazu führen, dass die Kosten der allgemeinen Lebensführung, zu denen auch Steuerzahlungen gehören, nachträglich „aufgerollt" werden können. Sind diese einmal bezahlt oder von der ehelichen Lebensgemeinschaft vereinnahmt worden, kommt ein Ausgleich nicht mehr in Betracht.

Forderungen des Finanzamts, aber auch Steuerrückzahlungen sind zwischen den Ehegatten ihrem Anteil an der Steuerschuld oder dem Steuerguthaben entsprechend aufzuteilen. Die Aufteilung der Steuerschuld im Innenverhältnis geschieht nach Maßgabe einer „fiktiv getrennten Veranlagung": Mithilfe eines Steuerberaters oder eines Steuerprogramms errechnet man, welchen Anteil jeder Ehegatte bei getrennter Veranlagung an der Steuerlast zu tragen gehabt hätte. Diese Quote wird dann 1:1 auf das aufzuteilende Guthaben bzw. die Finanzamtsforderung angewandt.

STEUERLICHE FOLGEN VON SCHEIDUNG UND FOLGESACHEN

SCHEIDUNGSKOSTEN

Die bei der Scheidung entstehenden Gerichts- und Anwaltskosten können nach § 33 EStG als außergewöhnliche Belastung geltend gemacht werden. Die Kosten müssen allerdings eine gewisse zumutbare Belastung überschreiten, die der Höhe nach von den Einkünften des Steuerpflichtigen abhängt und davon, wie viele Kinder er hat. Absetzbar sind nur die unmittelbaren Scheidungskosten. Muss der Steuerschuldner im Zuge von Trennung und Scheidung umziehen oder sich neu einrichten, sind diese Kosten nicht absetzbar. Auch sind z. B. die Kosten von Streitigkeiten über Unterhalt und die Kosten von Zugewinnausgleichsregelungen nicht steuerlich absetzbar.

EHEGATTENUNTERHALT

Abzug als Sonder-ausgabe

Schuldet ein Partner dem anderen Ehegattenunterhalt, kann der Unterhaltspflichtige seine Zahlungen im Wege des sogenannten begrenzten Realsplittings steuerlich berücksichtigen lassen, wenn der andere Ehegatte zustimmt. Dazu muss die Anlage U zur Steuererklärung unterzeichnet werden. Ehegattenunterhaltszahlungen sind begünstigte Aufwendungen und damit zum Sonderausgabenabzug zugelassen (§ 10 Abs. 1 Nr. 1 EStG). Auch Sachleistungen können hier berücksichtigt werden.

Alexander lässt Helena nach der Scheidung unentgeltlich in seinem Haus wohnen und erfüllt dadurch teilweise seine Unterhaltspflicht.

Wenn sich ein Ehegatte Unterhaltsleistungen – maximal 13.805 Euro im Jahr – als Sonderausgabe abziehen lässt, entstehen beim Unterhaltsberechtigten in gleicher Höhe steuerpflichtige Einkünfte. Es handelt sich um „echte" Einkünfte, die für den Unterhaltsempfänger von Nachteil sein können: Zum einen kann sich seine Steuerlast erhöhen bzw. durch den Unterhalt erstmals eine Steuerpflicht entstehen. Zum anderen können Sozialleistungen wie das Wohngeld, das Erziehungsgeld oder die beitragsfreie Mitversicherung von Angehörigen in der gesetzlichen Krankenversicherung (Familienversicherung) wegfallen, weil plötzlich die sozialrechtliche Grenze von Einkünften überschritten wird. Ein Unterhaltspflichtiger, der die Vorteile des begrenzten Realsplittings in Anspruch nehmen möchte, kann vom Unterhaltsberechtigten daher nur verlangen, die Anlage U zu unterzeichnen, wenn er sich gleichzeitig verpflichtet, die steuerlichen und sonstigen Nachteile des Realsplittings zu ersetzen.

Abzug als außergewöhnliche Belastung

Anstelle des begrenzten Realsplittings kann der Unterhalt auch als außergewöhnliche Belastung geltend gemacht werden. Die steuerlichen Vorteile sind in der Regel weniger interessant als beim begrenzten Realsplitting, da der anrechnungsfähige Höchstbetrag nur 8.652 Euro beträgt und durch Einkommen des Unterhaltsberechtigten noch verringert werden kann. Dafür bescheren sie dem Unterhaltsberechtigten keine steuerlichen Nachteile.

ZUGEWINNAUSGLEICH UND VERSORGUNGS-AUSGLEICH

11

Der Empfänger einer Zugewinnausgleichszahlung muss diese weder der Schenkungssteuer noch der Einkommenssteuer unterwerfen. Zum einen ist der Vermögensausgleich keine „Wohltat" für den Ausgleichsberechtigten, sondern der Ausgleich für einen während bestehender ehelicher Lebensgemeinschaft nicht erfolgten Vermögenstransfer. Zum anderen wurde das auszugleichende Vermögen aus Einkünften gebildet, für welche die Ehegatten bereits Einkommens- oder Kapitalertragssteuer gezahlt haben. Der Ausgleichsverpflichtete kann mit der gleichen Begründung umgekehrt seine Zahlung nicht als außergewöhnliche Belastung einkommensmindernd berücksichtigen lassen.

In seltenen Konstellationen kann es im Versorgungsausgleich passieren, dass nicht nur die ehelich erworbenen Anwartschaften ausgeglichen werden müssen, sondern zusätzlich ein Partner dem anderen eine schuldrechtliche Ausgleichsrente zahlen muss. Diese kann der Ausgleichspflichtige gemäß § 10 a Abs. 1 Nr. 1 EStG als sogenannte dauernde Last geltend machen. Der ausgleichsberechtigte Ehegatte muss seinerseits die Einnahmen versteuern (§ 22 Nr. 1 c EStG). Bei der schuldrechtlichen Ausgleichsrente handelt es sich nicht um Unterhaltszahlungen. Insofern ist es für die Geltendmachung der schuldrechtlichen Ausgleichszahlung als dauernde Last nicht erforderlich, der Einkommensteuererklärung die Anlage U beizufügen.

Schuldrechtliche Ausgleichsrente absetzen

ADRESSEN DER VERBRAUCHERZENTRALEN

**Verbraucherzentrale
Baden-Württemberg e. V.**
Paulinenstraße 47, 70178 Stuttgart
Telefon: 07 11/66 91-10
Fax: 07 11/66 91-50
www.vz-bawue.de

Verbraucherzentrale Bayern e. V.
Mozartstraße 9, 80336 München
Telefon: 0 89/5 39 87-0
Fax: 0 89/53 75 53
www.vz-bayern.de

Verbraucherzentrale Berlin e. V.
Hardenbergplatz 2, 10623 Berlin
Telefon: 0 30/2 14 85-0
Fax: 0 30/2 11 72 01
www.vz-berlin.de

Verbraucherzentrale Brandenburg e. V.
Babelsberger Straße 12, 14473 Potsdam
Telefon: 03 31/2 98 71-0
Fax: 03 31/2 98 71-77
www.vzb.de

Verbraucherzentrale Bremen e. V.
Altenweg 4, 28195 Bremen
Telefon: 04 21/1 60 77-7
Fax: 04 21/1 60 77-80
www.verbraucherzentrale-bremen.de

Verbraucherzentrale Hamburg e. V.
Kirchenallee 22, 20099 Hamburg
Telefon: 0 40/2 48 32-0
Fax: 0 40/2 48 32-290
www.vzhh.de

Verbraucherzentrale Hessen e. V.
Große Friedberger Straße 13–17, 60313
Frankfurt/Main
Telefon: 0 69/97 20 10-900
Fax: 0 69/97 20 10-40
www.verbraucher.de

**Verbraucherzentrale
Mecklenburg-Vorpommern e. V.**
Strandstraße 98, 18055 Rostock
Telefon: 03 81/2 08 70-50
Fax: 03 81/2 08 70-30
www.nvzmv.de

**Verbraucherzentrale
Niedersachsen e. V.**
Herrenstraße 14, 30159 Hannover
Telefon: 05 11/9 11 96-0
Fax: 05 11/9 11 96-10
www.vz-niedersachsen.de

**Verbraucherzentrale
Nordrhein-Westfalen e. V.**
Mintropstraße 27, 40215 Düsseldorf
Telefon: 02 11/38 09-0
Fax: 02 11/38 09-216
www.verbraucherzentrale.nrw

**Verbraucherzentrale
Rheinland-Pfalz e. V.**
Seppel-Glückert-Passage 10, 55116 Mainz
Telefon: 0 61 31/28 48-0
Fax: 0 61 31/28 48-66
www.vz-rlp.de

**Verbraucherzentrale
des Saarlandes e. V.**
Trierer Straße 22, 66111 Saarbrücken
Telefon: 06 81/5 00 89-0
Fax: 06 81/5 00 89-22
www.vz-saar.de

Verbraucherzentrale Sachsen e. V.
Katharinenstraße 17, 04109 Leipzig
Telefon: 03 41/69 62 90
Fax: 03 41/6 89 28 26
www.vzs.de

**Verbraucherzentrale
Sachsen-Anhalt e. V.**
Steinbockgasse 1, 06108 Halle
Telefon: 03 45/2 98 03-29
Fax: 03 45/2 98 03-26
www.vzsa.de

**Verbraucherzentrale
Schleswig-Holstein e. V.**
Andreas-Gayk-Straße 15, 24103 Kiel
Telefon: 04 31/5 90 99-0
Fax: 04 31/5 90 99-77
www.vzsh.de

Verbraucherzentrale Thüringen e. V.
Eugen-Richter-Straße 45, 99085 Erfurt
Telefon: 03 61/5 55 14-0
Fax: 03 61/5 55 14-40
www.vzth.de

Verbraucherzentrale Bundesverband e. V.
Markgrafenstraße 66
10969 Berlin
Telefon: 0 30/2 58 00-0
Fax: 0 30/2 58 00-518
www.vzbv.de

STICHWORTVERZEICHNIS

IMPRESSUM

Herausgeber
Verbraucherzentrale Nordrhein-Westfalen e.V.
Mintropstraße 27, 40215 Düsseldorf
Telefon: 02 11/38 09-555
Telefax: 02 11/38 09-235
Internet: www.verbraucherzentrale.nrw
E-Mail: ratgeber@verbraucherzentrale.nrw

Autor:	Martin Wahlers
Koordination:	Wolfgang Starke
Lektorat:	Nicola Pridik, Berlin, www.npridik.de
Produktion:	bretzinger : media.production, Baden-Baden
Satz:	typografie&layout, Evelyn Haller, Gaggenau
Gestaltungskonzept:	Ute Lübbeke, Köln, www.LNT-design.de
Umschlaggestaltung:	Ute Lübbeke, Köln, www.LNT-design.de
Umschlagfoto:	© plainpicture/Joern Rynio
Druck/Bindung:	CPI books GmbH, Leck
	Gedruckt auf 100 Prozent Recyclingpapier

MEIN RECHT AUF GELD VOM STAAT

Welche Leistungen stehen mir zu?

Dieser Ratgeber bringt auf den Punkt,
wem welche Sozialleistung zusteht,
je nach Lebenssituation: Elternschaft,
Ausbildung und Studium, Berufstätigkeit, Arbeitslosigkeit, Vermögensbildung und Altersvorsorge, Wohnen,
Krankheit, Unfall, Pflegebedürftigkeit.

1. Auflage 2015
256 Seiten
12,90 Euro
ISBN 978-3-86336-624-7

Erhältlich bei den Verbraucherzentralen und im Buchhandel

NEBENBERUFLICH SELBSTSTÄNDIG

Steuern, Recht, Finanzierung, Marketing

Ob mit einem eigenen Onlineshop, mit kunsthandwerklichem Geschick, als Webdesigner, Hausmeister oder Lokalreporter – für viele Qualifikationen und Talente gibt es Wege, mit einer Existenzgründung im Nebenberuf noch etwas Geld hinzuzuverdienen.

1. Auflage 2017
160 Seiten
16,90 Euro
ISBN 978-3-86336-080-1

Erhältlich bei den Verbraucherzentralen und im Buchhandel

ALTERSVORSORGE MIT WENIG GELD

Die Zahlen sind alarmierend: Laut Bundesarbeitsministerium droht jedem dritten Arbeitnehmer eine Rente, die noch unterhalb des Grundsicherungsbedarfs von derzeit 688 Euro im Monat liegt. Wer keine private Altersvorsorge betreibt, muss deshalb selbst als Normalverdiener fürchten, im Alter zum Sozialfall zu werden.

- Staatliche Spar- und Vorsorgeförderung
- Strategien für eine optimale Finanzplanung bei knappem Budget
- Tipps für die Auswahl von kostengünstigen, transparenten, sicheren und rentablen Spar- und Vorsorgeprodukten für die Altersvorsorge

1. Auflage 2014
144 Seiten
9,90 Euro
ISBN 978-3-86336-024-5

Erhältlich bei den Verbraucherzentralen und im Buchhandel